AF590255

PUBLICATIONS DE L'ÉCOLE DES LANGUES ORIENTALES VIVANTES

ESSAI DE MANUEL PRATIQUE

DE LA

LANGUE MANDÉ

OU MANDINGUE

ÉTUDE GRAMMATICALE DU DIALECTE DYOULA
VOCABULAIRE FRANÇAIS-DYOULA. — HISTOIRE DE SAMORI EN MANDÉ
ÉTUDE COMPARÉE DES PRINCIPAUX DIALECTES MANDÉ

PAR

MAURICE DELAFOSSE

ADMINISTRATEUR-ADJOINT DES COLONIES
CHARGÉ DU COURS DE DIALECTES SOUDANAIS A L'ÉCOLE DES LANGUES ORIENTALES VIVANTES

PARIS
ERNEST LEROUX, ÉDITEUR
28, RUE BONAPARTE, 28

1901

PUBLICATIONS

DE

L'ÉCOLE DES LANGUES ORIENTALES VIVANTES

IIIe SÉRIE. — VOL. XIV

ESSAI DE MANUEL PRATIQUE

DE LA

LANGUE MANDÉ

IMP. ORIENTALE A. BURDIN ET Cie, ANGERS.

ESSAI DE MANUEL PRATIQUE

DE LA

LANGUE MANDÉ

OU MANDINGUE

ÉTUDE GRAMMATICALE DU DIALECTE DYOULA
VOCABULAIRE FRANÇAIS-DYOULA. — HISTOIRE DE SAMORI EN MANDÉ
ÉTUDE COMPARÉE DES PRINCIPAUX DIALECTES MANDÉ

PAR

MAURICE DELAFOSSE

ADMINISTRATEUR-ADJOINT DES COLONIES
CHARGÉ DU COURS DE DIALECTES SOUDANAIS A L'ÉCOLE DES LANGUES ORIENTALES VIVANTES

PARIS
ERNEST LEROUX, ÉDITEUR
28, RUE BONAPARTE, 28

1901

AVERTISSEMENT

Je n'ai pas la prétention de refaire ici un travail scientifique d'ensemble sur la langue *mandé* qui a été fait déjà en allemand par le Dr Steinthal et en français par le capitaine Rambaud. Le titre de ce livre indique assez son but, qui est de mettre entre les mains de tous un instrument leur permettant d'étudier promptement et facilement le *mandé*[1], qui est par excellence la langue usuelle dans nos colonies de l'Afrique occidentale.

Les principaux dialectes *mandé*, au moins le *malinké*, le *dyoula* et le *bamana*, diffèrent assez peu les uns des autres pour que l'étude en devienne très facile une fois que l'on possède bien l'un d'entre eux. C'est pourquoi les trois premières parties de cet ouvrage sont consacrées à l'étude d'un seul et même dialecte; la quatrième partie permettra, en prenant comme base le dialecte précédemment étudié, de se rendre compte des différences qui existent entre les principaux dialectes, et facilitera l'étude de celui ou de ceux d'entre eux qu'on pourrait avoir besoin de connaître.

Le dialecte le plus répandu est certainement le *malinké*. Si j'ai choisi le *dyoula* comme objet d'étude, c'est :

1. J'ai adopté le mot *mandé*, qui tend de plus en plus à se généraliser et à remplacer le mot *mandingue*; ce dernier d'ailleurs a la même origine et peut être employé également. Mais il est inexact de donner, comme on le fait souvent, à la langue mandé le nom de *bambara* : ce mot, corruption de *ban-mana* ou *bamana*, ne s'applique qu'à un seul dialecte.

1° Parce que c'est le seul des grands dialectes *mandé* qui n'ait pas encore été étudié et dont on n'ait pas encore publié même un vocabulaire ;

2° Parce que le séjour que j'ai fait parmi les Dyoula du Dyamala et du Djimini m'a permis d'avoir de leur dialecte une connaissance assez approfondie pour que je le puisse prendre comme base de mon étude, ce que je n'aurais pu faire avec le *malinké* ou le *bamana*.

L'*Histoire de Samori* qui m'a été dictée en *dyoula* par le nommé Amadou Kouroubari, indigène de Dabakala, et qui forme la troisième partie de cet ouvrage, permettra de se livrer à une étude pratique de la langue, et fournira un moyen simple de retenir les mots les plus usuels, moyen moins insipide que celui qui consiste à apprendre par cœur un vocabulaire.

Je termine cet avertissement en réclamant l'indulgence des linguistes pour les erreurs qui ont pu m'échapper : l'étude d'une langue qui ne s'écrit pas est très difficile et exige une délicatesse d'oreille et une constance d'application qui peuvent par moments faire défaut. Ce livre n'est qu'un « essai », qui demandera par la suite à être perfectionné. D'ailleurs, dans l'état actuel de nos connaissances en fait de philologie africaine, personne ne peut prétendre faire un ouvrage de ce genre *ne varietur*[1].

Paris, le 10 janvier 1901.

1. Le lecteur est prié de consulter l'*errata* qui se trouve à la fin du volume page 302.

PREMIÈRE PARTIE

ÉTUDE GRAMMATICALE DU DIALECTE DYOULA

CHAPITRE PREMIER

Origine, habitat, et principales familles de la tribu mandé des Dyoula. — Extension et importance de leur dialecte. — Alphabet, prononciation et accent.

1° Origine, habitat, et principales familles de la tribu mandé des Dyoula.

Il est difficile de préciser à quelle époque et à la suite de quelles circonstances les Mandé ont fait leur première apparition dans le pays qu'ils occupent actuellement sous le nom de Dyoula. Les différents indigènes de Kong, du Guimini et du Guiambala[1] que j'ai interrogés à ce sujet m'ont toujours déclaré qu'ils ignoraient la date de leur installation en ces contrées ; la tradition la plus répandue les fait venir de l'ouest. Depuis des siècles ils venaient dans la région de Kong pour y faire du commerce ; peu à peu, trouvant le pays à leur goût, quelques familles s'y établirent à demeure et répandirent autour d'elles leurs coutumes, leur vêtement et leur religion, qui était la religion musulmane. Ces petites colonies s'accrurent par l'arrivée de nouveaux colons mandé et surtout par des unions avec des femmes des tribus autochtones, Bobo, Kparhala, Agni et surtout Sénoufo.

C'est de ces unions de Mandé avec des femmes de races diverses qu'est née la tribu des Dyoula. Cette tribu est répandue aujourd'hui sur de vastes territoires, mais nulle part elle ne représente l'élément autochtone. On peut même dire que les Dyoula de race pure sont en très petit nombre, comparativement

1. On écrit généralement « Djimini, Diamala » ou « Dyamala » ; j'ai adopté une orthographe plus conforme à la prononciation indigène.

à la population des pays qu'ils habitent. Ainsi dans la province de Kong et dans le Guimini, il n'y a certainement pas un Dyoula pour dix Sénoufo.

Mais, d'une intelligence bien supérieure en général à celle des peuplades autochtones, d'un esprit plus ouvert et plus cultivé aussi par suite de leur conversion à l'islam, les Dyoula ont acquis, par des moyens d'ailleurs tout pacifiques, la prépondérance politique; leur langue s'est répandue parmi les indigènes de toute la région et est devenue pour ainsi dire la langue officielle des chefs et des notables, en même temps qu'elle devenait la langue diplomatique et commerciale dont usent entre elles les diverses tribus sur lesquelles les Dyoula exercent une sorte de protectorat moral.

Les chefs indigènes empruntèrent même aux Dyoula leurs noms de famille, et ils tiennent à honneur de passer pour les parents des chefs dyoula. C'est ce qui fait que l'on a souvent confondu les uns avec les autres les Dyoula et les Sénoufo, qui cependant parlent des langues bien différentes.

Les Dyoula de race pure ne sont pas tatoués. Ceux qui sont nés d'une alliance entre Dyoula et Sénoufo, et qu'on appelle les *Soroñgui*, sont marqués du tatouage sénoufo, qui consiste en trois incisions allant de la commissure des lèvres à la tempe, sur chaque joue.

Les pays où les Dyoula dominent, soit politiquement, soit commercialement, sont, de l'ouest à l'est et du nord au sud :

Le Kénédougou ou région de Sikasso, dont les autochtones sont des Sénoufo de la tribu des Sèndéré;

La région de Bobo-Dioulassou, dont les autochtones sont des Boua ou Bobo de la tribu des Bobofing et des Agni-Achanti de la tribu des Tiéfo ;

Le Lobi, ou région de Lorhosso, dont les autochtones sont des Agni-Achanti de la tribu des Dorhossié et de celle des Déian-n;

Le Niénédougou, dont les autochtones sont sans doute des Sénoufo ;

La région de Léra, dont les autochtones sont des Mboing;

La province de Kong, dont les autochtones sont des Sénoufo de la tribu des Kyépéré, des Kpalarha ou Pallaga, des Karabaro, et des Agni-Achanti de la tribu des Komono;

La région de Bouna, dont les autochtones sont des Koulango ou Kparhala (Pakhalla) et des Agni-Achanti de la tribu des Gan-né;

La région de Kani et de Séguéla dont les autochtones sont des Sénoufo et des Kouéni (Lo ou Gouro);

La région de Tiémou et du Folona, dont les autochtones sont des Sénoufo de la tribu des Foro;

Le Kourodougou, dont les autochtones sont des Na-ndaga et des Mouin ou Mona, et où habitent aussi des Haoussa;

Le Tagbonana (Tagbana ou Tagouano des cartes), dont les autochtones sont des Sénoufo de la tribu des Takponin ou Tagbona;

Le Guimini (Djimini des cartes), dont les autochtones sont des Sénoufo de la tribu des Kyépéré;

Le Guiambala (Diamala des cartes), dont les indigènes sont des Agni de la tribu des Baoulé et des Sénoufo de la tribu des Kyépéré;

Le Ngan-nou ou Ganra et la région de Mango, dont les indigènes sont des Agni de la tribu des Ngan et de celle des Binié et où habitent aussi des Haoussa;

La région de Bondoukou, dont les indigènes sont des Koulango, des Agni de la tribu des Bonda et des Agni-Achanti de la tribu des Gaman.

Les principales familles dyoula sont celles : des *Ouatara*, qui dominent à Kong, au Guimini, au Guiambala, à Bondoukou, à Kani, à Tiémou ; — des *Kouroubari* ; — des *Kounaté*, qui dominent au Kourodougou ; — des *Guiara* ; — des *Siya*, qui dominent à Séguéla ; — des *Darãmé*, des *Fofana*, des *Touré*, des *Garamvotè*, des *Sirifé* (chérifs), des *Kangotè*, des *Dosso*, des *Guiamissingari*, des *Sissé*, des *Dayorokè* et des *Sãrha-ndorho*.

Le nom commun à toute la tribu est « Dyoula » ou mieux *Gyüla*[1]. Il ne faut pas confondre les Dyoula, tribu mandé, avec les Dioula anthropophages qui habitent le haut Cavally et qu'on appelle aussi Gouro-Dioula, ni avec les Diola ou Yola de la Casa-

1. Prononcer un *g* dur.

mance, ni enfin avec les marchands caravaniers auxquels on donne dans le haut Sénégal le nom générique de Dyoula, sans doute parce que la plupart sont effectivement des Dyoula, mais dont beaucoup aussi sont des Sarakolé.

C'est tout à fait à tort que l'on donne aux Mandé de la région de Kong le nom de *Bambara* : ce mot, qui est généralement employé dans le haut Sénégal et le haut Niger pour désigner la tribu mandé des Bamana, proches parents des Dyoula, sert dans la région de Kong à désigner les autochtones *non dyoula*, et principalement les Sénoufo, qui ont adopté cette appellation de Bambara comme nom de race. Ce serait faire injure à un Dyoula que de lui dire qu'il est Bambara.

2° Extension et importance du dialecte dyoula.

Bien que les territoires où dominent les Dyoula soient fort étendus, le nombre des Dyoula proprement dits est relativement restreint, comme je le disais plus haut, et s'ils étaient seuls à parler leur langue, cette langue n'aurait qu'une importance médiocre.

Mais il faut remarquer : d'abord que les Dyoula ne sont pas groupés tous ensemble, mais sont dispersés sur toute l'étendue des territoires énumérés tout à l'heure, ce qui fait qu'on en rencontre dans chaque centre de quelque importance ; ensuite que les idiomes des autochtones sont fort nombreux, souvent difficiles à prononcer et à apprendre, et qu'ils diffèrent notablement les uns des autres, tandis que le dialecte dyoula, partout le même, est d'une grammaire très simple et d'une prononciation aisée ; enfin que les autochtones sont encore presque sauvages pour la plupart et que leurs nombreuses tribus sont en lutte perpétuelle les unes avec les autres, tandis que les Dyoula jouissent d'une civilisation relativement avancée, se soutiennent tous entre eux et sont toujours choisis comme arbitres par les tribus autochtones dans leurs différends.

Pour toutes ces raisons, la langue dyoula s'est répandue dans toute la région qui nous occupe, où elle est parlée, non seulement par les Dyoula, mais encore par les sept dixièmes environ de la population autochtone, et, dans les grands centres, par les neuf dixièmes.

La connaissance de cette langue suffira à un étranger dans tous les pays énumérés plus haut et dont l'ensemble est compris, d'une façon générale, entre le 5° et le 9° de longitude ouest et entre le 7° 50′ et le 11° 50′ de latitude nord. Tandis que, s'il voulait communiquer avec les indigènes dans leurs idiomes propres, il lui faudrait posséder au moins dix-sept langues ou dialectes différents.

De plus les Dyoula, avec leurs vassaux sénoufo ou autres qui parlent le dyoula, voyagent, font des séjours momentanés et ont même des colonies dans une foule de pays souvent très éloignés du leur, notamment dans toute la Côte d'Ivoire, dans le Haut-Niger, dans le Mossi et dans le bassin de la Volta.

Les guerres de Samori et d'autres conquérants ont été l'origine de l'émigration en des régions multiples de réfugiés ou de captifs parlant la langue dyoula; ainsi j'ai pu constater au Baoulé et dans la basse Côte d'Ivoire qu'il n'est guère de village où ne se trouve pas au moins un captif parlant dyoula et pouvant servir d'interprète, si l'on connaît cette langue. — A Dienné, en amont de Tombouctou, il y a une très forte colonie dyoula et le dyoula y est employé comme langue commerciale.

Il n'a été publié encore aucun travail quelconque sur le dialecte dyoula, mais on trouvera nombre de renseignements fort intéressants sur les Dyoula dans le remarquable ouvrage de M. le gouverneur Binger : *Du Niger au golfe de Guinée par le pays de Kong et le Mossi*, Paris, 1892, 2 vol. in-4.

3° Alphabet, prononciation et accent.

Les voyelles simples sont en dyoula au nombre de neuf :

a, è, e, i, ò, o, ó, u, ü.

e se prononcera comme é fermé; *ò* comme o dans « motte » et mieux comme *aw* en anglais (o très ouvert); *ó* se prononcera presque comme ou (o très fermé); *u* se prononcera comme ou en français, *ü* comme l'u français; *a, è, i, o* comme en français.

Les voyelles nasales sont au nombre de six :

ã, ẽ, ĩ, į, õ, ũ.

ã se prononcera comme an dans « sang »; *ẽ* comme *em* final en portugais (é fermé nasalisé); *ĩ* comme in dans « vin »; *į* comme un i prononcé du nez (presque igne du mot « digne »); *õ* comme on dans « bon »; *ũ* comme *um* final en portugais (son « ou » nasalisé).

Les consonnes simples sont au nombre de dix-neuf :

b, d, f, g, h, k, l, m, n, ñ, p, r, s, t, ü, v, w, y, z.

b, d, f, k, p, v, z se prononcent comme en français;

g est toujours dur, même devant *e* et *i*;

h, très rare, ne se rencontre guère que dans des mots étrangers et se prononce comme en anglais;

l n'est jamais mouillé;

m et *n* se prononcent toujours et ne donnent jamais le son nasal à la voyelle précédente;

ñ se prononce comme gn dans « dignité »;

r est roulé et non grasseyé;

s se prononce toujours comme dans « savoir » et jamais comme dans « maison »;

t se prononce toujours comme dans « ton, tien » et jamais comme dans « position »;

ü consonne se prononce comme u dans « suer, huit »:

w se prononce comme en anglais dans *water* ou comme ou dans « ouate » ;

y se prononce comme dans « Bayonne ».

Les consonnes doubles sont *gh* et *rh* :

gh est un son intermédiaire entre un g dur et un r gras ; ce son existe en turc ;

rh est le غ arabe, l'r fortement grasseyé.

Le son du خ arabe ou de la *jota* espagnole, qu'on transcrit généralement par *kh*, ne se rencontre pas dans le dialecte dyoula ; on ne le trouve en mandé que dans quelques dialectes du nord du Sénégal, le khassonkè notamment.

C'est à tort qu'on transcrit souvent par kh le son rh des mots mandé, car cette transcription peut faire commettre des erreurs de prononciation. J'écrirai donc *morhò* et non *mokho*, *Kparhala* et non *Pakhalla*, etc.

On se souviendra que :

1° Toutes les lettres, voyelles ou consonnes, doivent se prononcer séparément ;

2° Chaque lettre conserve toujours et partout sa prononciation alphabétique.

L'accent tonique proprement dit n'existe pas en dyoula ; il y a seulement une sorte d'intonation dont il est impossible de fixer les règles, d'autant qu'elle varie suivant la pensée de celui qui parle, et que l'usage seul pourra enseigner. Il en est de même pour les syllabes longues et les syllabes brèves : c'est l'usage seulement qui les apprendra. S'il y a lieu, cependant, j'indiquerai les voyelles longues au moyen du signe habituel : *ā*, *ē*, *ī*, etc.

CHAPITRE II

Le substantif.

1° Genres.

Il n'y a pas de genres à proprement parler en dyoula. Ainsi le même mot *dẽ* veut dire aussi bien « fille » que « fils ». Cependant, s'il y a matière à amphibologie, si l'on veut préciser le sexe d'une personne ou d'un animal, on ajoute l'un des mots *kyè* « homme, mâle » ou *muso* « femme, femelle », à la suite du nom.

Ainsi : *ndyèri kyè* veut dire « ami » et *ndyèri muso* « amie » ;
koro kyè veut dire « frère aîné » et *koro muso* « sœur aînée » ;
wuru kyè veut dire « chien » et *wuru muso* « chienne ».

Les seuls mots qui aient une forme différente au masculin et au féminin sont :

kyè « homme (*vir*), mari », *muso* « femme, épouse » ;
fa « père », *na* « mère » ;
bèma « grand-père », *mama* « grand'mère » ;

plus quelques noms d'animaux :

nisi « bœuf » ou « vache » sans préciser le sexe, *tolã* « taureau », *nisi muso* « vache, génisse » ;
sise « poulet » ou « poule », *dondo* « coq » ;
sarha « mouton », *sarha-gyigi* « bélier », *sarha muso* « brebis » ;
ba « chèvre » sans préciser le sexe, *ba-koro-ni* « bouc », *ba muso* « chèvre » ;

2° Pluriel.

Le pluriel des noms se marque par l'addition du suffixe *ru*, *lu* ou *u* ; après une voyelle nasale, on met *u* plutôt que *ru* :

morhò « un homme », *morhò-ru* ou *morhò-u* « des hommes » ;
dẽ « un enfant », *dẽ-u* « des enfants ».

Si le nom est accompagné d'un nombre ou d'un adverbe ou adjectif de quantité, il ne prend pas la marque du pluriel :

morhò nani, quatre hommes ;
morhò kyeme, cent hommes ;
morhò sya-mã, beaucoup d'hommes ;
morhò byè, tous les hommes.

D'ailleurs lorsque le contexte indique assez clairement que le nom est au pluriel, on peut toujours supprimer la marque de la pluralité.

3° Article.

Il n'y a en dyoula ni article défini ni article partitif. Il y a, au moins au singulier, un article indéfini, qui est *dò* « un, une » :

J'ai appris qu'un Blanc venait, *ñ ya a me ko Nanzara dò bè na ra* (*Nanzara kele* voudrait dire « un seul Blanc »).

4° Rapport de possession.

Le rapport de possession, d'origine, de matière ou de dépendance s'exprime en dyoula par une simple juxtaposition, le nom du possesseur, du lieu d'origine, de la matière, etc., précédant toujours le nom de l'objet possédé ou dépendant. Exemples :

Amadu kũ, la tête d'Amadou;
Ali gyõ-u, les esclaves d'Ali;
Sikaso muso, une femme de Sikasso;
Bãbara marfatigi, un guerrier Sénoufo (originaire d'un pays sénoufo);
kpã darha, un vase d'argile (*kpã* « argile », *darha* « vase »);
buru soni-ru, les ongles des mains (*buru* « main », *soni* « ongle »).

Lorsque deux noms au pluriel se suivent ainsi, le dernier seul prend la marque de la pluralité.

5° Suffixes servant à former des substantifs.

Ces suffixes sont de deux sortes: d'abord des suffixes proprement dits ne s'employant jamais seuls [1], ensuite des mots divers jouant incidemment le rôle de suffixes.

La première catégorie comprend sept suffixes :

ra, *ma*, *koro*, *nã*, *tigi*, *barha* et *ka*.

Ra, *la* ou *na* a le sens de « dans, lieu de » ; on a ainsi :
fara « rocher » et *fara-la* « rapide, chute d'eau » (endroit des rochers) ; — *gbèndige* « clairière » et *gbèndige-ra* « savane » ; — *suma* « ombre » et *suma-ra* ou *suma-na* « endroit ombragé » ; — *tere* « soleil » et *tere-ra* « midi » ; — *bonda* « porte » et *bonda-ra* « magasin, chambre fermée par une porte » ; — *kũ* « tête » et *kũ-na* « hauteur, le haut d'un objet » ; — *nõñgo* « angle » et *nõñgo-ra* « coin » ; — *ñyã* « face » et *ñya-na* « l'endroit d'un objet, la surface » : — *bõ* « maison », *kũ* « tête » et *bõ-ñgũ-na* « toiture » ; — *muru* « couteau » et *muru-la* « fourreau » ; — *darha* « armée » et *darha-ra* « camp » (nom d'une ville du Guimini) ; — *Foro-na* ou *Folo-na* « pays des Foro ou Folo » ; — *Tõ-ra* « Baoulé, pays des Ton ou Agni ».

1. Ou jouant, s'ils s'emploient seuls, un rôle analogue à celui de nos prépositions.

— Beaucoup de noms de localités ou de contrées sont formés à l'aide de ce suffixe.

Ma a la même sens que *ra* mais est moins fréquent dans le dialecte dyoula. On a :

> *dugu* « terre, sol » et *dugu-ma* « le bas (d'une maison) » ; — *Sata-ma*, nom d'une ville du Guiambala située au pied des monts Sata.

Koro ou *ñgoro* a le sens de « sous, derrière, à côté de » ; on a ainsi : *gye* « eau », *gyu* ou *gyü* « bas, bout inférieur », et *gye-gyu-koro* « fond de l'eau » ; — *lèlè* « vérandah » et *lèlè-ñgoro* « vestibule » ; — *bilã*, pièce d'étoffe servant de vêtement intime aux hommes, et *bilã-koro* « gamin » qui ne porte encore que le *bilã* ; — *dugu* « terre, sol » et *dugu-koro* « la Terre, le globe terrestre ».

Nã ou *na*, quelquefois *mã*, *lã* ou *rã*, a le sens d' « instrument » ; on a ainsi : *datugu* « boucher » et *datugu-nã* « bouchon, couvercle » ; — *gbasi* « frapper » et *gbasi-nã* « maillet » ; — *tere* « soleil » et *tere-nã* « montre » ; — *sori* « percer » et *sori-nã* « poignard » ; — *kwó* « laver » et *kwó-nã* « savon » ; — *lèsè* « tailler du bois » et *lèsè-na* « herminette » ; — *da* « conduire (un cheval) » et *da-mã* « guides », etc.

Tigi a le sens de « maître de, homme de » ; on a ainsi : *dugu* « pays » et *dugu-tigi* « chef de province » et aussi « indigène, homme du pays » ; — *so* « village » et *so-tigi* « chef de village » ; — *kũ* « tête » et *kũ-tigi* « chef, capitaine » ; — *kerè* « guerre » et *kerè-tigi* « ennemi » ; — *marfa* « fusil » et *marfa-tigi* « soldat » ; — *faniyã* « mensonge » et *faniyã-tigi* « menteur » ; — *gyurunã* « garantie » et *gyurunã-tigi* « otage » ; — *só* « cheval » et *só-tigi* « cavalier » (on dit aussi *só-fa* « père du cheval ») ; — *doro* « bière indigène » et *doro-tigi* « brasseur » ; — *gyo* « fétiche » et *gyo-tigi* « féticheur » ; — *kursi* « culotte » et *kursi-tigi* « jeune homme » (qui commence à porter la culotte) ; — *kokobi* « lèpre » et *kokobi-tigi* « lépreux » ; — *Al-Kurana* « le Coran » et *alkurana-tigi* « marabout », etc.

Barha a le sens d' « agent » et sert à former la plupart des noms de métiers; on a ainsi : *soñyalikè* « voler » et *soñyalikè-barha* « voleur »; — *dõñgirila* « chanter » et *dõñgirila-barha* « chanteur »; — *safarikè* « commerce » et *safarikè-barha* « commerçant »; — *karanikè* « coudre » et *karanikè-barha* « tailleur »; — *senekè* « cultiver » et *senekè-barha* « cultivateur »; — *tirikè* « dire la bonne aventure » et *tirikè-barha* « diseur de bonne aventure »; — *filakè* « faire des médicaments » et *filakè-barha* « médecin »; — *lagbarikè* ou *yelemanikè* « pratiquer la magie » et *lagbarikè-barha* ou *yelemanikè-barha* « magicien »; — *lèsèrikè* « tailler du bois » et *lèsèrikè-barha* « menuisier »; — *balã mvò* « jouer du xylophone » et *balã-mvò-barha* « joueur de xylophone »; — *yeghè mna* « prendre du poisson » et *yeghè-mna-barha* « pêcheur », etc.

Ka ou *ñga* a le sens d' « homme de, indigène de » et sert à former les noms de peuples et de nationalités; on a ainsi : *Mãnde-ka* ou *Mãnde-ñga* « Malinké ou Mandé »; — *Dawakala-ñga-ru* « les gens de Dabakala, etc.

La seconde catégorie de suffixes comprend un certain nombre de substantifs qui peuvent s'employer isolément, et quelques verbes. Les plus fréquemment rencontrés sont :

dẽ, *kyè*, *kã*, *kũ*, *ñyã*, *da*, *kwo*, *koro*, *konõ*, *dugu*, *dua*, *diñga*, *kuru*, *gye* et le verbe *tigè*.

Dẽ signifie proprement « enfant » ou « fruit » et sert à former des noms de petits d'animaux, de fruits et des diminutifs; on a ainsi : *nisi* « bœuf » et *nisi-dẽ* « veau »; — *sarha* « mouton » et *sarha-dẽ* « agneau »; — *ñyõ* « mil » et *ñyõ-dẽ* « épi de mil »; — *marfa* « fusil » et *marfa-dẽ* « balle »; — *bara* « ventre » et *bara-dẽ* nombril »; — *ñyã* « face » et *ñyã-dẽ* « œil »; — *lolo* « éclair » et *lolo-dẽ* « étoile »; — *sãni* « or » et *sãni-dẽ* « bijou ».

Kyè « homme » qui sert, comme nous l'avons vu déjà, à préciser le sexe masculin des hommes et des animaux, forme aussi quelques noms de métiers, comme *ñgeri-kyè* « cordonnier », *numu-kyè* « forgeron », *gara-ñgyè* « teinturier »; si le métier est exercé par une femme, on dira : *ñgeri-muso*, *numu-muso*, *gara-muso*.

Kã « cou » sert à former quelques noms de parties du corps, comme *buru-kã* « poignet » (cou de la main).

Kũ « tête » sert également à former quelques noms de parties du corps, comme *si-ñkũ* « talon » (tête du pied) et *kãmba-kũ* « épaule » (tête de l'aisselle) de *si* « pied » et *kãmba* « aisselle ».

Nyã « face » sert à former quelques expressions géographiques, comme *kwò-ñyã* « surface de l'eau », de *kwò* « cours d'eau ».

Da « bouche » sert à former des noms divers ; on a ainsi : *kwò* « cours d'eau » et *kwò-da* « rivage » ; — *bõ* « maison » et *bo-ndã* « porte ».

Kwo signifie la partie inférieure du dos, « les reins », et sert à former des noms désignant des parties du corps et des noms de lieux ; on a ainsi : *buru-kwo* « le dessus de la main », *si-ñkwo* « le dessus du pied » ; *Fara-kwo* (nom d'un village, littér : le dos du rocher, derrière le rocher).

Koro signifie « os » et sert à former des noms de parties du corps ; on a ainsi : *sẽ* « pieds » et *sẽ-koro* « cheville » ; — *ñyã* « face » ou *yè* « joue » et *ñyã-koro* ou *yè-koro* « tempe » ; — *nõñgo* « coude » et *nõñgo-koro* « pointe du coude, coude fermé ».

Konõ « ventre, intérieur du ventre », sert à former des noms divers, comme *toro-konõ* « conduit auditif » (de *toro* « oreille »), *gyasa-konõ* « cour » (de *gyasa* « palissade »).

Dugu « terre, sol, pays » sert à former quelques expressions géographiques et beaucoup de noms de localités et de contrées ; on a ainsi : *kwò-sü-ndugu* « île » (terre sur l'eau) ; — *Kuro-dugu* (le pays des aubergines)[1], *Wuro-dugu* (le pays des noix de cola), *Kenẽ-dugu* ou *Keñge-dugu* (le pays du sable), *Arabu-dugu* (l'Arabie), *Nanzara-dugu* (l'Europe, le pays des Blancs), *Frãzi-dugu* (la France).

Dua ou *dugha* « lieu, endroit », sert à former des noms de lieux, comme *gye-bi-dugha* « fontaine » (lieu où l'on puise de l'eau), *la-dua* « chambre à coucher » (de *la* « se coucher »).

Diñga « trou », quelquefois *diga*, sert à former des noms divers, comme *kwo-diñga* « épine dorsale » (creux du dos), *kã-ndiga* « pharynx » (trou du cou), *su-diñga* « tombe » (trou du cadavre).

1. Ou peut-être pays des Kouro ou Gouro.

Kuru « morceau, nœud, protubérance », sert à former surtout des noms de parties du corps ; on a ainsi : *buru* ou *buro* « main » et *buro-kuru* « poing » ; *kwo* « les reins, la région des reins » et *kwo-kuru* « un rein » ; *kã* « cou » et *kã-ñguru* « la pomme d'Adam ».

Gye « eau » sert à former des noms divers, comme : *sã-ñgye* « pluie, eau du ciel », de *sã* « ciel » ; — *yiri-gye* « sève », de *yiri* « arbre ».

Enfin le verbe *tigè* « couper », quelquefois *tegè*, sert à former quelques mots, comme : *kwò-tigè* « gué » (littér. : couper la rivière), *si-ntigè* « plante du pied » (l'endroit où le pied est comme coupé), *buru-tegè* « paume de la main » [1].

CHAPITRE III

Les nombres.

---

1 *kele* ou *kile* (1re syllabe brève).
2 *fila* (id.).
3 *saüa* ou *sawa* (1re syllabe longue).
4 *nani* (id.).
5 *luri* (id.).
6 *woró* (id.).
7 *worómvla* ou *worómvila*.
8 *syegi* (1re syllabe longue).

1. Pour la formation des noms verbaux, voir au chapitre de la conjugaison.

9 *konondo* ou *korondo*.
10 *tã*.
20 *mughã* (1re syllabe brève). — En composition, devient *morhò*.
100 *kyeme* (1re syllabe longue).
1.000 *wuru* (id.).

« moitié » ou « demi » se dit *tara*, et se place après le nom ou le nombre.

Les nombres de 11 à 19 s'expriment de la manière suivante :

11 *tã ni kele*.
12 *tã ni fila*.
13 *tã ni saüa*, etc.

Les nombres de 21 à 39 s'expriment de la manière suivante :

21 *mughã ni kele*.
22 *mughã ni fila*, etc.
29 *mughã ni konondo*.
30 *mughã ni tã*.
31 *mughã ni tã ni kele*.
32 *mughã ni tã ni fila*, etc.

A partir de 20, on compte par vingtaines ; 30 se dit simplement « vingt et dix », *mughã ni tã* ; tandis que 40 se dit « deux fois vingt », 60 « trois fois vingt », 80 « quatre fois vingt » :

40 *morhò fila*.
50 *kyeme tara*.
60 *morhò saüa*.
70 *morhò saüa ni tã*.
80 *morhò nani*.
90 *morhò nani ni tã*.

Pour dire 50, on dit ordinairement *kyeme tara* « demi-cent » ; on peut dire aussi *morhò fila ni tã* « quarante et dix ».

Les centaines et les mille se comptent à l'aide des mots *kyeme* et *wuru* :

100 *kyeme* ou *kyeme kele*.
200 *kyeme fila*.
300 *kyeme saüa*.
400 *kyeme nani*.
500 *kyeme luri*.
600 *kyeme woró*.

700	*kyeme worómvla.*	50.000	*wúru kyeme tara.*
800	*kyeme syegi.*	60.000	*wuru morhò saüa.*
900	*kyeme konondo.*	70.000	*wuru morhò saüa ni tã.*
1.000	*wuru kele.*	80.000	*wuru morhò nani.*
2.000	*wuru fila*, etc.	90.000	*wuru morhò nani ni tã.*
10.000	*wuru tã.*	100.000	*wuru kyeme.*
20.000	*wuru mughã.*	200.000	*wuru kyeme fila*, etc.
30.000	*wuru mughã ni tã.*	1.000.000	*wuru wuru.*
40.000	*wuru morhò fila.*	2.000.000	*wuru wuru fila*, etc.

Le nom de nombre se place après le substantif qu'il détermine et ce substantif, comme on l'a vu, ne prend pas la marque du pluriel : *muso nani* « quatre femmes », *só tã* « dix chevaux », *marfatigi kyeme* « cinquante guerriers ».

Le mot « fois » se dit *ko* ou *siñya* :

une fois, *ko kele* ou *siñya kele.*

deux fois, *ko fila*, etc.

Les expressions « un par un », « deux par deux », etc., s'expriment par la répétition du nombre : *kele kele*, *fila fila*, etc.

Les nombres ordinaux se forment en ajoutant le suffixe *na* aux nombres cardinaux correspondants, à l'exception de « premier » qui se dit *folo-na.* On a donc :

1er *folo-na.*
2e *fila-na.*
3e *saüa-na.*
4e *nani-na.*
5e *luri-na*, etc.

« Dernier » se dit *kwo-morhò*, littéralement : « l'homme de derrière ». On dit aussi pour « premier » *ñyã-morhò* (l'homme de devant).

Les noms de nombre composés de plusieurs mots comme *tã ni kele*, *mughã ni tã*, etc., n'ont pas de forme spéciale pour exprimer le nombre ordinal : la même forme sert à rendre le nombre cardinal et le nombre ordinal. — Sauf le mot *tara* « demi, moitié », il n'existe pas de noms de nombre fractionnaires.

CHAPITRE IV

Les adjectifs qualificatifs.

Les adjectifs en dyoula sont de trois sortes :

1° Les adjectifs proprement dits ;

2° Les substantifs employés adjectivement ;

3° Les adjectifs à forme verbale.

Chacune de ces classes d'adjectifs se comporte différemment, mais les trois classes ont ceci de commun que l'adjectif se place toujours après le substantif qu'il qualifie et que le même adjectif sert pour les deux sexes.

1° Adjectifs proprement dits.

I. — Les adjectifs proprement dits sont peu nombreux en dyoula. Voici les plus usités, par ordre alphabétique :

bien portant	*kende, kèndè.*	jeune	*dorho, ndorho.*
blanc	*gbè.*	mauvais, méchant	*dyugu, gyarha.*
bleu clair (ou) vert	*frisi.*	moucheté	*ñyegheñyeghe.*
bon (de caractère)	*berè.*	neuf, frais	*kura.*
différent	*dana.*	nombreux	*sya-mã* [1].
exact, juste	*teni, tele.*	pauvre	*farha-ndẽ* [2].
fou	*dyugã.*	petit	*fitini.*
grand, gros	*ba.*	plan	*peprepè.*
gris	*kurokuro.*	rond	*kriri, kirri.*
jaune (ou) rouge	*ule.*	rugueux	*kakrhaka.*

1. Proprement *sya-mã* est un nom voulant dire « grande quantité ».

2. En réalité *farha-ndẽ* est un substantif signifiant « un homme pauvre, un homme de peu ».

sale	*adyugu, dyugu.*	vert (pas sec)	*kèndè.*
sec	*gyale.*	vide	*lakolo.*
semblable	*kele-na.*	vieux	*koro.*
tout	*byè.*	vrai	*te, tyĩ-le.*
unique	*kele.*		

Si ces adjectifs qualifient un substantif, ils le suivent sans modification ; toutefois, si le substantif est au pluriel, le suffixe *ru* qui marque la pluralité s'omet à la suite du substantif et se place à la suite de l'adjectif. Exemples :

un homme blanc, *morhò gbè* ;
des hommes blancs, *morhò gbè-ru* ;
un grand village, *so ba* ;
un nouveau village, *so kura* ;
de vieux villages, *so koro-ru.*

Toutefois l'adjectif *sya-mã* « nombreux », exprimant par lui-même l'idée de pluralité, ne prend pas le suffixe *ru* : de nombreux éléphants, *samã sya-mã.*

L'adjectif *ñi*, qui signifie « bon » ou « beau », se construit de façon particulière : qu'il qualifie un nom ou qu'il soit attribut du verbe « être », il est généralement précédé du pronom *a* « il » et toujours du verbe *kya*, forme spéciale du verbe « être ». Ainsi « un homme bon » se dira *morhò a kya ñi* (un homme il est bon), et au pluriel *morhò-ru ar kya ñi* ou *morhò-ru a kya ñi* (des hommes ils sont bons ou des hommes il est bon)[1].

Si ces adjectifs sont attributs du verbe « être », on les fait précéder de la forme verbale *bè*, et, à la voix négative, de la forme verbale *tè*. Au pluriel, l'adjectif reste invariable. Exemples :

c'est différent, *a bè dana*, ou *a bè danadana* ;
il est grand, *a bè ba* (peu employé, on se sert plutôt du verbe *bõ* « être grand ») ;
tu es jeune, *e bè dorho* ;

1. Employé adverbialement, après un verbe, pour signifier « bien », cet adjectif se dit souvent *kya ñi* (sans le pronom *a*) ou simplement *ñi*.

je ne suis pas méchant, *ni tè dyugu* ;
il n'est pas neuf, *a tè kura* ;
ils sont vieux, *ar bè koro*.

On peut même employer cette forme après un substantif et dire : une petite maison, *bõ a bè fitini* (une maison elle est petite), aussi bien que : *bõ fitini*.

Pour l'adjectif *ñi* « bon, beau », on emploiera *kya* au lieu de *bè* et *ma* au lieu de *tè* : c'est bon, *a kya ñi* ; ce n'est pas bon, *a ma ñi*.

Avec les adjectifs *dyugu* « méchant » et *adyugu* « sale », on peut employer indifféremment *kya* ou *bè*, *ma* ou *tè*. Ainsi on dit : *a ñyã kya dyugu* (sa face est mauvaise) « il est laid » ; *a kya adyugu* « il est sale ».

II. — Quelques adjectifs possèdent, outre la forme ordinaire, une seconde forme qui n'est autre que la première suivie du suffixe *ma*. Cette seconde forme, quand elle existe, est plus usitée que la première. C'est ainsi qu'on a :

ñi-ma ou *ñü-ma* « beau, joli », de *ñi* (cette dernière forme ne s'employant que précédée de *kya* ou *ma*, comme on vient de le voir) ;
gbè-ma « blanc », plus usité que *gbè* ;
ñyegheñyeghe-ma « moucheté » ;
fi-ma « noir » ou « bleu foncé » (la forme simple *fi* est presque inusitée en dyoula) ;
dorho-ma « jeune, petit », etc.[1].

Ces adjectifs en *ma* se construisent comme les adjectifs simples, avec cette différence que, lorsqu'ils accompagnent un nom au pluriel, le suffixe *ru* se place après le nom : des hommes blancs, *morhò-ru gbè-ma* ; de jolies femmes, *muso-ru ñi-ma*.

III. — Il existe encore une troisième forme d'adjectifs : ce

1. Le mot *sya-mã* « nombreux » peut-être rangé parmi les adjectifs en *ma*, l'*a* final s'étant changé en *ã*.

sont ceux terminés par le suffixe *ni*, et dont beaucoup d'ailleurs se retrouvent dans la forme simple et dans la forme en *ma*[1]. Les plus usités sont :

adhérent	*deri-ni.*	jaune (ou) rouge	*ule-ni.*
blanc	*gbè-ni.*	jeune	*dorho-ni.*
bleu clair (ou) vert	*frisi-ni.*	lisse	*ndugu-ni.*
carré	*nõgo-nani.*	noir (ou) bleu foncé	*fi-ni.*
chaud	*gba-ni.*	portant (bien —)	*kendeya-ni.*
courbe	*kuturu-ni.*	sec	*gya-ni.*
droit	*tele-ni.*	seul, solitaire	*kele-ni.*
froid	*sumã-ni.*	vieux	*koro-ni.*
humain (qui a apparence humaine)	*morhò-ni.*		

Lorsqu'ils accompagnent un substantif, ces adjectifs se comportent comme ceux de la forme en *ma* : de l'eau chaude, *gye gba-ni* ; de l'eau froide, *gye sumã-ni* ; des moutons noirs, *sarha-ru fi-ni.*

Lorsqu'ils sont attributs du verbe « être », ils précèdent ce verbe, qui prend la forme *bè* (quelquefois *mè*), et, à la voix négative, la forme *dè*. Exemples :

il est blanc, *a gbè-ni bè* ;
ce bâton est courbé, *kolomã mi a kuturu-ni bè* ;
il n'est pas vieux, *a koro-ni dè* ;
il n'est pas noir, *a fi-ni dè* ;
la terre est lisse, *dugu a ndugu-ni mè.*

2° Substantifs employés adjectivement.

Ce sont de véritables substantifs, qui servent à traduire des idées adjectives qui ne sont pas représentées en dyoula par un adjectif propre. Ils s'emploient toujours avec le verbe « être », qui se place

1. Dans les adjectifs *teni* « exact » et *fitini* « petit », la syllabe *ni* n'est pas un suffixe mais fait partie du radical. C'est pourquoi j'ai rangé ces deux adjectifs dans la 1re forme.

après le substantif employé adjectivement, et prend la forme *lo* à la voix positive, et *tè* à la voix négative. On a ainsi :

morhò mi morhò-berè lo, cet homme est bon, c'est un brave homme (ici le véritable adjectif est *berè*, mais ce mot joint à *morhò* forme un véritable substantif) ;
morhò dò a morhò-gyarha lo, un méchant homme (on dit aussi *morhò dò a morhò-dyugu lo*) ;
morhò a sãni-tigi lo, un homme riche ;
morhò a sãni-tigi tè, un homme qui n'est pas riche ;
a su-barha bè, il est possédé (d'un esprit, d'un génie).

3° Adjectifs à forme verbale.

Ce sont les plus nombreux ; les vrais adjectifs sont rares en dyoula, mais par contre le nombre des verbes attributifs est considérable ; on a ainsi des verbes signifiant : être acide, être amer, être bas, être bon à manger, être chaud, être cher, être creux, etc. Tous ces verbes s'emploient adjectivement, précédés du pronom *a* « il » ou « elle » au singulier et du pronom *are* ou *ar* « ils » ou « elles » au pluriel ; ainsi « être amer » se dit *kórha* ; on dira donc : il est amer (ou) c'est amer, *a kórha* ; de la bière amère, *doro a kórha* ; les noix de cola sont amères, *wuro-ru ar kórha* (ou mieux *wuro a kórha* sans exprimer la marque du pluriel, ou *wuro kórha*).

Parmi ces sortes de verbes-adjectifs, les uns sont des verbes transitifs, les autres des verbes neutres, et parmi ces derniers, les uns s'emploient à la forme active, les autres à la forme passive. Je donne ci-après les plus usités dans chacune de ces trois catégories, avec les remarques qui s'appliquent à chaque catégorie.

I. — Verbes-adjectifs de forme transitive.

être doux (de caractère)	*kèberè-kè.*	être raisonneur	*fãga-kè.*
être intelligent	*meni-kè.*	être rapide	*se tarhama ra.*
être juste, véridique	*tyĩle fò.*	être fécond	*de-uro.*
être peureux	*sirã.*	être travailleur	*kye-kè.*
être querelleur	*kerè tigè.*	être habile, rusé	*ko lõ.*

Pour ces verbes-adjectifs, la négation est *ti*; on dira donc :

il est peureux, *a sirã*; il est brave, *a ti sirã*;

une femme féconde, *muso a de-uro*; une femme stérile, *muso a ti de-uro*;

ils sont paresseux, *ar ti kye-kè* (ils ne sont pas travailleurs).

II. — Verbes-adjectifs neutres de forme active.

être acide *kunã.*
être amer *kórha.*
être bas, court *suru.*
être bien portant *kende.*
être bon (à manger) *di.*
être bon marché id.
être cher *gbrè, gbelè.*
être creux *dũ.*
être difficile (comme « être cher »).
être dur id.
être effilé *dadi.*
être fort (comme « être cher »).
être grand, gros *bõ.*
— (par la taille) (comme « être long »).
être gras *bõ totroto.*
être haut (comme « être long »).
être ivre *sumĩ-bo.*
être juste, exact, *kele.*
être large (comme « être grand, gros ».
être léger *fyĩ.*
être lointain *gyã.*
être long *gyã.*
être lourd *gbli.*
être malade *siraya.*
être mou *marha.*
être menteur *fana.*
être sûr, droit *tele, tile.*
être nombreux *sya.*
être petit (de taille) (comme « être court »).
être prêt *sira.*
être seul *gbãzanu.*
être solide (comme « être fort »).

Pour ces verbes-adjectifs, la négation est *ma*; on dira donc :

il est malade, *a siraya* ou *a ma kende* (il n'est pas bien portant);

il est tendre, *a ma gbrè* (il n'est pas dur), etc. (On dit souvent : *a mã bõ*, il n'est pas grand; *ar mã nzya*, ils ne sont pas nombreux; *a mã gbrè*, il est tendre.)

III. — Verbes-adjectifs de forme passive.

être abîmé *tya-na* (du verbe *tyã*).
être achevé *ba-na* (du verbe *bã*).

être chaud *gba-na* (du verbe *gbã*).
être cuit *mõ-na.*
être fatigué *sige-ra.*
être froid *suma-na* (du verbe *sumã*).
être mûr *ule-na* ou *mõ-na.*
être plein *fa-ra.*
être pourri *turra* (pour *tura-ra*).
être propre *gbè-ra.*
être rassis *gya-ra.*
être sec id.
être tordu, sinueux *fara-na.*

La négation est également *ma* pour ces verbes, mais à la voix négative, il faut retrancher la particule *na* ou *ra* et redonner au verbe sa forme primitive s'il l'a perdue. On dira donc :

il est abîmé, *a tya-na;* il n'est pas achevé, *a ma bã;* l'eau n'est pas chaude, *gye a ma gbã;* je ne suis pas fatigué ; *ñi ma sige*, etc. ; le soleil est très chaud, *tere gba-na papapapa.*

V. — Enfin certains adjectifs français devront être traduits par des périphrases. En voici quelques exemples :

il est adroit, *a buru a tele* (sa main est sûre) ;
c'est bon marché, *a sõgo a di* (son prix est bon) ;
c'est cher, *a sõgo a gbrè* (son prix est dur) ;
il est débauché, *muso a di a ye dugè* (la femme lui plaît beaucoup) ;
il est doux (de caractère), *a konõ kya ñi* (son ventre est bon) ;
c'est un fainéant, *kye ma ndi a ye* (le travail ne lui plaît pas) ;
il est immobile, *a sigi-la dua kele na* (il reste dans le même lieu) ;
il est indocile, *a ñya-na a gbrè* (son intelligence est dure) ;
il est laid, *a ñyã kya dyugu* (sa face est mauvaise) ;
c'est loin, *a bè dua gya-na* (c'est dans un endroit lointain), ou *a dua gyã* (son lieu est loin) ;
il est mécontent, *a gyüsu a ma sumã* (son cœur n'est pas froid) ;

il est nu, *delege t'a fè* (il n'a pas de vêtement) ;
c'est salé, *korho b'a ra papapapa* (le sel est dans lui beaucoup) ;
il est satisfait, *a gyüsu a suma-na* (son cœur est froid).

4° Degrés de comparaison.

Le comparatif de supériorité se forme en dyoula par la simple addition des particules *o* et *ye* : la première se place après le premier nom comparé et la seconde après le dernier. Exemples :

Samba est plus grand qu'Amadou, *Sãba o a gyã Amadu ye ;*
le bœuf est meilleur que le mouton, *nisi o a kya ñi sarha ye ;*
Kong est plus loin que Sokola, *Kũ o a gyã Sokola ye ;*
je suis plus vieux que lui, *nile o ni bè koro a ye* (ou *ni bè koro a ye*, la particule *o* pouvant se supprimer, surtout si le sujet est un pronom).

Le comparatif d'infériorité n'existe pas ; on l'exprime en retournant la phrase : « il est moins vieux que moi », tournez « je suis plus vieux que lui ».

Le comparatif d'égalité s'exprime au moyen du mot *karako* « comme » : cette chose est aussi grosse que celle-ci, *fè mi a bõ karako mi ;* cet homme est aussi grand que moi, *morhò mi a gyã karako ni.*

Le superlatif relatif n'existe pas : « il est le plus gros des hommes », tournez « il est plus gros que tous les hommes », *a bõ morhò byè ye.*

Le superlatif absolu s'exprime à l'aide d'un des mots *dyugu-kè* [1] ou *dugè, hali, kpa, papapapa, titititi*, etc., que l'on place après l'adjectif : c'est très bon, *a kya ñi dyugu-kè* ou *a kya ñi hali ;* il est très gros, *a bõ dyugu-kè* ; il est très noir, *a fi-ni bè titititi.*

La même idée se rend très souvent par l'addition de la voyelle *e* à la fin de la phrase : *a bè kura e*, il est bien frais ; c'est vraiment un homme, c'est un homme charitable, *a bè morhò e* (*morhò* joue ici exceptionnellement le rôle d'adjectif).

1. Le mot *dyugu-kè* signifie littéralement « faire mal » : *a bõ dyugu-kè*, il est grand à en faire mal, il est très grand ou trop grand.

CHAPITRE V

Les adjectifs et pronoms déterminatifs et personnels.

1° Démonstratifs.

L'adjectif démonstratif « ce, cette, ces; ce... ci, cette... ci, ces... ci » se dit en général *mi*. Cependant on emploie aussi d'autres expressions, comme l'indique le tableau suivant :

ce, cette, ces, ce... ci, etc.	*mi; le; mie*[1].
ce... là, cette... là, ces... là	*mio.*
ce... que voici	*mile.*
ce... que voilà	*milo.*

Tous ces démonstratifs se placent après le substantif et sont invariables; le nom qui les précède peut prendre la marque du pluriel. Exemples :

cet homme, *morhò mi*; à qui ce mouton? *gyõ-nda sarha le?* où vont ces femmes? *muso-ru mie ar bè tarha mi?*
cet homme-là, *morhò mio;*
qui a parlé ainsi? cet homme que voici a parlé ainsi, *gyõ-ne ka a fò te? morhò mile ka a fò te;* ces chevaux que voilà, *só-ru milo.*

Les pronoms démonstratifs sont formés à l'aide des mêmes mots. « Celui-ci » se dit *morhò mi* (cet homme-ci), « celui-là » se

1. *mi, mie* se changent souvent en *ni, nie* après une voyelle nasale : *bõ nie*, cette maison.

dit *morhò mio* (cet homme-là) ; « ceci, cela » se dit *fè mi* (cette chose) ou *le* : donne-moi cela, *fè mi a di ma ;* à qui ceci ? *gyõ-nda lo le ?*

« Ce » placé devant le verbe « être » se traduit par le pronom personnel de la 3e personne : *a* (au singulier), *ar* (au pluriel).

2° Possessifs.

Les adjectifs possessifs revêtent trois formes différentes, suivant qu'ils accompagnent un nom de personne ou de partie du corps, un nom de chose ou d'animal, ou enfin un nom abstrait. Dans tous les cas, ils se placent avant le substantif qu'ils déterminent et sont invariables.

Avec un nom de personne ou de partie du corps, on a généralement :

mon, ma, mes	*n* (devient *m* devant une labiale (*b*, *f*, *m*, *p*, *v*, *w*) et *ñ* devant une gutturale (*g*, *k*) ; de plus la première consonne du nom, si elle est forte, s'adoucit : *s* en *z*, *t* en *d* ; *f* en *v* ; *p* en *b* ; *k* en *g*) ;
ton, ta, tes	*e* ou *i* ou *ye*.
son, sa, ses	*a*.
notre, nos	*anuru*.
votre, vos	*aluru*.
leur, leurs	*ar*.

Exemples : mon fils, *n dẽ* ; ma femme, *m muso* ; mon père, *m va* (pour *n fa*) ; ton père, *e fa* ; ta femme, *e muso* ; tes amis, *e ndyèriru* ; son père, *a fa* ; notre mère, *anuru na* ; vos gens, *aluru morhòru* ; leur père, *ar fa* ; ma tête, *ñ gũ* (pour *n kũ*).

Avec un nom de chose, on a généralement :

mon, ma, mes	*n-da* ou *ni-ta*.	notre, nos	*anuru-ta*.
ton, ta, tes	*e-ta* ou *ye-ta* ou *i-ta*.	votre, vos	*aluru-ta*.
son, sa, ses	*a-ta*.	leurs, leur	*ar-ta*.

Exemples : mon livre, *n-da kardasi* ; ma maison, *n-da bõ* ; mon village, *n-da dugu* ; ton fusil, *e-ta marfa* ; son vase, *a-ta darha* ; n'est-ce pas ma maison ? *ni-ta bõ lè ?*

On peut aussi employer la première forme et dire : *ñ gardasi, m bõ, n dugu, e marfa, a darha.*

Avec un nom abstrait, on a généralement :

mon, ma, mes	*ni.*	notre, nos	*añi.*
ton, ta, tes	*e* ou *ele.*	votre, vos	*aluru.*
son, sa, ses	*a.*	leur, leurs	*are* ou *ar.*

Exemples : mon nom, *ni torho* ; ton nom, *ele torho* ; son nom, *a torho*, etc.

Les pronoms possessifs se forment à l'aide de la particule de possession *ta*, que nous avons déjà vue tout à l'heure, et qui a le sens de « chose, propriété ». On a ainsi :

le mien, la mienne, les miens	*ni-ta.*	le nôtre, etc.	*anuru-ta.*
le tien, etc.	*e-ta* ou *o-ta.*	le vôtre, etc.	*aluru-ta.*
le sien, etc.	*a-ta.*	le leur, etc.	*ar-ta.*

Cette même particule *ta* sert à rendre notre préposition « à » indiquant la propriété et notre préposition « de » lorsqu'on veut insister sur l'idée de possession. On a ainsi :

c'est à mon père, *a m va-ta lo* ; ce pagne est à Mamadou, *fãni mi Mamadu-ta lo* ; c'est à moi, *ni-ta lo* ; ce n'est pas à moi, *ni-ta tè* ; c'est à toi (ou) c'est le tien, *e-ta lo.*

« Le village de son père », si l'on veut dire « le village où habite son père », se dira *a fa dugu* ; mais si l'on veut dire « le village dont son père est le chef », on dira *a fa-ta dugu.*

On retrouve encore la particule *ta*, transformée en *nda* par suite de la présence d'une voyelle nasale, dans l'expression *gyõ-nda ?* qui signifie « à qui ? » (le *whose ?* anglais) : à qui cette maison ? *gyõ-nda bõ nie ?* à moi, *ni-ta lo.*

Pour traduire les expressions « celui de, celle de, etc., » on peut aussi employer *ta*, mais il vaut mieux répéter le nom de l'objet : ma maison et celle de mon père, *n-da bõ ni m va-ta*, ou mieux *n-da bõ ni m va-ta bõ.*

3° Relatifs.

Il n'y a pas en dyoula de pronoms relatifs. Pour traduire « l'homme qui est venu », on dira : *morhò mi a na ra* (cet homme il est venu) ; — « le mouton que j'ai tué », *sarha ñ ga a farha* (le mouton j'ai lui tué).

Pour traduire les expressions : « c'est moi qui, c'est toi qui, etc. ; c'est cet homme qui ; c'est moi que, c'est cet homme que, etc. » on emploie la forme emphatique des pronoms personnels, qu'on verra plus loin, ou les démonstratifs *mile, milo* :

c'est moi qui ai fait cela, *ni-le ka fè mi kẹ̀* (moi-même ai cette chose fait) ;
c'est lui que j'ai vu, *a-lele ñ ga a ye* (lui-même j'ai lui vu) ;
c'est cet homme qui a parlé, *morhò mile ka a fò* (cet homme que voici a parlé), etc.

4° Interrogatifs.

Les pronoms et adjectifs interrogatifs sont les suivants :

gyõ-ne? ou *gyo-ni?* qui?
gyõ-nda? à qui? (avec sens possessif).
gyo-mane? gyo-mã? quel? quelle? quels?
munu-mõ? quoi? (employé seul).
mune? ou *muni?* ou *mumvèni?* qu'est-ce que? que?
muñgani? (même sens).
di? quoi? quel? qu'est-ce que? (avec le sens de « comment? »).

Voici maintenant quelques exemples qui feront comprendre l'emploi de ces pronoms et adjectifs :

gyõ-ne na na ya? qui est venu ici?
gyọ̀-ne ka a fò te? qui a parlé ainsi?
gyò-nda fãni mie? à qui est ce pagne?
e sigi dugu gyo-mane na? dans quel village demeures-tu? (tu demeures village quel dans?).
e na la gyo-mane? quel jour viendras-tu?

fãni mi e gyo-mane ñyini? lequel de ces deux pagnes veux-tu? (ces pagnes tu lequel désires?).
munu-mõ? quoi? qu'y a-t-il?
ye muni kè? qu'est-ce que tu fais?
mumvèni kardasi mi e ta? qu'est-ce que ce papier que tu prends?
mumvèni e ta? ou *e muni ta?* qu'est-ce que tu prends? que prends-tu?
muñgani e ñyini? qu'est-ce que tu veux?
a torho di? quel est son nom? (son nom comment?).
e ko di? qu'est-ce que tu dis? (tu dis comment?).

5° Indéfinis.

Voici la liste des adjectifs et pronoms indéfinis les plus employés :

un, un certain	*dò*.
un, un seul	*kele*.
des, quelques	*ru* (marque du pluriel).
quelqu'un	*morhò dò* (un homme).
quelque chose	*fè* (*fè-m* devant *b*, *f*, *p*, *v*; après *fè-m*, *f* se change en *v* et *p* en *b*).
personne	*morhò dò* (suivi de la négation).
rien	*fõndò* (suivi de la négation).
aucun	*dò* (suivi de la négation).
tout, toute, tous (adj.)	*byè*.
tout (pron.)	*fè mbyè* (toute chose).
tous (pron.)	*a byè*, *ar byè* (eux tous).
quelconque	*byè*.
quiconque	*morhò byè* (tout homme).
n'importe quoi	*fè mbyè*.
beaucoup de	*sya-mã*.
le même, les mêmes	*kele* (un seul).
un autre (différent)	*dò-gbrè*.
un autre (en plus)	*kele... ñyalakã* (un... encore).
l'un... l'autre...	*morhò dò... morhò dò-gbrè*.
les uns... les autres...	*dò-bè... dò-bè...* ou *dò-ye... dò-ye...*

On voit qu'en somme toutes ces expressions se réduisent à trois : *dò* « un », *byè* « tout » et *kele* « un seul », auxquelles on peut ajouter *sya-mã*, qui n'est autre que l'adjectif signifiant « nombreux » et la particule *ru* du pluriel des noms.

Voici maintenant quelques exemples :

il y a quelqu'un, *morhò dò bè ya ;*
il n'y a personne, *morhò dò tè ya ;*
personne n'est venu ici, *morhò dò ma na ya ;*
j'ai quelque chose, *fè mbè m vè ;*
je n'ai rien, *fõndò tè m vè ;*
as-tu mangé toute la viande ? *e ka sorho byè domũ ?*
tous viennent, ils viennent tous, *a byè a bè na ra* ou *ar byè ar bè na ra* (*a byè* est au singulier, *ar byè* au pluriel, mais ces deux expressions sont équivalentes) ;
prends n'importe quoi, *fè mbyè ta ;*
cherche-m'en un autre, *dò-gbrè yini a di ma* (un autre cherche lui donne moi) ;
donne-m'en un encore, *kele ndi ma ñyalakã ;*
les uns viennent, les autres s'en vont, *dò-bè na ra, dò-bè tarha ra.*

« Chaque » ou « chacun » voulant dire « tous » se rend par *byè ;* dans les expressions : « ces poulets valent un franc chacun, donnez-leur deux pagnes à chacun, etc., » on emploie la répétition du nom de nombre. Exemples : chaque soldat a un fusil, *marfa-tigi byè marfa kele a-ta fè* (tous les soldats il a un fusil) ; j'ai payé ces poulets un franc chacun, *ñ ga sise mi sã tã-mba kele tã-mba kele* (j'ai poulet ce acheté franc un franc un) ; donne-leur deux pagnes à chacun, *fãni fila fãni fila di ara ma* (pagne deux pagne deux donne eux à).

Le pronom « on » se rend en général par la 3e personne du pluriel, quelquefois par la 2e personne du singulier.

6° Pronoms personnels.

Les pronoms personnels revêtent des formes différentes suivant le rôle qu'ils jouent dans la phrase. En voici le tableau :

I. — Pronoms isolés (forme simple).			II. — Pronoms emphatiques.		
Sing. 1re pers.		*ni.*	Sing. 1re pers.		*ni-le.*
2e	—	*e, i, o.*	2e	—	*e-le, e-lele, i-lele.*
3e	—	*a.*	3e	—	*a-le, a-lele.*
Plur. 1re	—	*anuru.*	Plur. 1re	—	*anuru-le.*
2e	—	*aluru.*	2e	—	*aluru-le.*
3e	—	*aru.*	3e	—	*aru-le.*

III. — Pronoms réfléchis.			IV. — Pronoms sujets.		
Sing. 1re pers.		*ñire.*	Sing. 1re pers.		*ni, n, ñi, ñya.*
2e	—	*ere.*	2e	—	*e, i, ye, ya.*
3e	—	*ire, are.*	3e	—	*a, è.*
Plur. 1re	—	*añire.*	Plur. 1re	—	*añi, an.*
2e	—	*arere.*	2e	—	*ar, are.*
3e	—	*arere.*	3e	—	*ar, are.*

V. — Pronoms régimes.

Sing. 1re pers.		*n, ni, ñi, na.*	Plur. 1re pers.		*añi.*
2e	—	*i, ya, e, ye.*	2e	—	*ara, are.*
3e	—	*a.*	3e	—	*ara, are.*

Remarques. — I. — Les pronoms de la 1re et de la 2e personne du singulier, lorsqu'ils sont régis par la particule *ma*, se suppriment la plupart du temps; le pronom de la 1re personne du singulier se supprime devant la particule *na,* en général; la particule *ye* « à » se supprime après le pronom de la 1re personne du singulier, qui prend alors la forme *ñi.* — Exemples : « donne-le moi », *a di ma* (pour *a di m ma*); « je te le donne », *ni a di ma* (pour *ni a di i ma*); « tu me commandes », *ye se na* (pour *ye se n na*); « il me plaît », *a di ñi* (pour *a di ñi ye*).

II. — On remarquera que la 2e et la 3e personnes du pluriel sont représentées en général par une forme unique ; les Dyoula en effet ne font pas de différence entre « vous » et « eux », au moins lorsque ces pronoms sont sujets ou régimes.

III. — La forme *n* du pronom de la 1re personne du singulier devient *m* devant une labiale (*b*, *f*, *m*, *p*, *v*, *w*) et *ñ* devant une gutturale (*g*, *k*) ; de plus, la première consonne du mot qui suit, si elle est forte, s'adoucit : *s* en *z*, *t* en *d*, *f* en *v*, *p* en *b*, *k* en *g*. Ainsi on dit : *m ma a farha*, je ne l'ai pas tué; *ar kana m varha*, ne me tuez pas; *n di tarha* (pour *n ti tarha*), je ne vais pas; *n darha*, je vais; *ñ ga tarha* (pour *n ka tarha*), je suis allé.

Voici la traduction d'expressions pronominales diverses :

nous deux,	*am vila* (pour *añi fila*).
eux deux,	*ar fila*.
vous deux,	*ar fila*.
nous trois,	*an zaüa*.
eux trois, vous trois,	*ar saüa*.
nous quatre,	*an nani*, *etc.*
toi et moi,	*ele ane ni*.
lui et moi,	*ale ane ni*.
toi et lui,	*ale ane ye*.

Devant un verbe à l'impératif, « nous » se traduit par *an* ou *wan* s'il ne s'agit que de deux ou trois personnes, et par *arawan* s'il s'agit d'un plus grand nombre.

CHAPITRE VI

Le verbe « Être » et le verbe « Avoir ».

1° Le verbe « ÊTRE ».

Le verbe « être » peut être purement un verbe attributif ; il peut aussi signifier « se trouver » (en tel ou tel lieu), « appartenir » ou « exister ». A chacune de ces significations correspond en dyoula une ou plusieurs façons différentes de le traduire; de plus, à chaque forme positive du verbe « être », correspond une forme négative spéciale.

I. — « Être », verbe attributif.

A. — Si l'attribut est un adjectif qualificatif proprement dit, le verbe « être » se traduit par *bè* à la voix positive et par *tè* à la voix négative.

Si l'adjectif est de forme simple ou terminé en *ma*, le verbe *bè* ou *tè* le précède, comme on l'a vu plus haut :

ce village est neuf, *so mi a bè kura ;*
les Européens sont blancs, *Nanzara-ru ar bè gbè-ma ;*
il n'est pas vieux, *a tè koro.*

Si l'adjectif appartient à la forme terminée par le suffixe *ni*, le verbe se met après l'adjectif, et la forme négative *tè* devient *dè* (quelquefois *bè* devient *mè*) :

les Dyoula sont noirs, *Gyüla-ru ar fi-ni bè ;*
cette eau n'est pas chaude, *gye mi a gba-ni dè.*

B. — Si l'attribut est un substantif employé adjectivement, « être » se dit *lo*, « ne pas être » se dit *tè*, et chacune de ces formes se place après l'attribut :

cet homme est bon, *morhò mio morhò-berè lo ;*
ils ne sont pas riches, *ar sãni-tigi tè.*

C. — Si l'attribut et le verbe « être » sont remplacés par un verbe-adjectif, ce verbe-adjectif s'exprime seul ; à la voix négative on emploie :

La négation *ti*, si le verbe-adjectif est de forme transitive ;

La négation *ma* ou *mã*, si ce verbe est de forme neutre ;

La négation *ma* ou *mã*, en retranchant la particule *na* ou *ra* et en redonnant au besoin au verbe sa forme primitive, si le verbe-adjectif est de forme passive. Exemples :

il est intelligent, *a kèberè-kè* ; il est sot, *a ti kèberè-kè ;*
le village est loin, *dugu a gyã* ; il est proche, *a ma gyã ;*
c'est fini, *a ba-na* ; ce n'est pas fini, *a ma bã.*

D. — Avec l'adjectif *ñi* « bon » et souvent avec les adjectifs *dyugu* « mauvais » et *adyugu* « sale », on remplace *bè* par *kya* et *tè* par *ma*.

a kya ñi, c'est bon; *a ma ñi* ou *a kya dyugu*, c'est mauvais.

E. — Si l'attribut est un substantif proprement dit, non employé adjectivement, le verbe « être » se traduit par *bè* et le verbe « n'être pas » par *tè*; l'attribut se place après le verbe et est souvent suivi de la particule *e*. Exemples :

c'est un homme, *a bè morhò e*.
ce n'est pas un homme, *a tè morhò e*.

Très souvent cependant, surtout lorsqu'on veut désigner l'espèce ou la nature du sujet, « être » se traduit par *lo* et « n'être pas » par *tè*, en plaçant l'attribut avant *lo* ou *tè*; dans ce cas, le pronom *a* remplaçant le démonstratif « ce » peut ne pas s'exprimer. Exemples :

ce n'est pas un homme, c'est une bête, *a morhò tè*, *sorho lo;*
ce n'est pas un étranger, *londa tè;*
ce ne sont pas des Dyoula, *Gyüla tè;*
c'est une femme blanche, *Nanzara muso lo;*
vous n'êtes plus esclaves, *ar gyõ tè tugu*.

II. — « ÊTRE » SIGNIFIANT « SE TROUVER ».

« Être » signifiant « se trouver à tel ou tel endroit, être présent », se traduit par *bè* à la voix positive et par *tè* à la voix négative. Exemples :

il est au village, *a bè so ra ;*
Amadou n'est pas ici, *Amadu tè ya*.

III. — « ÊTRE » SIGNIFIANT « APPARTENIR ».

« Être » signifiant « appartenir » se traduit par *lo* à la voix positive et par *tè* à la voix négative, en mettant le nom du possesseur entre le sujet et le verbe. Si le possesseur est un pronom, on l'exprime par le pronom possessif; si c'est un nom, on le fait suivre de *ta*. Exemples :

ce pagne est à moi, *fãni mi ni-ta lo ;*
il est à Ali, *a Ali-ta lo;*
il n'est pas à toi, *a e-ta tè* ou *e-ta tè*.

IV. — « Être » signifiant « exister ».

Il se traduit par *bè ñya na* (littér. : « être à la surface ») et, à la voix négative, par *tè ñya na*.

Remarque. — Les verbes *bè*, *lo*, *tè*, *kya* et *ma* n'ont qu'un seul temps qui s'emploie aussi bien pour le passé et le futur que pour le présent.

2° Le verbe « **AVOIR** ».

I. — Le verbe « avoir » n'existe pas à proprement parler en dyoula. On l'exprime de façons différentes suivant les cas.

Lorsqu'il signifie « avoir entre les mains » ou « avoir momentanément », sans impliquer l'idée de possession, on le rend par le verbe « être » *bè* (forme négative *tè*) : alors le régime du verbe français devient sujet en dyoula et le sujet français devient régime; on place ce dernier après le verbe « être » et on le fait suivre du mot *fè* qui veut dire « chose » et remplace notre préposition « chez ». Exemples :

j'ai un cheval, *só bè m vè* (pour *só bè n fè*, un cheval est ma chose, est chez moi);
je n'ai rien, *fõndò tè m vè;*
j'ai un fusil, mais il n'est pas à moi, *marfa kele bè m vè, ni-ta tè ;*
le chef a un beau pagne, *fãni a kya ñi bè so-tigi fè.*

II. — Le verbe « avoir » signifiant « posséder » se rend d'une façon analogue, mais : 1° à la voix positive on supprime généralement le verbe *bè*; 2° on met, avant le mot *fè*, la particule *ta* qui marque la possession. Exemples :

j'ai beaucoup d'or, *sãni ni-ta fè sya-mã* ou *sãni n-da fè syamã;*
Amadou a un cheval (un cheval à lui), *só kele Amadu-ta fè;*
Amadou n'a pas de cheval, *só dò tè Amadu-ta fè.*

III. — L'expression « y avoir » se rend par *bè ya* « être ici » ou *bè ta* « être là » (à la voix négative *tè ya, tè ta*); « y en avoir » se rend par *b'a ra* (pour *bè a ra* « être dans lui »; à la voix négative *t'a ra* pour *tè a ra*). Si, après « y avoir », se trouve un complément circonstantiel de lieu, on supprime *ya.* Exemples :

y a-t-il des moutons? *sarha-ru bè ya?*
il y a des moutons dans le Guimini, *sarha-ru bè Gimini ra;*
il n'y en a pas, *a t'a ra;*
il n'y a personne, *morhò dò tè ya.*

IV. — L'expression « avoir un certain âge, avoir vingt ans, trente ans, etc. » se rend par le verbe *korra* (pour *koro ra,* « être âgé de ») que l'on fait suivre du nombre d'années, suivi lui-même de la particule *mbo.* Exemples :

j'ai vingt ans, *ni korra sã mughã mbo;*
il a trente ans, *a korra sã mughã ni tã mbo.*

V. — « Avoir envie de » se traduit, comme « désirer », par le verbe *yini* ou *ñyini.* Ainsi : j'ai envie d'acheter un fusil, *ni marfa sã ñyini* (je fusil acheter désire).

Dans un certain nombre d'expressions qui servent à rendre surtout des besoins physiques, « avoir envie de quelque chose » se tourne par « quelque chose (ou le besoin de quelque chose) me tue, te tue, etc. »; alors le régime français devient sujet et vice-versa. Exemples :

j'ai envie d'uriner, *ñyarhani m varha* (pour *ñyarhani n farha,* l'urine me tue);
as-tu envie d'aller à la selle? *bó e farha?*
j'ai envie de priser, *sara ko è*[1] *m varha.*

1. *È* est ici pour *a*; c'est une sorte de sujet explétif qu'on place souvent devant le pronom régime de la 1re personne du singulier.

VI. — Les expressions « j'ai faim, j'ai soif, j'ai chaud, j'ai froid » et autres du même genre se rendent par une des deux périphrases suivantes : « la faim est dans moi » ou « la chaleur me tue ». Exemples :

j'ai faim, *kõgo bè na* (pour *kõgo bè n na*, la faim est dans moi);
tu as sommeil, *sündorho b'e ra* (pour *bè e ra*, le sommeil est dans toi);
il a faim, *kõgo b'a ra* (pour *bè a ra*);
cet homme a sommeil, *morhò mi sündorho b'a ra* ou *sündorho bè morho mi na;*
j'ai le hoquet, *segesege m varha* (le hoquet me tue);
as-tu soif? *gye e farha?* (l'eau te tue?);
il a froid, *nene a farha;*
j'ai chaud, *tara è m varha.*

VII. — L'expression « avoir mal à » se rend à l'aide du verbe *dimi* « faire mal à » ; le régime français devient sujet en dyoula et vice-versa ; de plus, l'article placé en français devant le nom du membre ou de l'objet malade devient en dyoula un adjectif possessif. Exemples :

j'ai mal à la tête, *ñ gũ è n dimi* (pour *n kũ a n dimi*, ma tête, elle me fait mal);
il a mal au ventre, *a konõ a dimi*, etc.

CHAPITRE VII

La conjugaison.

1° Verbes transitifs.

MODÈLE : *FARHA* « Tuer ».

Les verbes transitifs ont sept temps ou modes : le temps indéfini, le présent absolu, le futur immédiat, le prétérit, l'impératif, l'infinitif et le nom verbal.

A. — TEMPS INDÉFINI (Je tue, ou Je tuerai).

	Voix positive.	Voix négative.
Sing. 1re pers.	*ni farha* (ou *ñi farha*, ou *m varha*).	*n di farha.*
2e —	*e farha* (ou *i farha*, ou *ye farha*).	*e ti farha.*
3e —	*a farha.*	*a ti farha.*
Plur. 1re —	*añi farha* (ou *am varha*).	*añi ti farha.*
2e —	*ar farha* (ou *aluru farha*).	*ar ti farha.*
3e —	*ar farha.*	*ar ti farha.*

B. — PRÉSENT ABSOLU (Je suis en train de tuer).

	Voix positive.	Voix négative.
Sing. 1 pers.	*ni bè farha ra*[1] ou *m bè farha ra*).	*ni tè farha ra* (ou *n dè farha ra*).
2e —	*e bè farha ra.*	*e tè farha ra.*
3e —	*a bè farha ra.*	*a tè farha ra.*
Plur. 1re —	*añi bè farha ra.*	*añi tè farha ra.*
2e —	*ar bè farha ra.*	*ar tè farha ra.*
3e —	*ar bè farha ra.*	*ar tè farha ra.*

1. Littéralement : « je suis dans le tuer, dans l'action de tuer ». On rencontre quelquefois la forme *ni bè farha.*

C. — Futur immédiat (Je vais tuer).

		Voix positive.	Voix négative.
Sing.	1re pers.	*ni ñyini ka farha*[1].	*n di ñyini ka farha.*
	2e —	*e ñyini ka farha.*	*e ti ñyini ka farha.*
	3e —	*a ñyini ka farha.*	*a ti ñyini ka farha.*
Plur.	1re —	*añi ñyini ka farha.*	*añi ti ñyini ka farha.*
	2e, 3e —	*ar ñyini ka farha.*	*ar ti ñyini ka farha.*

D. — Prétérit (J'ai tué).

		Voix positive.	Voix négative.
Sing.	1re pers.	*ñ ga farha.*	*ñi ma farha* (ou *m ma farha*).
	2e —	*e ka farha.*	*e ma farha.*
	3e —	*a ka farha.*	*a ma farha.*
Plur.	1re —	*añi ka farha.*	*añi ma farha.*
	2e, 3e —	*ar ka farha.*	*ar ma farha.*

E. — Impératif (Tue, Qu'il tue).

		Voix positive.	Voix négative.
Sing.	2e pers.	*farha* (ou *i farha*).	*kana farha* (ou *e kana farha*).
	3e —	*a farha.*	*a kana farha.*
Duel	1re —	*wam varha* (ou *am varha*)[2]	. . . .
Plur.	1re —	*arawam varha.*	*añi kana farha.*
	2e, 3e —	*ar farha.*	*ar kana farha.*

F. — Infinitif.

farha « tuer ». *na farha* « ne pas tuer ».

G. — Nom verbal.

farha-li ou *farha-ri* « action de tuer, meurtre ».

Remarque. — Si le verbe se termine par une voyelle nasale, on

1. Le mot *ñyini* n'est autre qu'un verbe qui signifie « vouloir, désirer ».

2. On emploie *wam varha* ou *am varha* lorsqu'il ne s'agit que de deux personnes et quelquefois lorsqu'il s'agit de trois ou quatre; on emploie *arawam varha* lorsqu'il y a un grand nombre de personnes à faire l'action. L'*m* final se comporte comme le pronom *n* (*m* ou *ñ*) de la 1re personne du singulier.

forme le nom verbal en ajoutant *ni*, au lieu de *li* ou *ri*; de plus la voyelle nasale se change généralement en la voyelle simple correspondante : ainsi *domũ* ou *domõ* « manger », fait *domu-ni* ou *domo-ni* « action de manger ».

2° Verbes neutres.

MODÈLE : *TARHA* « Aller ».

Les verbes neutres ont les mêmes temps ou modes que les verbes transitifs et se conjugent de même, sauf en ce qui concerne le prétérit et le nom verbal. Mais il est bien entendu que seuls, les verbes neutres à forme active se comportent de cette façon.

On aura donc :

A. — TEMPS INDÉFINI.

ni tarha, je vais, ou j'irai.	*n di tarha*, je ne vais pas, ou je n'irai pas ;
e tarha, tu vas, ou tu iras.	*e ti tarha*, tu ne vas pas, ou tu n'iras pas, etc.

B. — PRÉSENT ABSOLU.

ni bè tarha ra, je suis en train d'aller.	*ni tè tarha ra*, je ne suis pas en train d'aller, etc.

C. — FUTUR IMMÉDIAT.

ni ñyini ka tarha, je vais aller.	*n di ñyini ka tarha*, je ne vais pas aller, etc.

D. — PRÉTÉRIT. 1re forme.

	Voix positive.	Voix négative.
Sing. 1re pers.	*ñ ga tarha.*	*ñi ma tarha* (ou *m ma tarha*).
2e —	*e ka tarha.*	*e ma tarha.*
3e —	*a ka tarha*, etc.	*a ma tarha*, etc.

2e forme.

	Voix positive.	Voix négative.
Sing. 1re pers.	*ni tarha ra.*	(comme à la 1re forme).
2e —	*e tarha ra.*	
3e —	*a tarha ra.*	
Plur. 1re —	*añi tarha ra.*	
2e, 3e —	*ar tarha ra.*	

Remarques. — La 1re forme n'est employée que pour les verbes exprimant une action ou un mouvement, comme *tarha* « aller », *na* « venir », etc.

La 2e forme est employée pour tous les verbes neutres, soit qu'ils expriment une action, soit qu'ils expriment un état, et c'est la seule qu'on puisse employer pour ces derniers.

Si le verbe est terminé par *na* ou par une voyelle nasale, la particule *ra* de la 2e forme devient en général *na*; de plus la voyelle nasale se change généralement en la voyelle simple correspondante : ce changement a toujours lieu si la voyelle finale du verbe est *ã*. Ainsi on dit : *a na na* « il est venu », plutôt que *a na ra*; *a bo na* ou *a bõ na* (et non *a bõ ra*) « il a été grand »; *a gya na* (et non *a gyã ra* ou *a gyã na*) « il a été loin ».

E. — Impératif.

		Voix positive.	Voix négative.
Sing. 2e	pers.	*tarha* ou *e tarha*.	*kana tarha* ou *e kana tarha*.
3e	—	*a tarha*.	*a kana tarha*.
Duel 1re	—	*wan darha* (ou *an darha*).	. . . .
Plur. 1re	—	*arawan darha*.	*añi kana tarha*.
2e, 3e	—	*ar tarha*.	*ar kana tarha*.

F. — Infinitif.

tarha « aller ». *na tarha* « ne pas aller ».

G. — Nom verbal.

tarha-ma « action d'aller, marche, voyage ».

On trouve aussi *tarha-mã*, et enfin, mais plus rarement, la forme *tarhiyã* avec le même sens, comme *faniyã* « mensonge », de *fana* « mentir ».

Remarque. — Lorsque le même verbe est tantôt transitif et tantôt neutre, il forme dans le premier cas son prétérit avec la particule *ka* et dans le second avec la particule *ra* : ainsi *sigi* « poser » fait *a ka sigi* « il a posé » et *sigi* « s'asseoir » fait *a sigi ra* « il s'est assis ».

3° Verbes passifs et verbes neutres à forme passive.

MODÈLE : *FARHA-RA* « Mourir, Être tué ».

Les verbes passifs et beaucoup de verbes neutres se forment du verbe transitif correspondant en y ajoutant la particule *ra* ou *na*. On a ainsi : *sigi-ra* « demeurer ou être situé », de *sigi* « poser » ; *mõ-na* ou *mo-na* « cuire ou être cuit », de *mõ* « faire cuire » ; *gba-na* « chauffer », de *gbã* « faire chauffer » ; *ba-na* « être fini », de *bã* « finir », etc. Ces verbes n'ont qu'une forme unique pour le prétérit et le temps indéfini. De plus ils n'ont pas de nom verbal.

A. — TEMPS INDÉFINI ET PRÉTÉRIT. (Je suis mort, j'ai été tué.)

		Voix positive.	Voix négative.
Sing.	1re pers.	*ni farha-ra.*	*ñi ma fahra.*
	2e —	*e farha-ra.*	*e ma farha.*
	3 —	*a farha-ra*, etc.	*a ma farha*, etc.

B. — PRÉSENT ABSOLU. (Je suis en train de mourir, on me tue.)

		Voix positive.	Voix négative.
Sing.	1re pers.	*ni bè farha-ra.*	*ni tè farha-ra.*
	2e —	*e bè farha-ra.*	*e tè farha-ra.*
	3e —	*a bè farha-ra*, etc.	*a tè farha-ra*, etc.

C. — FUTUR IMMÉDIAT. (Je vais mourir ou être tué.)

		Voix positive.	Voix négative.
Sing.	1re pers.	*ni ñyini ka farha-ra.*	*n di ñyini ka farha-ra.*
	2e —	*e ñyini ka farha-ra.*	*e ti ñyini ka farha-ra.*
	3e —	*a ñyini ka farha-ra*, etc.	*a ti ñyini ka farha-ra*, etc.

D. — IMPÉRATIF. (Meurs, ou sois tué.)

		Voix positive.	Voix négative.
Sing.	2e pers.	*e farha-ra.*	*e kana farha-ra* ou *e kana farha.*
	3e —	*a farha-ra.*	*a kana farha-ra.*
Duel	1re —	*wam varha-ra.*	. . . .
Plur.	1re —	*arawam varha-ra.*	*añi kana farha-ra.*
	2e, 3e —	*ar farha-ra.*	*ar kana farha-ra.*

E. — INFINITIF.

farha-ra « mourir, être tué ». *na farha-ra* « ne pas mourir ».

REMARQUES. — I. — Les verbes transitifs terminés par une voyelle nasale et quelques autres que l'usage apprendra, notamment ceux terminés par *e*, forment en général leur passif à l'aide du suffixe *na* au lieu de *ra*; alors la voyelle nasale qui termine le verbe transitif se change le plus souvent en la voyelle simple correspondante; *ã* se change toujours en *a*. On a ainsi :

ba-na « être fini », de *bã* « finir » ;

ñya-na « aller bien, être ajusté », de *ñyã* « arranger, ajuster » ;

mõ-na ou *mo-na* « être cuit », de *mõ* « faire cuire », etc.

Lorsque, dans la conjugaison, le suffixe *na* se supprime, le verbe reprend sa forme primitive; on dira donc :

a ba-na « c'est fini », et *a ma bã* « ce n'est pas fini ».

II. — Les verbes actifs terminés par *ra*, *re*, *ri*, *ro*, *ru*, suppriment en général au passif leur voyelle finale devant le suffixe *ra*. Ainsi *tura* « faire pourrir » donne *turra* (pour *tura-ra*) « pourrir, être pourri » ; *koro* « rendre vieux » donne *korra* ou *koro-ra* « vieillir », etc. Avec la négation on dira : *a ma tura*, *a ma koro*, etc.

III. — La voix négative du prétérit passif est identique à la voix négative du prétérit actif : *a ma farha* veut dire tantôt « il n'a pas tué » et tantôt « il n'a pas été tué » ou « il n'est pas mort ». De même on supprime souvent le suffixe *ra*, au futur immédiat passif (positif et négatif) et à la voix négative de l'impératif passif, ce qui rend ces formes identiques aux formes actives correspondantes.

Dans la pratique, comme le verbe transitif est toujours accompagné d'un régime direct, cette ressemblance des formes actives et passives ne donne lieu à aucune amphibologie.

4° Verbes réfléchis.

On les forme à l'aide du verbe transitif précédé du pronom réfléchi. Leur conjugaison ne donne lieu à aucune remarque particulière, sauf que le pronom sujet prend en général la forme emphatique. On dira ainsi :

nile ñire farha, je me tue;
ele ti ere farha, tu ne te tueras pas ;
ale ka ire farha, il s'est tué, etc.

5° Verbes en « kè ».

Lorsqu'un verbe transitif est employé dans un sens absolu, sans régime direct, on l'exprime par son nom verbal suivi de *kè* « faire » ; cette expression devient alors un verbe qui se conjugue comme un verbe transitif ordinaire.

Ainsi *domũ* « manger » donne *domu-ni-kè* « manger (sans régime), faire l'action de manger ». « Je mange de la viande » se dira *ni sorho domũ* ; « je vais manger » se dira *ni tarha ka domu-ni-kè*.

On conjuguera ce verbe sur le modèle *farha* :

a domu-ni-kè, a ti domu-ni-kè;
a ka domu-ni-kè, a ma domu-ni-kè, etc.

CHAPITRE VIII

Syntaxe des verbes.

1° Emploi des temps et des modes.

Temps indéfini. — Si l'on a affaire à un verbe transitif ou à un verbe neutre de forme active, le temps indéfini s'emploie pour exprimer le présent et le futur, à moins que l'action ne se fasse au moment même où l'on parle, auquel cas on emploie le présent absolu, ou que l'on puisse remplacer en français le futur par la forme « je vais, tu vas, il va, etc., faire quelque chose », auquel cas on emploie le futur immédiat.

Si l'on a affaire à un verbe passif ou à un verbe neutre de forme passive, le temps indéfini sert de plus à rendre le passé.

Présent absolu. — Ce temps répond exactement à l'expression française « être en train de faire quelque chose ».

Futur immédiat. — Ce temps répond aux expressions françaises « aller faire quelque chose, être sur le point de faire quelque chose » ou « avoir l'intention de faire quelque chose ».

Prétérit. — Ce temps s'emploie lorsque l'action est complètement terminée au moment où l'on parle. Quelquefois on traduira un présent français par un prétérit dyoula, lorsque l'action finit avec l'énoncé de la phrase, comme dans ces exemples : *ñ ga a me* (ou *ñ gã me*) « je comprends » ou « j'ai compris » ; *e mã me?* « ne comprends-tu pas ? » ou « n'as-tu pas compris? » ; *ñ ga a di ma*, « je te le donne » (l'objet est donné lorsqu'on a terminé l'énoncé de la phrase).

Impératif. — L'emploi de ce mode ne donne lieu à aucune observation particulière.

Infinitif. — On peut toujours traduire un infinitif français complément d'un verbe par l'infinitif dyoula correspondant lorsque l'action ou l'état exprimé par cet infinitif est accompli par le sujet de la phrase, mais il faut avoir soin de faire précéder cet infinitif de la particule *ka*; s'il y a en français une préposition devant l'infinitif, elle se supprime. Exemples :

tâche de voir, *korosi ka ferè ;*
je veux venir, *ni ñyini ka na ;*
cet homme a pris un fusil pour se tuer, *morhò mi a ka marfa ta ka ire farha;*
il ne sait pas parler dyoula, *a ti se ka gyüla kã mvò.*

Dans les expressions d'un usage courant, on peut supprimer le *ka* : *tarha domuni-kè* « va manger », *na sigi* « viens t'asseoir ».

On peut également traduire l'infinitif français par un mode personnel en dyoula et dire, par exemple :

ni ñyini ni na sini, je veux venir demain (littér. : je veux, je viendrai demain).

Cette dernière tournure est la seule qu'on puisse employer lorsque l'action ou l'état exprimé par l'infinitif n'est pas accompli par le sujet de la phrase. Exemples :

j'ai dit à cet homme de venir, *ñ gã fò kyè mi yẹ ko a na* (j'ai dit homme ce à que il vienne) ;

dis-lui de venir demain, *a fò a ye è na sini* (cela dis lui à il vienne demain).

On voit que l'on peut soit exprimer, soit omettre la conjonction *ko* « que » ; en fait, on l'omet le plus souvent.

Nom verbal. — On a vu que le nom verbal, suivi du verbe *kè* « faire », servait à former des verbes transitifs sans régime direct.

De plus le nom verbal s'emploie le plus souvent à la place de l'infinitif, lorsque ce dernier est sujet de la phrase. Exemple :

tarha-ma a di ñi, marcher me plaît, j'aime à marcher (littér. : la marche elle plaît à moi).

Enfin le nom verbal peut servir à traduire tous les noms abstraits exprimant une action ou un état et qui n'ont pas en dyoula de correspondants propres.

Voix passive. — Les verbes à sens passif proprement dit ne se rendent pas en général en dyoula par la forme verbale en *ra* ou *na* : cette forme sert surtout à traduire des verbes à sens neutre ou des verbes passifs sans régime. Ainsi *farha-ra* veut bien dire « être tué », mais ce mot signifie surtout « mourir » ; pour traduire cette phrase : « cet homme a été tué par la foudre », on tournera par la voix active (la foudre a tué cet homme, ou cet homme la foudre l'a tué) : *morhò mi sãmbarhama a ka a farha*.

De la façon de rendre les temps et modes français qui n'ont pas de correspondants en dyoula. — Lorsqu'on aura à rendre en dyoula des temps ou modes qui n'ont pas de correspondants propres, on les traduira par le temps qui rend le mieux l'idée du contexte.

Ainsi l'imparfait se rendra presque toujours par le présent absolu si l'action qu'il exprime est en relation de temps avec une autre action. Exemple :

Je partais lorsque tu es venu, *ni bè tarha ra e na na* (je suis en train de partir, tu es venu).

L'imparfait en relation avec un conditionnel se rend par le prétérit : « si je venais, tu me donnerais quelque chose », *ñ ga na, ye n zo fè na* (je suis venu, tu me donneras quelque chose).

L'imparfait d'habitude se rend par le temps indéfini : « j'allais tous les jours à la mosquée », *ni tarha misiri ra'la byè.*

Le conditionnel se rend en général par le temps indéfini, à moins qu'il n'ait rapport à une action passée, auquel cas on emploie le prétérit.

Quant au subjonctif, on le rend par le temps indéfini, le futur immédiat ou le prétérit, suivant le sens de la phrase.

2° Du sujet.

Le sujet se place toujours avant le verbe. Si le sujet est un nom, on le fait suivre en général du pronom sujet de la 3e personne du singulier ou du pluriel suivant le cas. Toutefois on peut sans inconvénient omettre ce pronom.

Lorsque la phrase française se termine par un complément circonstanciel composé d'un seul mot comme « demain, hier », etc., en place souvent en dyoula ce mot avant le sujet : *sini ñi na* « je viendrai demain », *bi a tarha* (ou *a tarha bi*) « il partira aujourd'hui », etc.

3° Des régimes.

Le régime direct, nom ou pronom[1], se place avant le verbe ; si

1. L'infinitif régime direct, même non accompagné de la particule *ka*, se place en

le verbe est accompagné d'une particule de conjugaison ou d'une négation, le régime direct se place entre cette particule ou cette négation et le verbe.

Le régime indirect se place après le verbe.

Exemples :

appelle Samba, *Sãba kiri;*
j'ai acheté du papier chez le Blanc, *ñ ga kardasi sã Nanzara-kyè fè;*
je ne connais pas cette affaire, *ñi ma koma mi lõ;*
ne frappe pas cet homme, *e kana morhò mi bugo;*
ils ont abîmé mon pagne, *ar ka n-da fãni tyã ;*
ne fais pas cela, ne le fais pas, *e kana a kè* (ou *e kanã kè*) ;
ils t'ont frappé, *ar k'i bugo* (pour *ar ka i bugo*);
chasse-les, *ara gbè;*
ils m'ont insulté, *ar ka ni yeni;*
je ne le tuerai pas, *n d'a farha* (pour *n di a farha*);
il ne le tuera pas, *a t'a farha* (pour *a ti a farha*);
il est en train de le tuer, *a b'a farha ra* (pour *a bè a farha ra*);
il le tue, *a a farha;*
tue-le, *a farha;*
je l'ai tué, *ñ ga a farha;*
je ne l'ai pas tué, *ni ma a farha.*

Les verbes « donner » et « demander » semblent faire exception à cette règle, mais ces exceptions ne sont qu'apparentes, car ces verbes veulent en dyoula au régime direct le mot qui est régime indirect en français et vice-versa. Ainsi « donner » se dit *sõ* ou *so*, avec le nom de la personne à laquelle on donne comme régime direct, et le nom de l'objet donné suivi de *ra* ou *na* comme régime indirect; on peut aussi employer *di* avec le nom de l'objet comme régime direct et le nom de la personne suivi de *ma* comme régime indirect. Quant à *dari* « demander », ce verbe prend indif-

général après le verbe. Cependant on dit souvent : *ni kardasi sã ñyini* « je veux acheter du papier ».

férement comme régime direct, soit le nom de la personne, soit le nom de l'objet.

Exemples :

n zo kardasi na, donne-moi du papier (littér. : gratifie-moi de papier) ;

na so gye ra ou *na so gye*, donne-moi de l'eau ;

ñī so gye ra (pour *ñi i so gye ra*), je te donne de l'eau ;

a ka n zõ konõ na, il m'a donné des perles ;

gye di ma (pour *gye di m ma*), donne-moi de l'eau[1] ;

kardasi mi, *ñ ga a dī ma* (pour *di i ma*), ce papier, je te le donne ;

ñ ga nisi ta, *ni a dī ma* (pour *di i ma*), j'ai pris un bœuf, je te le donne ;

sise mi ta, *i a di morhò mi ma*, prends cette poule, tu la donneras à cet homme ;

dògbrè yini, *a di ma* (pour *di m ma*), cherche m'en un autre (cherche un autre, donne-le moi) ;

kele ndi ma ñyalakã (pour *ndi m ma*), donne-m'en encore un autre ;

ñ ga a dari fè na, *a mã di*, je lui ai demandé quelque chose, il ne (me) l'a pas donné ;

et *ni sira dari*, je demande à prendre congé (littér. : je demande le chemin).

De même on trouvera : *a di ñi* « il me plaît » et *a bõ ñi* « il me commande, il est mon supérieur », mais ces expressions sont des contractions de *a di ñi ye*, *a bõ ñi ye*.

Remarques. — I. — Les mots terminés par une voyelle nasale et suivis d'un verbe prennent parfois un *u* euphonique entre eux et le verbe. On dit ainsi *gbalã ususu* (pour *gbalã susu*) « enfoncer

1. *Sõ* ou *so* veut dire « donner en toute propriété, faire cadeau » ; *di* veut dire « donner de la main à la main, faire passer à quelqu'un ». Ce même mot *di* (qu'on prononce aussi *ndi*) veut dire encore « plaire à » ; mais, alors le régime indirect est suivi de la particule *ye* au lieu de *ma* : *a ma ndi a ye*, ça ne lui plaît pas.

une bourre, bourrer un fusil » ; *bi uñgyene* (pour *bi ñgyene*) « faire brûler de l'berbe », etc.

Si le verbe qui suit un mot terminé par une voyelle nasale commence par *f*, on n'ajoute pas d'*u*, mais l'*f* initial du verbe se change en *mv*. Exemples :

balã mvò (pour *balã fò*) « jouer du xylophone » ;
a gyüla-kã mvò, il parle dyoula, etc.

II. — Un verbe transitif, en dyoula, doit toujours être accompagné d'un régime direct. S'il n'y a pas en français de régime direct exprimé, on fait précéder le verbe du pronom régime de la 3e personne du singulier. Ainsi :

« dis-lui que... » se traduira *a fò a ye* (littér. : dis-le à lui) ;
« j'ai compris », *ñ ga a me* (« je l'ai compris »), qu'on prononce souvent par contraction *ñ gã me;*
« n'as-tu pas compris? », *e ma a me?* ou *e mã me?*
« je ne sais pas », *ñi ma a lõ* ou *ñi mã lõ*, etc.

Nota. — Il n'y a pas de forme spéciale ni de particule pour rendre la voix interrogative : l'intonation seule indique s'il y a affirmation ou interrogation.

CHAPITRE IX

Les particules.

J'ai rangé sous ce titre, par ordre alphabétique français, tous les mots ou locutions désignés sous les noms divers d'adverbes, prépositions et conjonctions. Je les ai classés en cinq groupes :

1° particules de temps ;
2° — de lieu ;
3° — de quantité ;
4° — d'ordre, cause et manière ;
5° — exclamatives.

Quant aux particules servant à former des noms ou des adjectifs, ou à conjuguer les verbes, nous les avons étudiées déjà à leurs places respectives.

On trouvera mentionnés à la suite de chaque particule les observations particulières relatives à sa syntaxe, s'il y a lieu. Je dois dire ici une fois pour toutes que, sauf indication contraire, le régime d'une particule doit toujours précéder cette particule : dans le village, *so ra* ; sur la route, *sira kã* ; chez moi, *m vè*, etc.

1° Particules de temps.

abord (d'), *ñyã ; gale ; ato.*

Ex. : va manger d'abord, *tarha domu-ni-kè ñyã.*

alors, *la mi na*, *la mi ra* (littér. : ce jour-là, en ce jour).

après (dans la suite), *katigi; sisã.*

Ex. : autrefois il demeurait à Kong, après il est venu ici, *gale a sigi-ra Kũ na*, *katigi a na na ya.*

après que, *kabini.*

auparavant, *gale; otuma.*

aussitôt, *sisã.*

autrefois (comme « auparavant »).

avant que. — On tourne par « pas encore ».

Ex. : j'ai mangé avant que tu viennes (tournez : tu n'es pas venu encore, j'ai mangé), *e ma na ba*, *ñ ga domu-ni-kè.*

bientôt (comme « aussitôt ») ; quelquefois *dorho-ma*, *ndorho-ma.*

dans (signifiant « après », comme dans « dans cinq jours, dans dix ans, etc. », ne se traduit pas) :

Ex. : je viendrai dans cinq jours, *la luri ñi na.*

déjà (signifiant « auparavant », comme ce mot) :

Ex. : es-tu déjà allé au Guimini, *ye ka tarha Gimini ra gale.*

depuis (ne se traduit pas) :

Ex. : il est ici depuis deux jours, *la fila a bè ya.*

depuis que, *la mi na* (litt. : dans ce jour) ;

Ex. : depuis que je suis venu ici, je ne t'ai pas vu, *la mi na ñ ga na ya, m m'i ye e* (pour *m ma i ye*).

encore (de nouveau), *tugu, lètugu.*

Ex. : vas-y encore, *tarha ta tugu.*

— (jusqu'à présent) *la byè* (litt. : tout le jour) :

Ex. : je travaille encore, *ñi kye-kè la byè.*

— (pas —), *ba* :

Ex. : je ne suis pas encore allé à Kong, *m ma tarha ba Kũ na ;*
le manger n'est pas encore cuit, *two ma mõ ba ;*
ce n'est pas encore fini, *a ma bã ba.*

ensuite, *katigi ; woko ; kabini a kè ra sã* :

Ex. : travaillons d'abord, ensuite tu t'en iras, *ato wañ kye-kè, katigi ye tarha.*

jamais, *fyefyefye* :

Ex. : je ne suis jamais allé au pays des Blancs, *m ma tarha Nanzara dugu ra fyefyefye.*

jour (un —), *la dò ra.*

jusqu'à, *ya... konõ, ya... kono* :

Ex. : tu resteras jusqu'à la nuit, *ye sigi ya ya su ra konõ* (tu resteras ici jusque nuit dans le ventre).
tu marcheras jusqu'à ce que tu voies le village, *e tarhama ya e dugu ye kono.*

lentement, *yirre.*

longtemps, *wuru tutututu.*

lorsque, *la mi na* (littér. : en ce jour ; veut généralement après lui le prétérit) :

Ex. : lorsque je dirai que je pars pour l'Europe, viendras-tu m'accompagner? *la mi na ñ ga a fò ñi tarha Nanzara dugu, ye tarha m bilasira?*

maintenant (« comme aussitôt »).

pendant, pendant que (ne se traduisent pas, ou se traduisent comme « dans » ; voir ce mot aux particules de lieu).

plus (ne —, pas de nouveau), *tugu* (avec la négation).

Ex. : vous n'êtes plus esclaves, *ar gyõ tè tugu;*
je ne reviendrai plus chez les Agni, *n di na Tõ na tugu.*

quand (comme « lorsque »).

quand? *la gyo-mane?* (litt. : quel jour?).

Ex. : quand viendras-tu? *la gyo-mane ye na?*

quelque temps, peu de temps, *dorho-ma, ndorho-ma.*

souvent, *la byè* (littér. : tous les jours).

suite (tout de —), comme « aussitôt ».

tantôt... tantôt, *la dò ra... la dò ra...* (litt. : un jour... un jour...).

tard (dans la journée), *su kura* (litt. : la nuit est nouvelle, la nuit approche).

tard (trop —, plus —), *la-ñgberè* (litt. : jour différent).

Ex. : j'irai plus tard, *la-ñgberè ñi tarha.*

temps (en même —), *siñya kele* (litt. : une seule fois).

tôt (de bonne heure), *sorhoma.*

— (en général, plus —), *gyona.*

Ex. : pourquoi n'es-tu pas venu plus tôt? *mune-kato ye ma na gyona?*

toujours, *sarha-byè; la byé.*

tout à coup (comme « aussitôt »).

vite, *gyonagyona; gbañyãgbañyã.*

2° Particules de lieu.

à (avec ou sans mouvement), se traduit comme « dans » par *ra* ou *la* (*na* après un mot terminé par une voyelle nasale); après un nom de pays ou de village, on peut ne pas exprimer la particule :

Ex. : je vais à Kofidougou, *ñi tarha Kofidugu ra* ou *ñi tarha Kofidugu;*
je demeure à Kofidougou, *n zigi-ra Kofidugu la;*
je vais à la rivière, *ñi tarha kwò ra ;*
il est arrivé à Kong, *a dõ na Kũ na* (ou *Kpõ na*).

(Pour les autres acceptions de la préposition « à », voir aux particules d'ordre, cause et manière.)

ailleurs, *dua a gberè-ra* (un lieu qui est différent) ; *dua dò-gbrè ra* (dans un autre lieu).

air (en l' —), *sa na* (littér. : dans le ciel).

après, *kwo.*

Ex. : il vient après moi, *a na ñ gwo.*

arrière (en —), *kwo, kwo ra.*

Ex. : il reste en arrière, *a to-ra kwo.*

auprès de, *koro, koro-ya.*

Ex. : viens t'asseoir auprès de moi, *na sigi ñ goro-ya.*

autour de (on tourne par le verbe *mameni* « entourer »).

Ex. : il y a des arbres autour de ma maison, *yiri-ru bè ar n-da bõ mameni* (des arbres sont ils ma maison entourent).

avant, *ñyã.*

Ex. : sa maison est avant celle de Massa, *a-ta bõ bè Masa bõ ñyã.*

avant (en —) (se traduit comme « avant ») : il est en avant, *a bè ñyã.*

Ex. : avancez, ceux qui sont en avant, *ñyã-morhò ar tarha.*

avec, *ane* (se place avant son régime).

Ex. : il est parti avec son père, *ane a fa a tarha ra*, ou *an'a fa a tarha ra.*

bas (en —), *dugu ma* (littér. : par terre).

bord (au — de), *da ra* (littér. : dans la bouche).

Ex. : ne marche pas au bord de l'eau, *kana tarka-ma gye da ra.*

bout (au — de), *kwo-fè*.

Ex. : ma maison est au bout du village, *n-da bõ a bè dugu kwo-fè*.

centre (au — de), *tyè ra*.

Ex. : elle est au centre du village, *a bè dugu tyè ra*.

chez, *fè-so ; bara*.

Ex. : je vais chez Dala, *ñi tarha Dala fè-so*.

commencement (au —), *kũ-ñgo-ra*.

Ex. : sa maison est au commencement du village, *a-ta bõ a bè dugu kũ-ñgo-ra*.

contre, *ñyõrhõ-na*.

Ex. : mets la chaise contre le mur, *wurhande sigi tanda ñyõ-rhõ-na*.

côté (à — de), comme « auprès de ».

côté (de ce —), *ta*.

dans, *ra*, *la* (après un mot terminé par une voyelle nasale, *ra* se change en *na*; *ã* devant *na* devient *a*); *konõ*. Exemples :

dans ma main, *m buru ra;*
dans le village, *so ra;*
dans la maison, *bõ na ;*
dans le ciel, *sa na* (pour *sã na*).

Lorsque la particule *ra*, *la* ou *na*, est placée après le pronom de la 1re pers. du singulier, ce dernier se supprime et *ni na* devient *na* (dans moi) ; « dans eux » se dit *are ra*, ainsi que « dans vous ». L'*è* des verbes *bè* et *tè* s'élide devant les pronoms régimes ; on a donc : *bè na* ou *tè na*, *b'e ra* ou *t'e ra*, *b'a ra* ou *t'a ra*, *b'añi ra*, *b'are ra*.

de (indiquant la provenance) se traduit comme « dans » (voir cette particule).

Ex. : il vient du village, *a bò-ra so ra*.

dedans, *a ra* (littér. : dans lui).

Ex. : il n'y a rien dedans, *fõndò t'a ra*.

dehors, *kene-ma*.

delà (au —, au — de), *kwo-ra.*

Ex. : au-delà du Guimini, *Gimini kwo-ra.*

depuis (à partir de) : depuis Singrobo jusqu'à la mer il y a de la forêt (tournez : tu viens de Singrobo tu atteins la mer, il y a de la forêt partout), *e bò-ra Sĩgrobo ra, ye dõ gyemvye ra, tu a bè dua byè ra.*

derrière (comme « après »), *kwo.*

Ex. : derrière lui, *a kwo.*

dessous, *gyu-koro, gyü-koro.*

— (au — de), *gyu-koro, gyü-koro.*

Ex. : au-dessous du sol, *dugu gyü-koro.*

dessus, (au — de), *kã.*

devant, (au — de), *ñyã.*

Ex. : devant moi, *ni ñyã.*

droite (à —), *kini-mburu, kini-mburu ra.*

endroit (à l' —, du bon côté), *ñyã-ra, ñya-na.*

ensemble, *dua kele na* (au même endroit).

entre, *tyè.*

Ex. : le village est entre la rivière et la forêt, *dugu a bè kwò ane tu tyè.*

envers (à l' —), *kwo-ra.*

face (en —, en — de), *tele-na.*

Ex. : c'est en face de ma case, *a bè n-da bõ tele-na.*

gauche (à —), *numa-buru, numa-buru ra.*

haut (en —), *sa-na.*

— (en — de), comme « sur ».

hors de, *kene-ma.*

Ex. : chasse-les hors du village, *ara gbè so kene-ma.*

ici, *ya*; *ya-ni*; *yã.*

— (par —), *ta.*

jusqu'à (on tourne par le verbe *dõ* « aller jusqu'à, arriver à »).

Ex. : il y a des champs jusqu'à la rivière (tournez : des champs arrivent la rivière à), *sene-ru dõ kwò ra.*

là, *ta*; *yi*.
là-bas, *ta-mvè*.
là (par —), *ta*.
loin, *dua gya-na* (un lieu qui est loin).
— de : Dabakala est loin de Sikasso (tournez : Dabakala avec Sikasso, il est loin), *Dawakala ane Sikaso a gyã*.
maison (à la —), *lu-ra* (précédé de l'adjectif possessif).

Ex. : je suis à la maison, je suis chez moi, *m bè n-da lu-ra*; il est à la maison, *a bè a-ta lu-ra*.

milieu (au —, au milieu de), comme « centre (au — de) ».
où (avec antécédent), *mi... a ra*.

Ex. : le village où demeure Bourama, *dugu mi Burama a sigi-r'a ra* (littér. : ce village Bourama demeure dans lui).

— (sans antécédent), *dua mi na*.

Ex. : je ne sais où il est allé, *a tarha ra dua mi na*, *m ma a lõ* (il est allé dans quel endroit, je ne le sais pas).

— (interrogatif) *mi?* (se place à la fin de la proposition).

Ex. : où est-il? *a bè mi?* où est-il allé? *a tarha ra mi?* d'où viens-tu? *e bò-ra mi?*

— (employé seul), où donc? *dua gyo-ma-na?* (littér. : dans quel endroit?).

— (par —?), *meni?*

Ex. : par où es-tu passé? *ye tembè ra meni?*

partout, *dua byè ra* (littér. : dans tous les lieux).
près (on tourne par le verbe *srõ* « être proche »).

Ex. : c'est tout près (tournez : son endroit est très proche), *a dua srõ dyugu-kè*.

— de (comme « auprès de »).
près d'ici, *dua srõ-na ya* :

Ex. : le village est près d'ici, *so bè dua srõ-na ya* ou *so dua a srõ-na ya*.

sous (comme « au-dessous de »).

Ex. : couche-toi sous l'arbre, *la yiri gyu-koro*.

sur *kã*.

Ex. : sur le toit, *bõ-ñkũ-na kã*.

terre (par —), *dugu ma*.

vers (comme « auprès de »).

vis-à-vis (comme « en face »).

voici, voilà, *ye*.

Ex. : voici ton couteau, *e-ta muru ye* (littér. : vois ton couteau).

3° Particules de quantité.

assez, *tote* (se conjugue).

Ex. : il y a assez d'eau, *gye tote;* il n'y en a pas assez, *a ma tote*.

aussi (également), *gyate; e*.

Ex. : moi aussi je pars, *ni gyate ñi tarha;*
viens-tu aussi? *ye tarha e?*

— (en plus) comme « encore ».

Ex. : tu m'as donné un fusil, donne-moi aussi de la poudre, *ye ka marfa kele ndi ma, mugu di ma yalakã*.

— que, autant que *karako* (se place avant son régime).

Ex. : cet homme est aussi grand que moi, *kyè mi a gyã karako ni*.

autant de... que : il y autant d'hommes que de femmes (tournez : hommes et femmes eux tous sont un), *kyè ni muso a byè a bè kele*.

beaucoup (modifiant un verbe, un adjectif ou un adverbe), *kpa; hali; dyugu-kè*, *gyugu-kè*.

Ex. : il travaille beaucoup, *a kye-kè kpa;* il a grandi beaucoup, *a bõ na hali* ou *a bõ na dyugu-kè*.

beaucoup de, *sya-mã*.

Ex. : beaucoup d'hommes sont venus, *morhò sya-mã na na ;*
il m'a donné beaucoup de perles, *a ka n zõ kono nzya-mã* [1]

1. Lorsque le mot qui précède *syamã* est terminé par une voyelle nasale (comme *konõ*), on peut mettre la voyelle simple et alors on écrit *nzyamã*.

na ; cet homme a beaucoup d'argent, *morhò mi wari a-ta fè sya-mã.*

bien (très, fort), *kpa; hali; ñi, kya ñi, a kya ñi* : surveille-le bien, *a ferè ñi.*

combien, *gyuri.*

Ex. : combien y en a-t-il? *a bè gyuri?* je ne sais pas combien il y a de fusils, *marfa-ru ar bè gyuri, m ma a lõ ;* combien as-tu pris de poissons ? *e ka yeghè gyuri minu?*

— (quel prix?), *a sõgo bè di?* (son prix est comment?).

davantage (comme « encore »).

encore (davantage), *yalakã, ñyalakã* (pour *ñyã na kã*, par dessus la surface) ; *tugu.*

Ex. : donne-m'en encore, *dò ndi ma yalakã.*

excepté : tous sont partis excepté moi (tournez : eux tous sont partis, moi seul je suis resté ici), *a byè tarha ra, ni kele ñi to-ra ya.*

moins (n'a pas d'équivalent en dyoula; on renverse la phrase pour employer « plus » si c'est possible, ou on emploie une autre tournure).

ne... que, *le; le-kè.*

Ex. : il n'y a que des femmes, *muso le bè ya;* je n'ai que des ignames, *ku le bè m vè.*

pas (devant un nom, ne s'exprime pas).

Ex. : pas un homme n'est venu, *morhò kele ma na.*

— de (on traduit à l'aide du verbe négatif *tè*).

Ex. : il n'y a pas de bœufs ici, *nisi tè ya.*

— du tout, *fyefyefyeo.*

Ex. : je ne comprends pas du tout, *m ma a me fyefyefyeo.*

peu, peu de (se tourne par « pas beaucoup »).

Ex. : il travaille peu, *a ti kye-kè kpa* (il ne travaille pas beaucoup); il y a peu de poulets ici, *sise sya-mã tè ya* (beaucoup de poulets ne sont pas ici).

peu (un —), *fitini; dorho-ma.*

Ex. : donne-m'en encore un peu, *fitini ndi ma tugu.*

plus (davantage) (comme « encore »).

Ex. : donne-m'en plus, *a ndi ma yalakã.*

— que (comparatif), *ye.*

Ex. : il est plus grand que moi, *a gyã ni ye.*

— de .. que (tourner par le verbe *tembè* « dépasser »).

Ex. ; j'ai plus d'or que toi, *sãni bè m vè a ka tembè e-le ra* (de l'or est chez moi, il a dépassé toi-même).

— (ne —), *tugu* (avec la négation).

Ex. : il n'y a plus de tabac, *sara tè ya tugu.*

sans (n'a pas d'équivalent en dyoula ; il faut chercher une autre tournure).

Ex. : je n'aime pas un plat sans viande, *two sorho t'a ra ni a tanã* (plat viande n'est pas dedans, je le refuse).

seulement, *gbãnzã ; le-kè.*

Ex. : ils ont attrapé deux hommes seulement, *ar ka morhò fila mina gbãnzã.*

si, tellement, *kpa.*

Ex. : c'est si bon ! *a kya ñi kpa !*

tout à fait : il est abîmé tout à fait (tournez : lui tout entier est abîmé), *a byè tya-na.*

très (comme « beaucoup modifiant un adjectif »).

trop (comme « beaucoup »), *dyugu-kè.*

4° Particules d'ordre, cause et manière.

à (marquant la possession), *ta.*

Ex. : c'est à moi, *n-da lo*; ce couteau n'est pas à toi, *muru mi e-ta tè;* il est à Samba, *Sãmba ta lo.*

— (indiquant le lieu, voir aux particules de lieu).

— (marquant le régime indirect), *ma ; ye, e ; ra, la, na ; fè.* On devra consulter le vocabulaire des verbes pour savoir lorsqu'il y a lieu de traduire « à » par l'une ou l'autre de ces particules. Voici les verbes les plus usités parmi ceux qui demandent à être accompagnés de ces particules :

di ou *ndi* signifiant « donner » veut son régime indirect suivi de *ma*;

di ou *ndi* signifiant « plaire » et *fò* « dire » veulent leur régime indirect suivi de *ye* ou *e*;

sõ ou *so* « donner en cadeau, faire présent de » veut le nom de la personne au régime direct et le nom de l'objet donné au régime indirect avec la particule *ra*, *la* ou *na*;

dari « demander », s'il a deux régimes, veut aussi le nom de l'objet demandé au régime indirect avec *ra*, *la* ou *na*; ou bien le nom de l'objet se met au régime direct et celui de la personne au régime indirect avec *fè*;

sã « acheter » et *ta* « prendre » veulent le nom de la personne à laquelle on achète ou prend un objet au régime indirect avec la particule *fè*.

Voici maintenant les observations auxquelles donne lieu chacune de ces particules :

Devant *ma*, le pronom régime de la 1re pers. du sing. et celui de la 2e pers. du sing. se suppriment;

Lorsqu'on emploie la particule *ye*, le pronom de la 1re pers. du sing. prend la forme *ñi* et la particule *ye* se supprime après lui; au contraire, à la 2e pers. du singulier, c'est le pronom qui se supprime;

la particule *ra*, *la* ou *na* donne lieu aux mêmes observations qui ont été faites déjà au mot « dans » (particules de lieu); on notera de plus qu'après le mot *fè* « chose », et la plupart des mots terminés en *e*, comme *kele* « un », on emploie en général la forme *na* au lieu de *ra;*

fè ne donne lieu à aucune observation spéciale; « à moi » se dit régulièrement *ni fè* ou *m vè*.

Exemples :

je l'ai donné à Sitafa, *ñ ga a di Sitafa ma;*
donne-moi de l'eau, *gye di ma;*
je te le donne, *ñ ga a dī ma;*

donne-lui son couteau, *e a muru ndi a ma;*
cette chose me plaît, *fè mi a di ñi;*
ça te plaît-il? *a di ye?*
dis-le lui, *a fò a ye;*
il m'a fait cadeau de perles, *a ka n zõ konõ na;*
je lui ai donné un fusil, *ñ ga a sõ marfa ra;*
donne-moi quelque chose, *n zo fè na;*
à qui as-tu acheté ce tissu? *e ka fãni mi sã gyo-ni fè?*
il m'a pris cinq francs, *a ka wari-ba kele ta ni fè;*
je te prends ton couteau, *ñi e-ta muru n da ye fè.*

afin de, afin que (ne se traduit pas) :

Ex. : appelle-le fort afin qu'il t'entende, *a kiri gbelè-ma a ya me.*

ainsi, *tele, te; sã.*

Ex. : c'est ainsi, *a bè tele;* il a parlé ainsi, *a ka a fò tele.*

aussi (comme les autres), *e :*

Ex. : j'y vais aussi, *ñi tarha e.*

cause de (à —), *lomõ :*

Ex. : à cause de moi, *ni lomõ.*

comme, *karako* (se place devant son régime).

Ex. : il est grand comme Issiaka, *a gyã karako Isiaka.*

comment? *di?*

Ex. : comment t'appelle-t-on? *ar i kiri di?*
comment dis-tu? *e ko di?* je ne sais pas comment ils ont fait, *ar kã kè di, m ma a lõ.*

— (employé seul), *munu?*

de (marquant la possession), *ta* (se supprime souvent) :

Ex. : les enfants de Mahmoud, *Mamudu-ta dẽ-u* ou *Mamudu dẽ-u.*

Cette particule sert quelquefois à rendre notre préposition « pour » : c'est fini pour aujourd'hui, *bi-ta a ba na* (la chose d'aujourd'hui est finie).

de (placé devant un nom de lieu, et indiquant la provenance; voir aux particules de lieu).

de (dans les autres acceptions, s'exprime par une simple inversion) :

Ex. : les femmes du Guimini, *Gimini muso-ru*.

en effet, *tyã*.

Ex. : tu es malade en effet, *e fari e dimi tyã* (ton corps te fait mal en effet).

et, *ni*, *ne*; *ane* (se placent devant leur régime).

Ex. : mon père et ma mère, *m va ni n na*.

mais (ne se traduit pas).

malgré (n'a pas d'équivalent; employer une autre tournure).

même, *le :*

Ex. : toi-même, *e-le*; même le chef, *kũtigi le*, ou mieux *kũtigi a-le*.

— (quand —) (ne se traduit pas) :

Ex. : quand même tu ne le verrais pas, tu viendras ce soir, *e ma a ye, ya na ula ra* (tu ne l'as pas vu, tu viendras soir dans).

ne pas (voir au chapitre de la conjugaison).

ni (se tourne par « et » avec la négation).

ou, ou bien, *a; wala* (ar. *aouldâ* « ou bien non »).

Ex. : qui est venu? est-ce Ali ou Omar? *gyo-ni na na? Ali lo a Omara lo?* — donne-moi des perles ou de l'étoffe, *n so kono na wala fãni ra.*

parce que, *wolo :*

Ex. : je ne suis pas venu, parce que j'étais malade, *ñi ma na m vari è n dimi wolo*.

plutôt que (se tourne par « et ne pas ») :

Ex. : il faut manger plutôt que boire, *e domu-ni-kè, kana mi-li-kè* (mange, ne bois pas).

pour (à cause de), *lomõ*; *kato :*

Ex. : pour cela, *fè mi lomõ.* (« Pour rien » se dit *fõndò tè* (il n'y a rien.)

pour, (indiquant l'objectif du verbe, n'a pas d'équivalent propre en dyoula) :

Ex. : j'apporte cela pour toi, *ñ ga fè mi ta ka a dī ma* ou *ka a di e-le ma* (j'ai cette chose prise pour donner à toi, ou pour donner à toi-même); je suis venu pour voir le chef, *ñi na na ka dugu-tigi ye* (la particule *ka* est mise là à cause de l'infinitif, mais elle ne rend pas exactement notre mot « pour »).

pourquoi (relatif), *kato.*

Ex. : je ne sais pas pourquoi il n'est pas venu, *fè mi kato a ma na, m ma a lõ* (chose cette pourquoi il n'est pas venu, je ne sais pas).

— (interrogatif), *mune-kato ?*

Ex. : pourquoi n'es-tu pas venu? *mune-kato ye ma na?*

— (c'est —), *fè-mi lomõ* ou *fè mi kato* (litt. : pour cette chose).

puisque (ne se traduit pas).

que (entre deux phrases), *ko* (s'omet le plus souvent) :

Ex. : il dit qu'il viendra demain, *a ko è na sini;* je pense qu'il viendra ce soir, *ni a gyate ko a na ula ra.*

si (conditionnel, ne se traduit pas, mais le verbe se met au prétérit; quelquefois se traduit par *ni*).

Ex. : si je viens, me donneras-tu quelque chose? *ñ ga na, ye n zo fè na?*

— (affirmatif, se remplace par l'énoncé de la proposition) :

Ex. : n'est-ce pas à toi? si, *e-ta tè? n-da lo* (n'est-ce pas à toi? c'est à moi).

5° Particules exclamatives.

ah! (surprise), *tyeke! kutubu! kpa!*

— (joie, approbation), *tabarakalla!* (arabe : que Dieu soit béni!).

aïe ! (douleur), *ay!*

allons ! *wan darha! arawan darha!*

allons donc ! (laisse-moi là paix !), *n do, m va!* (litt. : laisse-moi, mon père, du verbe *to* « laisser ») ; à une femme on dit : *n do, n na!* (laisse-moi, ma mère).

après (et —?), *gbãzã ?*

bon! bien! à la bonne heure! *alakoso! kpa! yo! nãmõ!* (ar. *na'amou*) ; *tabarakalla! dugutigi!*

bravo! *ani-kye!*

certainement! *kyürro! tya-lo!* (pour : *a tyĩ lo*, c'est la vérité).

compris ! *ñ gã me! bismilla!* (ar. : au nom de Dieu) ; *naamõ!* (ar.).

eh! (pour appeler), *e!* eh! Samba ! *Sãmba e!*

présent ! voilà ! (pour répondre à l'appel de son nom), *naam* ou *nãmõ!* (si c'est un homme qui répond) ; *toma!* (si c'est une femme).

non, *ẽẽ* (accompagné d'un hochement de tête horizontal) ; *a tè te.*

ouais ! (doute ou mépris), *iyèy !*

oui, *hẽ*, *hẽhẽ* (accompagné d'un hochement de tête vertical de bas en haut) ; *yo* (prononcé sur un ton grave, en baissant légèrement la tête).

silence ! *e di! e dye! ar dye!* (tais-toi, taisez-vous).

merci ! *anu-are! anu-ale! barika !* (ar.).

Remarque. — Tous les adjectifs peuvent s'employer adverbialement ; en général on se sert alors de la forme en *ma* quand elle existe. Quant aux adjectifs qui ne sont pas usités d'habitude sous la forme en *ma*, on en forme des adverbes de manière en les faisant suivre de cette même particule. Exemple : *gbelè* « fort », *gbelè-ma* « fortement » ; *dorho* « jeune, petit », *dorho-ma* « un peu ». Ces formes en *ma* peuvent aussi s'employer comme noms abstraits ; en réalité elles sont analogues aux noms verbaux en *ma* formés des verbes neutres, qui peuvent aussi s'employer adverbialement.

CHAPITRE X

Salutations et formules de politesse.

Les salutations varient en dyoula suivant les moments de la journée ou les circonstances dans lesquelles elles sont adressées. Elles varient également suivant qu'elles s'adressent à un homme ou à une femme et suivant qu'elles sont prononcées par un homme ou par une femme. Enfin, chaque salutation comporte une réponse spéciale.

En général, c'est le nouvel arrivant qui salue le premier, quel que soit d'ailleurs son âge ou son rang social; ainsi un maître entrant dans la case de son esclave salue le premier ce dernier, un chef pénétrant dans un village qui n'est pas le sien, salue le premier les personnes qu'il rencontre.

En général aussi, lorsqu'on salue un homme, on fait précéder la salutation proprement dite de *m ba* (ou moins souvent *m va*) qui signifie littéralement « mon père », et qui correspond à notre mot « monsieur » ; lorsqu'on salue une femme, on fait précéder la salutation de *n na* « ma mère », qui correspond à notre mot « madame » ou « mademoiselle ». Ces expressions s'emploient même quand on parle à des enfants.

Quelquefois, si l'on connaît particulièrement la personne qu'on salue, on remplace les expressions *m ba* ou *n na* par le nom ou le titre de cette personne, disant ainsi, par exemple : *Amadu*, *kye-na* (bonjour, Amadou), *kũ-tigi*, *kye-na* (bonjour, chef), au lieu de *m ba*, *kye-na*.

Voici la liste des salutations les plus répandues, avec les réponses appropriées.

1° *Salutation du matin* (du lever du soleil à 10 h. du matin environ) :

Salut (d'homme à homme) : *m ba, kye-na*[1].

Réponse (d'homme à homme) : *mbā m ba, e sira*[2] ou *mbā, e sira.*

Salut (d'homme à femme) : *n na, kye-na.*

Réponse (de femme à homme) : *unzē m ba, e sira*[3], ou *unzē, e sira,* ou *unzē m va, e sira.*

Salut (de femme à homme) : *m ba, kye-na,* ou *m va, kye-na.*

Réponse (d'homme à femme) : *mbā n na, e sira,* ou *n na, e sira.*

Salut (de femme à femme) : *n na, kye-na.*

Réponse (de femme à femme) : *unzē n na, e sira.*

Nota. — Pour les salutations suivantes, je ne donne que le salut et la réponse d'homme à homme : dans les autres cas on se basera sur les exemples qui précèdent.

2° *Salutation de la journée* (de 10 h. du matin à 3 h. du soir environ) :

Salut : *m ba, andere*[4].

Réponse : *mbā m ba, andere,* ou *mbā, andere tugu*[5].

3° *Salutation du soir* (de 3 h. environ à la nuit) :

Salut : *m ba, anula*[6].

Réponse : *mbā m ba, anula,* ou *mbā, anula.*

1. *Kye-na* veut dire littéralement « dans le travail » ; c'est en effet surtout le matin qu'on travaille, et le salut du matin équivaut à souhaiter un bon travail.

2. Le premier *mbā* (avec *a* très long) ne veut pas dire « mon père » comme le *m ba* suivant avec *a* bref) : c'est une exclamation voulant dire à peu près « oui, merci ». — *Sira* veut dire « chemin » ; *e sira* signifie donc à peu près « salut sur ton chemin, que ton chemin soit bon ».

3. *Unzē* (avec un *e* très long) correspond au *mbā* de la réponse des hommes ; les femmes prononcent cette réponse sur un ton chantant, en voix de tête, et si elles sont plusieurs, elles la disent toutes en même temps. Peut-être *unzē* a-t-il la même étymologie que la salutation *ani-se*, qu'on verra plus loin.

4. *Andere* est une contraction de *ani-tere* « salut du soleil », *ani* ou *anu* correspondant à peu près à notre mot « salut » ou au « bon » des mots « bonjour, bonsoir », etc.

5. *Andere tugu* veut dire « bon soleil en retour ».

6. *Anula* est une contraction de *ani-ula* « salut du soir ».

4° *Salutation de la nuit :*

Salut : *m ba, ani su ra* (salut dans la nuit).

Réponse : *mbā, ani su ra tugu.*

5° *Salutations pour prendre congé :*

Quand on quitte quelqu'un pour quelques instants seulement ou quelques heures, on lui dit : *m uri-ra dorho-ma* (je me lève un peu, je pars pour un moment) ; la réponse est : *tarha, ya na o* (va et reviens).

Si l'on quitte quelqu'un pour longtemps, ou sans savoir quand on le reverra, on lui dit : *Alla mānzi i ra* ou *Alla māzī ra* (que Dieu te garde) ; la réponse est *amīna* (amen) ; à cette réponse on ajoute quelquefois la phrase *kafa gyarda ñi,* dont je n'ai pu connaître la signification exacte.

Lorsqu'on part en voyage, on dit : *m bè tarha ra* (je pars), ou *m bè dorho-ma* (je serai de retour bientôt), ou, si l'on est plusieurs : *am bè tarha ra* ou *am bè dorho-ma* ; la réponse est : *ani-tarha-ma* (bon voyage), ou bien *tarha, ya na o* (va et reviens). Après cette réponse, celui ou ceux qui partent ajoutent souvent : *ñi na o*, ou *añi na o* (je reviendrai, ou nous reviendrons).

Lorsqu'un jeune homme prend congé d'un vieillard, ou un inférieur d'un supérieur, il lui dit : *m ba, ñi sira dari* (je demande la route), ou *ñi sira dari i fè* (je te demande la route). La réponse est : *mbā, ñ ga sira di* (j'ai donné la route). Au cas où on se refuserait à laisser partir le visiteur, on dirait : *m ma sira di* (je n'ai pas donné la route).

Lorsqu'on prend congé de quelqu'un pour aller se coucher, on dit : *m bè tarha la o* (je vais me coucher), ou *m bè tarha ra sündorho* (je vais dormir), en ajoutant en général la formule *Alla mānzi i ra.* La réponse est : *amīna, kafa gyarda ñi.*

6° *Salutations de rencontre :*

Lorsque deux personnes, parties d'un même endroit à des moments différents, se retrouvent en un même lieu, le dernier arrivé dans ce lieu salue le premier arrivé en lui disant : *m ba* (ou *n na*), *ani-ñyā* (salut devant).

Le premier arrivé répond en disant :

mbã (ou *unzẽ*, si c'est une femme), *anu-kwo* (salut derrière).

Si cependant le dernier arrivé est déjà installé ou assis dans le lieu de la rencontre et que le premier arrivé, absent au moment de la rencontre, survienne et aperçoive son camarade, il salue le premier en disant : *anu-kwo* (*m ba, anu-kwo*, ou *m va, anu-kwo*, ou bien *n na, anu-kwo*, suivant les cas); le dernier arrivé répond alors *ani-ñyã* (*mbã, ãni-ñyã*, ou *mbã n na, ani-ñyã*, ou bien *unzẽ m ba, ani-ñyã* ou *unzẽ n na, ani-ñyã*, suivant les cas).

Lorsque deux personnes qui ne se sont pas vues depuis longtemps se rencontrent, celle qui voit l'autre la première ou qui arrive la première au lieu de la rencontre, salue la seconde en disant *ani-se;* la réponse est *ani-se* ou *ani-sene*. (On aura, suivant les cas : *m ba, ani se; n na, ani-se;* et comme réponse : *mbã, ani-se; unzẽ m va, ani-se; unzẽ n na, ani-se*, etc.).

Si ces personnes qui se rencontrent après une longue absence sont des parents ou des amis, la première tend la main droite à l'autre en disant *ani-lãfla* ou *an'-lãfla;* la seconde serre la main de la première en faisant claquer ses doigts contre ceux de celle-ci et répond : *mbã* (ou *unzẽ*), *ani-lãfla tugu*.

7° *Salutation d'arrivée et de bienvenue :*

Un étranger, arrivant dans un village ou allant visiter quelqu'un dans ce village, salue les personnes qu'il rencontre ou qu'il va visiter en disant : *m va, ani-ya* (ou *n na, ani-ya*, s'il s'adresse à une femme); en même temps il fait un geste de haut en bas avec la main droite, le bras légèrement tendu; s'il rencontre un groupe de personnes, il répète plusieurs fois la salutation et le geste : *m va, ani-ya, m va, ani-ya; n na, ani-ya, n na, ani-ya*.

Les hommes ainsi salués répondent : *mbã, ani-se*, et les femmes : *unzẽ m va* (ou *unzẽ n na*), *ani-se*.

8° *Salutations diverses :*

A des gens qui travaillent, qui chantent ou qui dansent, on dit : *ani-kye* (salut dans le travail). La même salutation s'emploie à l'égard des femmes qui reviennent de puiser de l'eau ou de couper du bois.

Aux gens rencontrés dans les plantations ou qui reviennent des champs, on dit : *ani-kõgo* (salut dans les plantations).

Aux gens qui sont assis, on dit : *ani-sigi* (salut assis).

9° *Formules de condoléance et de remerciement :*

A quelqu'un qui est malade ou qui a perdu un de ses proches ou auquel il vient d'arriver un malheur, on exprime ses condoléances par la formule : *Alla mīla mina-na.* La réponse à cette formule est : *amīna.*

Lorsque quelqu'un vous a donné à manger, il est poli de lui dire, une fois le repas fini : *m va* (ou *n na*), *ñ ga domu-ni kè* (j'ai mangé). La réponse est *mbã* (ou *unzē*).

Les formules de remerciement sont assez nombreuses. La plus usitée est *anu-ale* ou *anu-are* (lorsqu'on remercie d'un cadeau reçu) ou *ani-kye* (lorsqu'on remercie d'un service rendu). On emploie très souvent aussi le mot arabe *bārika* (bénédiction), ou l'une des formules :

Alla e kende to! (que Dieu te laisse en bonne santé !);
Alla e kisi! (que Dieu te protège !);
Alla si dī ma! (que Dieu te donne le bien !);
Alla e sütra ! (que Dieu te conserve !);

La réponse à l'une quelconque de ces formules est : *amīna* (amen).

On remercie quelqu'un qui a plaidé votre cause dans un palabre ou qui s'est occupé de règler pour vous un différend, en lui disant : *ani-ko-ma* (merci pour la parole).

On remercie quelqu'un qui a pris les armes pour vous ou qui revient de la guerre en lui disant : *ani-kerè-ra* (merci dans la guerre).

Le lendemain du jour où on a reçu un cadeau, ou bien le lendemain du jour où un service vous a été rendu, on va trouver l'auteur du cadeau ou du service et on lui dit : *anu-kunu* (merci pour hier).

Si on rencontre quelqu'un qui, autrefois, vous a fait un cadeau ou rendu un service, on lui dit : *ani-kye o la ra* (merci pour un jour).

10° *Formules diverses :*

L'étiquette des pays noirs veut que, lorsque deux personnes s'abordent, et à plus forte raison lorsqu'une personne en va visiter une autre, la conversation débute par une série de questions et de réponses relatives aux événements qui ont pu se produire chez chacun des interlocuteurs depuis leur dernière rencontre. De là certaines formules, toujours les mêmes, qu'on ne manque jamais de prononcer, alors même qu'on s'était quitté quelques instants seulement avant la rencontre actuelle.

Ces formules, qui s'énoncent une fois les salutations échangées, *celui qui a été salué formulant la première question*, sont les suivantes :

Questions :

dodi? ou *loli*[1]*?* quoi de nouveau?
muñgo bè ya? ou *muñgo bè?* (qu'y a-t-il ici?).
ñgo bè ya? ou *ñgo bè?* (même sens).
ñgo bè la-dua? (qu'y a-t-il dans la chambre? quoi de nouveau chez toi ou dans ta famille?).
so bè? (pour *muñgo bè so ra?* qu'y a-t-il au village?).
ñgo bè Dawakala? (quoi de nouveau à Dabakala?), etc.

Réponses :

dya-tigi bè (le bien est, ça va bien).
a sumã-ni bè, ou *a sumã-ni mbè ya* (il fait froid, c'est-à-dire : je suis content, tout va bien).
fõndò tè ya (rien de nouveau ici).
fõndò tè yi (rien de nouveau là-bas).
a bè yi te-ni (c'est bien là-bas, tout va bien là-bas).
dyugu-tigi tè (le mal n'est pas, ça ne va pas mal).

1. Ce mot vient de l'expression agni correspondante *lo ri?* (quoi là? quoi de nouveau là-bas?).

On fait toujours l'une ou plusieurs de ces réponses, alors même qu'il serait arrivé un malheur. Ce n'est qu'après l'échange de ces formules banales qu'on en vient aux nouvelles sérieuses. A chacune de ces réponses, l'interlocuteur qui avait posé la question prononce la formule : *mbã tabãrakalla!* (que Dieu soit loué!).

Lorsqu'un étranger va visiter quelqu'un, la politesse exige que ce dernier lui offre l'hospitalité. Il le fait en ces termes, une fois les salutations et formules échangées :

tarha ñyurhõ-nã mbò (va déposer tes affaires).

Si l'étranger accepte l'hospitalité offerte, ce qui a presque toujours lieu à moins qu'il n'ait déjà accepté ailleurs, il dit :

ñ ga a bò; ñi a sigi mi? (je les dépose; où les mettrai-je?).

Alors l'hôte désigne une case à l'étranger, en lui disant :

tarha sigi bo na ou *tarha sigi m bo na* (va les mettre dans (cette) maison, ou va les mettre dans ma maison).

CHAPITRE XI

Permutations de lettres, élisions et contractions.

1° Permutations de voyelles.

1. — Il arrive très souvent en dyoula qu'une voyelle nasale est remplacée dans la prononciation par la voyelle simple correspondante ou vice-versa, surtout à la fin des mots. Ce changement a lieu parfois sans aucune raison apparente; d'autres fois, il a lieu en raison de la nature de la consonne initiale du mot suivant.

Ainsi on entend dire *ñyã* et *ñya* « face, visage », *dẽ* et *de* « enfant », *fè* et *fẽ* « chose », *sẽ* et *se* « pied », *dõ* et *do* « atteindre », etc., sans qu'il y ait de raison apparente pour justifier ces permutations; il arrive seulement que l'un des sons est plus souvent entendu que l'autre.

D'autre part, une voyelle nasale terminant un mot et suivie d'un mot commençant par *n* se transforme très souvent en la voyelle simple correspondante, surtout s'il s'agit du son *ã*[1]. On a ainsi :

sã « ciel », *sa na* « dans le ciel, en haut »;
bã « finir », *ba-na* « être fini »;
gyã « être long », *gya-na* « être loin »;
dugõ « cacher », *dugõ-na* ou *dugo-na* « se cacher »;
mõ « faire cuire », *mo-na* « être cuit », etc.

II. — En outre, on a souvent des exemples :

de la voyelle *a* se changeant en *è*;
— *è* — *e*;
— *e* — *i*;
— *i* — *u*;
— *ò* — *o*;
— *o* — *u*;
— *u* — *ü*.

Ainsi on trouve : *gyagi* et *gyègi* « dos », *gberè* et *gbere* « fort », *gye* et *gyi* « eau », *e* et *i* « toi », *ani* et *anu* « salut », *morhò* et *morho* « homme », *buru* et *buro* « main », *gyu* et *gyü* « bout inférieur, pied », etc.

On trouve aussi quelquefois *ò* au lieu de *wò*, et *o* ou *u* au lieu de *wo*, *üo* ou *wó*, comme : *kò* pour *kwò* « rivière », *ko* pour *kwo* « derrière », *tu* pour *two* ou *tüo* « aliment », *ku* pour *kwó* « laver ». Il est à remarquer d'ailleurs que les prononciations *wò*, *wo*, *wó* et *üo* sont surtout spéciales au dialecte dyoula et sont remplacées en général par *ò*, *o* ou *u* dans les autres dialectes de la langue mandé.

1. On verra plus loin dans quels cas cet *n* se trouve remplacer une autre consonne après une voyelle nasale.

2° Permutations de consonnes.

I. — Les consonnes *l* et *r* sont souvent employées indifférement, bien que les Dyoula prononcent en général l'*r* plus franchement que d'autres tribus mandé et semblent adopter de préférence le son *r* dans certains mots, le son *l* dans d'autres. Ainsi on entend souvent *la* au lieu de *ra* « dans », *bulu* au lieu de *buru* « main », etc. Par contre on dira toujours *sira* « avoir peur » et jamais *sila*, *lo* « rester debout » et jamais *ro*. Du reste on ne rencontre pas un seul mot commençant par *r*, sauf les particules *ra* et *ru* qui sont d'ailleurs des suffixes.

La consonne *n* se rencontre assez souvent à la place de *l* ou *r*; on a ainsi *fitini* et *fitiri* « petit », *fitina* et *fiterã* « bougie », *mèri* et *mèni* « hippopotame ». Un exemple frappant de cette permutation est donné par les différentes formes que revêt le nom d'où provient le mot « mandé » : *Mali*, *Mani*, *Mandi*, *Mande*, *Mãnde*.

II. — D'autre part, on peut signaler les permutations suivantes :

b se changeant en *w* ou *ü*, et quelquefois en *m*, comme dans *sebè* ou *sewè* « amulette », *saba*, *sawa* ou *saüa* « trois », *a gbè-ni mè* ou *a gbè-ni bè* « il est blanc »;

d se changeant en *l* ou *r*, comme dans *Mamudu*, *Mamulu* ou *Mamuru* (nom arabe Mahmoud);

gh se changeant en *g*, comme dans *mughu* ou *mugu* « poudre »;

ky se changeant en *ty*, comme dans *kyi* ou *tyi* « envoyer »;

m se changeant en *mb*, comme dans *bãma* ou *bamba* « caïman », *Gyamala* ou *Gyambala* (nom de pays généralement écrit sur les cartes Diamala).

III. — Il arrive assez souvent :

Qu'un mot commençant par une dentale ou une sifflante se trouve précédé d'un *n* dans la prononciation, comme *doni* et *ndoni* « charge », *doro* et *ndoro* « bière »;

Qu'un mot commençant par une labiale se trouve précédé d'un *m*, comme *buru* et *mburu* « main », ou d'un *g*, comme *bulo* et *gbulo* « peau »;

Qu'un mot commençant par une gutturale ou un *y* se trouve precédé d'un *ñ*, comme *gbè* et *ñgbè* « vin de palme », *yini* et *ñyini* « désirer », etc.

D'autre part, il importe de se souvenir que, comme on l'a vu déjà à propos du pronom de la 1re personne du singulier, la consonne *n* veut après elle un *d* au lieu d'un *t*, un *z* au lieu d'un *s*[1];

Que l'*n* se change en *m* devant une labiale, c'est-à-dire devant *b*, *f*, *m*, *v*[2];

Que l'*m* veut après lui un *v* au lieu d'un *f*[3];

Que l'*n* se change en *ñ* devant une gutturale, c'est-à-dire devant *g* et *k*;

Que le *ñ* veut après lui un *g* au lieu d'un *k*.

On a ainsi :

n dorho (pour *n torho*) « mon nom » ;
an zigi (pour *an sigi*) « asseyons-nous » ;
m ma a me (pour *n ma a me*) « je n'ai pas compris » ;
m bò-ra (pour *n bò-ra*) « je suis sorti » ;
a bè m vè (pour *a bè n fè*) « j'en ai » ;
ñ ga a me (pour *n ka a me*) « j'ai compris ».

Enfin, après un mot finissant par une voyelle nasale, surtout si cette voyelle est *ã* et même si cette voyelle perd sa nasalisation, et quelquefois après un mot finissant par *na* ou *no*, ou par *è*, *e* ou *i*, on rencontre les changements ci-après concernant la 1re consonne du mot suivant :

d	se change en	*nd* ;
t	—	*nd* ou *d* ;
s	—	*nz* ;
b	—	*mb* ;
f	—	*mv* ;

1. Il n'y a pas en dyoula de mots commençant par *z* en dehors de ceux commençant régulièrement par un *s* et qui se trouvent placés après un *n*.

2. Je ne parle pas du *p*, cette lettre étant excessivement rare en dyoula ; au cas où un *n* se trouverait devant un *p*, l'*n* se changerait en *m* et le *p* en *b*.

3. Il n'y a pas en dyoula de mots commençant par *v* en dehors de ceux commençant régulièrement par un *f* et qui se trouvent placés après un *m*.

v se change en *mv*;
g — *ñg*;
k — *ñg*;
r — *n*.

Exemples :

kalã ndò ou *kala ndò* (pour *kalã dò*) « un arc » ;
sã ndã (pour *sã tã*) « dix ans » ;
a fi-ni dè (pour *a fi-ni tè*) « il n'est pas noir » ;
kono nzya-mã (pour *konõ sya-mã*) « beaucoup de perles » ;
sã nzaüa (pour *sã saüa*) « trois ans » ;
kini-mburu (pour *kini-buru*) « main droite » ;
fè mbyè (pour *fè byè*) « toute chose » ;
sã mvila (pour *sã fila*) « deux ans » ;
gbène-mvyè (pour *gbène-fyè*) « jouer de la trompe » ;
a ka dõ ñgye ra (pour *a ka dõ gye ra*) « il atteignit l'eau » ;
sã ñgele (pour *sã kele*) « un an » ;
dõ-ñgè (pour *dõ-kè*) « danser » ;
la kele na (pour *la kele ra*) « en un jour » ;
dugu mi na (pour *dugu mi ra*) « en ce pays » ;
ba-na (pour *bã-ra*) « être fini » ;
domu-ni-kè (pour *domũ-ri-kè*) « manger » ;
a na na (pour *a na ra*) « il est venu », etc.

3° Élisions de voyelles.

I. — La voyelle finale de certains mots très usités, comme *bè* « être », *tè* « n'être pas », *ane* « avec », les particules *ka* et *ra*, les négations *ti*, *ma* et *kana*, et quelques autres, s'élide généralement devant les pronoms personnels (sauf, bien entendu, devant celui de la 1re personne du singulier, qui commence par une consonne). Exemples :

a b'a ra (pour *a bè a ra*) « il y en a » ;
a b'e ra (pour *a bè e ra*) « il est dans toi » :
a t'a ra (pour *a tè a ra*) « il n'y en a pas » ;

an'i a na na (pour *ane i a na na*) « il est venu avec toi » ;
ar k'i bugo (pour *ar ka i bugo*) « ils t'ont frappé »[1];
e t'ara farha (pour *e ti ara farha*) « tu ne les tueras pas » ;
a se-r'are ra (pour *a se-ra are ra*) « il les commande » ;
a m'e me (pour *a ma e me*) « il ne t'a pas entendu » ;
kan'e-re farha (pour *kana e-re farha*) « ne te tue pas ».

Il est à noter cependant que *si les deux voyelles qui se trouvent en présence sont identiques, il y a, non pas élision, mais contraction*, sauf pour la particule *ra* suivie d'un *a* : ainsi *ar ka a bugo* « ils l'ont frappé » sera prononcé souvent *ar kā bugo* (les deux *a* s'étant contractés en un *ā* long), mais *jamais* « ar k'a bugo » ; *ñ gā dī ma* « je te l'ai donné » (pour *ñ ga a di i ma*).

II. — Dans le corps d'un mot, il arrive souvent qu'une voyelle placée devant un *l*, un *r* ou un *n* s'élide, surtout si cette voyelle est un *i* ou un *u*. On a ainsi : *bila* et *bla* « laisser », *firi* et *fri* « lancer », *surõ* et *srõ* « être proche », *mina* et *mna* « prendre ».

De même on a : *a borra* (pour *a bori ra*) « il s'est sauvé » ; *a turra* (pour *a tura-ra*) « il est pourri », etc.

Dans un autre ordre, on a *karañgè* (pour *kara-ni-kè*) « lire ».

III. — Enfin on peut citer comme exemples d'élision constante, même en présence d'une consonne, les formes pronominales *n* (devenant *m* ou *ñ* suivant les cas), *an* ou *wan* (devenant *am*, *wam* ou *añ*, *wañ*), *arawan* (devenant *arawam* ou *arawañ*), et *ar*, qui sont employées, dans certains cas expliqués dans la grammaire, au lieu des formes complètes *ni* ou *ñi*, *añi*, (*ara-añi*) et *aru*, *are* ou *ara*[2].

Sauf ces formes pronominales, dans lesquelles au reste la voyelle finale est élidée, on ne rencontre pas en dyoula un seul mot finissant par une consonne.

1. Après un *a*, le pronom de la 2e personne prend souvent la forme *ya*, et alors l'*a* qui précède ne s'élide pas : *ar ka ya bugo*.

2. L'*u* de la désinence du pluriel *ru* s'élide quelquefois dans la conversation.

4° Suppressions de consonnes.

Les suppressions de consonnes sont assez rares; cependant on on peut noter que la consonne *gh*, déjà assez peu fréquente en dyoula, et se remplaçant souvent par un *g* dur ordinaire dans la prononciation, se supprime tout à fait dans certains mots, et notamment dans le mot *dugha* « lieu, endroit », qu'on prononce presque toujours *dua*.

On peut citer encore le pronom *n* ou *m* de la 1re personne se supprimant devant les particules *na* ou *ma*.

5° Contractions.

J'ai déjà dit plus haut que la voyelle finale d'un mot et la voyelle initiale du mot suivant[1], lorsqu'elles sont identiques, se contractent souvent dans la prononciation en une seule voyelle allongée. Ainsi on entend couramment : *ñ gā me* (pour *ñ ga a me*) « je l'ai compris, j'ai compris » ; *e mā me?* (pour *e ma a me?*) « ne l'as-tu pas compris? n'as-tu pas compris?) ; *ā ta* (pour *a a ta*) « il le prend » ; *a ka marfa dī ma* (pour *a ka marfa di i ma*) « il t'a donné un fusil ».

De même on a : *a kā fò ñī* (pour *a ka a fò ñi ye*) « il me l'a dit » ; *ñ gā fò yē* (pour *ñ ga a fò i ye*) « je te l'ai dit ».

On trouve encore d'autres contractions de natures diverses, comme :

seu-ri-kè (pour *sewè-ri-kè*) « écrire » ;
a sõñgwa ra (pour *a sõñgo a ra*) « il le réprimande », etc.

En général, dans la transcription des mots et des phrases, je n'ai pas figuré les contractions, sauf celles qui revêtent un carac-

1. En réalité, sauf les pronoms personnels (*e, i, o; a, è, ire; anuru, añi, an, arawan; aluru; aru, are, ara, ar*), le mot *ane* « avec », la salutation *ani* ou *anu*, les particules explétives *e* et *o*, quelques mots commençant par *u* (comme *ule, uri, urho, uro*) dans lesquels existait en principe un *w* initial qui est tombé dans la prononciation, et enfin quelques mots empruntés à l'arabe, il n'y a pas en dyoula de mots commençant par une voyelle.

tère tout spécial, comme *seu-ri-kè*. Pour les autres, c'est une simple question de prononciation qu'il serait fâcheux d'introduire dans l'écriture, car écrire *a ma me* au lieu de *a ma a me* pourrait amener des confusions. D'ailleurs, en prononçant un *ā* long, on énonce en réalité les deux *a*.

Remarque. — Sauf en ce qui concerne le changement de l'*n* en *m* ou en *ñ* et l'affaiblissement des consonnes fortes qui suivent (voir 2°, III, deuxième paragraphe), les principes qui viennent d'être énoncés dans ce chapitre n'ont rien d'absolu, et il ne faudra pas s'étonner si tel d'entre eux, dans la pratique, est tantôt observé et tantôt négligé.

DEUXIÈME PARTIE

VOCABULAIRE FRANÇAIS-DYOULA

AVERTISSEMENT

1° Les vocabulaires qui suivent ne comprennent que les substantifs et les verbes : les adjectifs, les noms de nombre, les pronoms et les particules ayant été énumérés à leur place dans la grammaire, il m'a semblé inutile de les répéter ici.

2° Les substantifs ont été classés par ordre de matière et sont représentés par vingt-quatre vocabulaires dont chacun ne renferme que des noms de même ordre, groupés alphabétiquement. Les verbes sont tous réunis en un seul vocabulaire.

3° Lorsque plusieurs mots français ont le même sens ou à peu près et sont rendus en dyoula par un seul et même mot, je n'ai fait figurer dans les vocabulaires que le mot français le plus usité, afin d'éviter les répétitions. Toutefois il arrive que plusieurs mots français qui semblent à première vue avoir des significations différentes sont rendus en dyoula par le même mot ou la même expression : dans ce cas, j'ai fait figurer les divers mots français, chacun à sa place, en renvoyant à l'un d'eux pour chercher le mot dyoula correspondant.

4° Lorsqu'un même mot français peut être rendu en dyoula par plusieurs mots ou expressions de sens équivalents, j'ai placé les mots dyoula par ordre de fréquence, c'est-à-dire que le premier mot est le plus usité et le dernier le moins souvent employé.

5° Dans la transcription des mots composés dyoula, j'ai séparé autant que possible par des traits d'union les différents éléments du mot, afin qu'on puisse saisir facilement le système de dérivation.

6° Les mots empruntés à l'arabe sont suivis de l'abréviation

(Ar.), ceux empruntés à l'agni sont suivis du mot : (Agni), ceux empruntés au français sont suivis de : (F.).

7° Le vocabulaire des verbes est précédé d'un tableau des abréviations et signes employés pour indiquer la place des régimes et le mécanisme des propositions.

I. — LE CORPS HUMAIN ET LES SUBSTANCES ANIMALES

aisselle, *kã-mba*, *kã-mba-koro*.
avant-bras, *buru-kara*.
barbe, *bombo-sye*.
bouche, *da*.
boyaux, *ndugu*, *ndughu*.
bras (comme « main »).
canine, *ñi-dabõ-na*.
cartilage (comme « tendon »).
cervelle, *kũ-leñgè*, *kũlleñgè*.
chair, *sorho*, *sorhò*.
cheveux, *ku-nzigi*.
cheville, *se-ñgoro*.
cils, *ñyã-de-nzye*.
clitoris, *byè-ndẽ*.
cœur (au sens propre), *sõ*.
— (au sens figuré), *gyüsu*, *gyusu*.
corps, *fari*.
côte, *ñgalarha-dẽ*.
côtes (les —, la région des —), *ñgalarha*.
cou, *kã*.
coude, *nõñgo*.
— (pointe du —), *nõñgo-koro*.
cuisse, *woto*.
dent, *ñi*.
derrière (expression polie), *kwo* (littér. : les reins).
derrière (expression technique), *gyumugu*.
doigt (de la main), *bulu-mbã-ndẽ*.
— (du pied), *se-mbã-ndẽ*.
dos (partie inférieure), *kwo*, *ko*.
— (partie supérieure), *gyagi*, *gyègi*.
épaule, *kã-mba-kũ*.
épine dorsale, *kwo-diñga-koro*.
— (ligne de l' —), *kwo-diñga* (littér. : creux du dos).
estomac, *furu*.
excrément, *bó*, *bu*.
face, *ñyã*, *ñya*, *yã*.
foie, *biñã*.
front, *ti-ndara*.
gencive, *ñi-mvara*, *ñi-mvuro*.
genou, *kumbri*.
gorge, *kã-ñgoro*.
graisse, *fãñga* ; *kyĩ*.
hanche, *soro*.

incisive, *ñi-ñgyè.*
index, *bulu-mbã-nde-ñgyã.*
jambe, *worosò* (ou comme « pied »).
joue, *yè.*
lait, *nono.*
langue, *nène, nènde.*
larme, *ñyã-gye.*
lèvre, *da-buru.*
— inférieure, *da-buru gyu-koro-ta.*
— supérieure, *da-buru kwo-ma-ta.*
main, *buru, bulu, buro.*
main (dessus de la —), *buru-kwo.*
— (paume de la —), *buru-tigè.*
— droite, *kini-mburu.*
— gauche, *numa-buru.*
menstrues, *yiri-si*; *kari* (littér. : mois).
menton, *bombo.*
*molaire, *tarha-ra-ñi.*
mollet, *tèsè-bu.*
moustache, *da-koro-sye.*
nez, *nu.*
nombril, *bara-dẽ, bara-kuru.*
nuque, *tõgoro.*
œil, *ñyã-dẽ, yã-nde.*
ongle (de la main), *buru-soni.*
— (du pied), *si-nsoni.*
oreille, *toro, tolo, turo, turu.*
os, *koro, kuru.*
paupière, *ñyã-de-mvara.*
peau, *gbulo.*
pied, *sẽ, si̱, sè.*
— (dessus du —), *si-ñgwo, si-ñkwo.*
pied (plante du —), *si-ndigè.*
poil, *sye.*
poing, *buro-kuru.*
poignet, *buru-kã.*
poitrine, *sisi.*
pomme d'Adam, *kã-ñguru.*
pouce, *bulu-mbã-ndẽ-kumba.*
poumon, *fòrhòfòrhò.*
prépuce, *foro-kuru*; *kènekène.*
protubérance, *kuru.*
rate, *nderhè, nderhè-koro.*
rein, *kwo-kuru.*
reins (région des —, comme « dos (partie inférieure) ».
salive, *da-gye.*
sang, *gyuri, gyiri, yiri.*
sein, *si̱, si.*
sourcils, *ñyã-koñgo-nzye.*
sueur, *tara.*
talon, *si-ñkũ, si-ñgũ.*
tempe, *ñyã-koro*; *yè-koro.*
tendon, *fasa.*
testicule, *gbõ.*
tête, *kũ.*
urine, *ñyarha-ni.*
vagin, *byè.*
ventre (partie interne), *konõ, kono.*
— (partie externe), *bara.*
verge, *foro.*
vésicule biliaire, *kunakuna.*
viande (comme « chair »).
visage (comme « face »).

II. — LA FAUNE

agnelle, *sarha-gberẽ.*
agneau, *sarha-dẽ.*
aigle brun, *so-ndigi.*
aile, *fyendo.*
âne, *só-fele, só-fa.*
animal, *sorho* (le même mot veut dire « animal », « gibier » et « viande »).

antilope (en général), *mina*, *mna*.
— (à bosse), *tãgo*, *tãko*.
— (à cornes tordues), *sigi*.
— (à grandes cornes rabattues sur le dos), *dagbe*.
bec (comme « bouche », *da*).
bélier, *sarha-gyigi*.
bœuf, *nisi*.
bouc, *ba-koro-ni*, *ba-kyè*.
brebis, *sarha-muso*.
caïman, *bamba*, *bãma*.
canard, *tõgorõ*, *tõgonõ*,
chat, *gyakuma*.
chat-tigre, *sãgoni*.
chauve-souris, *frimvri*.
cheval, *só*.
chèvre (en général), *ba*.
— (femelle), *ba-muso*.
chien, *wuru*, *uru*.
civette, *wata*.
cochon (n'existe pas).
— de terre (voir « géomys »).
coq, *dondo*, *duntũ*.
coquillage, coquille, *koro*, *kóró*.
corne, *gbã*, *gbène*.
crapaud, *tori*.
cynocéphale, *gboõ*, *gboghõ*.
écaille, *fara*.
éléphant, *samã*, *sãma*, *sãmba*.
femelle, *muso*.
fourmi (des maisons), *kãkã*.
— (rouge des arbres), *menemene*.
— voyageuse, magnan, *kurã*.
géomys (cochon de terre), *kãnzüri*.
grenouille (comme « crapaud »).
griffe (comme « ongle », *buru-soni*).
hippopotame, *mèri*, *mèni*.
hyène, *surugu*.
iguane, *korhõ*.
insecte, *tumbu*.
ivoire, *sama-ñi*.
jument, *só-muso*.
lézard, *basa*.
lièvre, *sunzani*.
lion, *asõmbori* (mot sénoufo); *gyara*; *wara-ba*.
loutre, *kwò-uru* (littér. : chien de rivière).
mâle, *kyè*.
mangouste, *wata-mesè*.
miel, *li*.
mouche, *limorho*.
— à miel, *wórowóro*.
— maçonne, *dondoli*.
moustique, *sosoni*.
mouton (en général), *sarha*.
— (châtré), *berrè*, *sarha-berè*.
nageoire, *koro*.
nid, *ñyarha*.
œuf, *kiri*, *kili*, *kli*.
oiseau, *konõ*.
pangolin, *korokara*, *kõsõkãsã*.
panthère, *suri*; *wara-ni*.
papillon, *prepreni*.
patte (comme « pied », *sẽ*, *si*, *sè*).
perdrix, *wóro*.
pérodictique (petit quadrupède qui crie la nuit dans les arbres), *gbwemvarha*.
perroquet, *akwei*.
pigeon ramier, *boroboro*.
— vert, *ndoro*.
pintade, *kami*.
plume (comme « poil », *sye*).
poisson, *yeghè*, *yegè*.
poulet, *sise*.
queue (comme « reins », *kwo*, *ko*).
rat, *ñinã*.
sabot (comme « patte »).
sauterelle, *kondo*.
scorpion, *bondani*.
serpent, *sa*.

singe, *sula*, *süla*.
taureau, *tolã*.
termite, *barhabarha*.
termitière, *barhabarha-so*.
tortue, *sura-korho-ma*, *sira-korho-ma*.
trompe (d'éléphant), *samã-nu*.
vache, *nisi-muso*.
varan, *karhana*.
veau, *nisi-dẽ*.
ver, *torõ*.

III. — LA FLORE ET LES SUBSTANCES VÉGÉTALES

acajou, *gyara*.
amande de palme (voir « palme »).
ananas, *brobya* (du mot agni *abrobe*).
arachide, *mã-diga*, *ma-ndiga*.
— haricot, *tiga*.
arbre, *yiri*, *iri*.
— à savon (voir « carapa »).
— à encre, *koto*; *dawa-yiri*[1].
— mort, *yiri gya-le*.
aubergine (sorte d' —), *kuro* (d'où le nom du *Kuro-dugu* « pays des aubergines »).
banane, *baranda* (Agni).
bananier, *baranda-yiri*.
baobab, *tarharha*.
bois (substance), *lè*.
— (morceau de —), *kolomã*, *koromã*.
— (à brûler), *lòrhò*.
— (forêt), *tu*.
— rouge (pour poison d'épreuve), *tèli*.
branche d'arbre, *yiri-buro*.
calebasse, *fyè*; *bara*.
canne à sucre, *mbò*.
caoutchouc, *manã*.
— (liquide), *manã-gye*.
— (liane à —), *manã-yiri*.
carapa, *gbogi*, *gborho*.
champignon, *fyenã*.
chou palmiste, *ba*, *te-ba*.
citron, *lemuru* (même racine que « limon », Ar. lìmoûn).
coco (noix de —), *kpaku* (Agni).
cola (noix de —), *wuro* (d'où le nom du *Wuro-dugu* « pays des colas »).
concombre, *gye*.
coque (comme « écorce », *fara*).
cosse (comme « coque »).
coton (en bourre), *korho-nde*.
— (filé), *gyese*.
cotonnier, *korho*.
dattier, *ñgresyĩ* (du mot agni *ñglesya*).
écorce (en général), *fara*.
— (mince), *wõmvò*.
épi (en général, comme « fruit »).
— de maïs, *tõ-mara-ñgye* (littér. : « papaye des Agni »).
— de mil, *ñyõ-ndẽ*.
épine, *wõni*.
farine, *mugu* (littér. : « poudre »).
feuille, *fila-buru*, *fla-buru*.
feuilles (sens collectif), *fila*.

1. L'encre se fabrique avec l'écorce de cet arbre.

feuilles dont on se sert pour envelopper les colas, *teñgbã*.
ficus dont l'écorce sert à faire des pagnes, *fu*.
fleur, *fiñgyã*.
fromager (bombax), *banda*, *banda-yiri*.
fruit (comme « enfant », *dẽ*, *de*).
— d'un arbre, *yiri-ndẽ*.
— d'une plante herbacée, *fila-dẽ*.
gingembre, *yi*.
— (graines de —), *yi-mugu*.
gombo, *bañyã*.
gourde, *gye-fyè; gbeñgere* (Agni).
graine, *foli*.
— de palme (voir « palme »).
haricot, *soso*.
herbe (en général), *fila*.
herbes (sens collectif, hautes herbes), *bi̠*, *biñ*.
igname, *ku*.
indigo, *gara*, *garã*.
— (liane à —), *gara-ñgyuru*.
karité (arbre à beurre), *koro-yiri*.
— (fruit du —), *koro*; *sye*.
— (beurre de —), *koro-tulu*; *sye-tulu*.
liane, *gyuru*, *gyulu*.
maïs, *mosono-ñyõ*; *kaba*.
manioc, *gbende*.
mil (en général, gros mil), *ñyõ*.
— (petit mil rouge), *bimbri*.
— (petit mil blanc), *bimbri-gbè*.
néré (*Parkia Biglobosa*), *ndere*.
noix de cola (voir « cola »).
ntaba (*Sterculia Cordifolia*), *tawã*, *tabã*.
orange, *lemuru-baba*.
oseille, *da*.
palme (amande de —, avec la pulpe), *te*, *te-ndẽ*.
— (graine de —, sans la pulpe), *mbari*.
palme (huile de —), *te-nturu*.
— (vin de —), *gbè*, *ñgbè*.
palmier à huile, *te-i*, *te-iri*.
— bambou (voir « raphia »).
— liane (voir « rotin »).
papaye, *mara-ñgye*, *marã-ñgye*.
patate, *torhõ*.
piassava (voir « raphia (fibres de —) »).
pied (d'un arbre), *yiri gyu*.
pignon d'Inde (voir « pourguère »).
piment, *muso-kãni*, *kãni*.
plante, *fila*.
pourguère, *pròprò* (Agni).
racine, *lili*.
raphia, *kpara*.
— (feuille ou branche de —), *bã*, *mbã*.
— (fibres de —), *bã-mugu*, *kpara-mugu*.
— (vin de —), *bã-ñgbè*.
riz, *malo*; *kãmbari*.
ronier, *sãñgyugu*.
roseau, *tambi*.
rotin, *gbõ*; *lègbè*.
sésame, *bendè*; *koriri*.
sève, *yiri-gye*.
sommet (d'un arbre), *yiri kũ*.
tabac (sur pied), *taba*, *tawa*; *sara*.
— (en feuilles), *sara*.
— (feuille de —), *sara fila-buru*.
— (en poudre), *sighè*.
tronc d'arbre, *kolomã*, *koromã*.

IV. — LES MINÉRAUX

ambre jaune, *sighè-ñgbẽ.*
argent, *wari.*
argile grise, *bãgo.*
— rouge, *tõ-ule.*
caillou (silex), *kerebwa.*
— (petite pierre), *sende.*
cuivre jaune, *deneñgu.*
— rouge, *dañyã*; *sira, sura.*
étain, *tasã, tasa* (Agni).
fer, *nighè, neghè.*
— blanc, *kpõmbõ* (Agni).
— (minerai de —), *sõmboro.*
graphite (sorte de — servant à faire des balles), *kyepye* (du mot agni *kyebi*).
métal (en général, comme « fer »).
ocre rouge, *kuberi* (Agni).
or, *sãni, sani.*
plomb (comme « étain »).
pierre (petite), *sende.*
— (moyenne), *gberè.*
— (grosse, rocher), *fara.*
quartz, *gberè-gbè* (littér. : pierre blanche).
quartz aurifère, *sãni-fara.*
sel, *korho.*
terre (matière), *bugu, bughu*; *bãgo.*
— à bâtir, *bãgo.*
— à poterie, *kpã.*
— blanche, *bugu gbè.*
— ferrugineuse, *mbrekro.*
— (sol), *dugu, dughu.*
verre (substance), *fitini.*
zinc (comme « fer blanc »).

V. — LA TERRE, L'EAU, LE FEU

bois (voir « forêt »).
boue, *bòrhò.*
braise, *ta-kuru.*
brousse (voir « forêt »).
campagne (cultivée), *kõgo.*
— (non cultivée), *kõgo-la-kolõ.*
cascade (comme « rapide »).
cendre, *burugu.*
citerne (comme « puits »).
charbon, *fimvi.*
chute d'eau, *fara-la-dugu-ma*; *kwò-diñga.*
clairière, *gbèndige.*
colline, *kuru.*
— rocheuse, *fara.*
confluent, *kwò-fila-bè-na.*
contrée (comme « pays »).
eau, *gye, gyi.*
— chaude, *gye gba-ni.*
— fraîche, *gye sumã-ni.*
étang, *dalã.*
falaise, *tindi.*
feu, *ta.*
fleuve, *ba.*
fond de l'eau, *gye-gyu-koro.*
fontaine, *gye-bi-dugha.*
forêt, *tu.*
— (bordant un cours d'eau), *kwò-tu.*
fumée, *sisi.*
gravier, *sende.*
gué, *kwò-tigè-ra.*

île, *kwò-sü-ndugu.*
lieu, *dugha, dua, duga.*
marécage, *morhòmorhò.*
mer, *gyemvye* (Agni); *korho-gye* (littér. : eau de sel).
montagne, *kõñgoli, kõñgo.*
— rocheuse, *fara-ba.*
motte de terre, *tughũ.*
ombre, *suma.*
— (endroit à l' —), *suma-ra, suma-na.*
pays, *dugu.*
pierre, *sende; gberè.*
pont, *se, sẽ.*
poussière, *mugu, mughu.*
puits, *kolõ.*
rapide, *fara-la.*
rivage (d'un cours d'eau), *kwò da.*
rivière, *kwò, kò.*
rocher, *fara.*
rosée, *kõmbi, kombi.*
sable (gros), *keñge, kenye.*
— (fin), *keñge-mugu.*
savane, *gbèndige-ra; bi̠-ra.*
sol, *dugu, dugu-ma.*
surface de l'eau, *kwò-ñyã.*
terre (voir au vocabulaire IV).
tison, *ta-lòrhò-kuru.*
trou, *diñga, diga, digha.*
vallée, *tye-ra.*
végétation dense (pays de —), *tu-ra.*
— herbacée (pays de), *bi̠-ra, biñgono.*

VI. — LE CIEL ET L'ATMOSPHÈRE

air (comme « vent »).
arc-en-ciel, *sã-ñgala-sira.*
brouillard, *bughu.*
ciel, *sã*[1].
crépuscule, *su-kura.*
éclair, *lolo.*
étoile, *lolo-dẽ, lolo-ni.*
— polaire, *tura.*
foudre, *sã-mbarha-ma.*
froid, *nènè, nene.*
grêle, *sã-mbrè.*
halo lunaire, *kari ka gyakuma mna* (littér. : la lune a attrapé un chat).
harmattan (comme « froid »).
horizon, *moro; bãnda-bri-ra.*
jour (espace de 24 heures, date), *la.*
jour (opposé à nuit), *du; tere.*
lumière (du jour), *du.*
— (en général), *mana, manã.*
lune, *kari.*
— (clair de —), *kari gbè* (littér. : lune blanche).
— (pleine —), *kari-mana.*
— (nouvelle —), *kari farha-ra* (littér. : la lune est morte).
— (premier quartier), *kari bò-ra.* (littér. : la lune sort).
— (dernier quartier), *kari bè farha-ra* (littér. : la lune meurt).
matin, *sorho-ma.*
midi, *tere-ra.*
nuage, *brigã.*
nuit, *su* (pendant la nuit, *su-ra*).

1. On appelle *moro* l'une quelconque des deux parties du ciel situées à droite et à gauche du chemin apparent suivi par le soleil.

obscurité, *diüi.*
ombre, *suma, sumã.*
pluie, *sã-ñgye.*
soir, *ula* (le soir, dans la soirée, *ula-ra*).
soleil, *tere, tele.*
tonnerre (comme « foudre »).
tornade, *foroñgyo, foro.*
vent, *foñyõ.*

VII. — LES RAPPORTS DES CHOSES ET LES POINTS CARDINAUX

angle (comme « coude », *nõñgo, nõgo*).
bas (de quelque chose), *gyu, gyü.*
bord (d'un chemin, d'un objet), *kõñgo.*
— (d'un cours d'eau), *da.*
boule, *fè-ñgirri* (littér. : chose ronde).
bout (inférieur) (comme « bas »).
— (supérieur) (comme « haut »).
carré, *fè a nõgo-nani bè* (chose qui a quatre angles).
centre, *tye, tye-ra.*
cercle (comme « boule »).
chose, *fè, fẽ.*
coin, *nõñgo-ra.*
commencement, *kũ-na, kũ-ra* (littér. : dans la tête).
côté, *kõñgõ, kõñgo.*
— droit, *kõñgõ kini-mburu ra.*
— gauche, *kõñgõ numa-buru ra.*
— (grand —) (comme « longueur »).
— (petit —) (comme « largeur »).
creux (comme « trou »).
cube (comme « carré »).
derrière, *kwo, kwo-fè-kõñgõ.*
dessous, *gyü-koro.*
dessus, *kũ-na.*
devant, *ñyã, ñyã-mvè-kõñgõ.*
droite, *kini-mburu-ra.*
endroit (lieu), *dugha, dua, duga.*
— (où se trouve quelqu'un), *kwo.*
— (opposé à envers), *ñyã, ñya-na.*
envers, *kwo.*
espace (comme « lieu »).
est, *tere-bò-ye, tere-bò-ra* (l'endroit d'où sort le soleil).
façade, face (comme « devant »).
fin, *si-na* (littér. : dans le pied).
fois, *ko; siñya.*
haut (de quelque chose), *kũ* (littér. : « tête »).
hauteur, *kũ-mvè-kõñgõ.*
largeur, *nõgò.*
lieu (voir « endroit »).
longueur, *kwo-bro.*
milieu (comme « centre »).
moitié, *tara.*
morceau, *kuru.*
nom, *torho, torhò.*
— de famille, *gyamũ, gyamõ.*
nord, *numa-moro-ye*[1]; *bãnda-bri-ra.*
ouest, *tere-be-ye, tere-be-ura* (l'endroit où le soleil se couche).
partie (comme « morceau »).

1. On appelle *moro* ou *bãnda-bri-ra* indifféremment la partie nord ou la partie sud du ciel : si l'on regarde le soleil levant, on a le nord à sa gauche, d'où l'expression *numa-moro-ye* (ciel de gauche, horizon de gauche) pour désigner le nord, et l'expression *kini-moro-ye* (ciel de droite, horizon de droite) pour désigner le sud.

prix (valeur), *sõgo*.
profondeur, *dũ-na*.
temps (comme « jour », *la*).
sommet (comme « dessus » ou « haut »).
sud, *kini-moro-ye*; *bãnda-bri-ra*[1].
surface, *ñya-na*, *ñyã*.
trace, *nüõ*, *wõ*.
— des pieds, *se-nüõ*.
trou, *diñga*, *diga*.

VIII. — L'HUMANITÉ, LA SOCIÉTÉ

allié (à la guerre), *gyamã*.
âme, *ni*.
ami, *dyèri*, *ndyèri*, *ndyèri-kyè*.
amie, *ndyèri-muso*.
bébé, *de-ni*, *de-ndorho-ma-ni*.
chef (de tribu, de pays), *masa-kyè*; *farhama*; *dugu-tigi*.
— (de village), *so-tigi*; *dugu-tigi*.
— (de famille), *fa*, *ba*.
— (en général), *kũ-tigi*, *kũ-ndigi*.
enfant (progéniture), *dẽ*, *de*.
— (homme en bas-âge), *de-ndorho-ma*.
ennemi (à la guerre), *kerè-tigi*.
esclave (en général), *gyõ*.
— (femme —), *gyõ-muso*.
— de case, *wóro-so*.
étranger, *londa*.
femme, *muso*, *miso*.
— (vieille —), *muso koro-ni*.
fille (opposé à garçon) (comme « femme »).
— (petite —), *muso dorho-ni*.
— (jeune —), *suñguru*.
— (féminin de fils, voir au vocabulaire suivant).
garçon (opposé à fille), *kyè*.
— (petit —), *bilã-koro*, *bila-ñgoro*.
homme (être humain, homme ou femme), *morhò*, *morho*.
— (opposé à femme, *vir*), *kyè*.
— d'âge mûr, *kyè-morhò*.
— (jeune —), *kãmbere*, *kãmbele*; *kursi-tigi*.
— bon, charitable, *morhò-berè*.
— libre, *wóro*; *kyè*.
— instruit, *kara-morhò*.
— riche, *naforo-tigi*; *sãni-tigi*.
indigène, *dugu-tigi*.
maître, *baba*; *fa-kyè*.
menteur, *faniyã-ndigi*, *faniyã-tigi*.
nain, *kiriüi* (du mot agni *akreüi*).
notable, *kyè-morhò-ba*.
otage, *gyuru-nã-ndigi*.
pauvre, *farha-ndẽ*, *farha-nda*.
vieillard, *kyè-morhò-ba*, *kyè koro-ni*.
voleur, *soñya-li-kè-barha*; *soũ*.

IX. — LA FAMILLE

aïeul (voir « grand-père »).
ainé (en général), *kyè-morhò*.
bâtard, *ñya-morhò-dẽ*.
beau-frère, *bila-ñgyè*.

1. Voir la note précédente.

beau-père (comme « beau-frère »).
belle-mère (comme « belle-sœur »).
belle-sœur, *bila-muso.*
bru, *dẽu-muso.*
cadet (en général), *dorho-ni.*
célibataire (homme), *kyè-gbau.*
— (femme), *muso-gbau.*
cousin (comme « frère »).
cousine (comme « sœur »).
enfant, *dẽ, de.*
— trouvé (comme « homme sans famille »).
épouse, *muso.*
époux (voir « mari »).
famille, *kabila* (Ar. qabîla).
femme (voir « épouse »).
fille, *dẽ-muso.*
fils, *dẽ, de-ñgyè.*
frère aîné, *de-ñyorhõ, de-ñerhõ; koro-kyè.*
— cadet, *kafi-ñyorhõ, kafi-ñerhõ; dorho-kyè.*
gendre (comme « beau-frère »).
grand'mère, *mama.*
grand-père, *bèma.*
homme sans famille, *mbila-lama.*
jumeaux, *fila-ndẽ.*
mari, *kyè.*
mère, *na, nã.*
neveu, *bare-ndẽ.*
nièce, *bare-ndẽ-muso.*
oncle maternel, *bare; bè-ndorho-kyè.*
— paternel, *denè; fa-kafi-ñyorhõ.*
orphelin, *farata.*
père, *fa.*
petit-fils, *mama-dẽ.*
sœur aînée, *de-ñyorhõ; koro-muso.*
— cadette, *kafi-ñyorhõ; dorho-muso.*
tante maternelle, *balòrhò; na-kafi-ñyorhõ.*
— paternelle, *denè-muso.*
veuf, *furu-ya-kyè.*
veuve, *furu-ya-muso.*

X. — LES PROFESSIONS

brasseur, *doro-tigi.*
cavalier, *só-tigi, só-fa.*
chanteur, *dõ-ñgiri-la-barha.*
chasseur, *dandarha-kyè.*
commerçant, *safari-kè-barha; gyao-tigi, dyago-tigi.*
cordonnier, *ñgeri-kyè, ñgeri.*
courrier, *baragi-ta-barha.*
couturier, *kara-ni-kè-barha.*
cultivateur, *sene-kè-barha.*
diseur de bonne aventure, *tiri-kè-barha.*
écolier, *kara-morhò-dẽ.*
forgeron, *numu-kyè, numu.*
guerrier, *marfa-tigi; kerè-tigi.*
magicien, *lagba-ri-kè-barha; yelema-ni-kè-barha.*
maître d'école, *kereni.*
médecin, *fila-kè-barha.*
menuisier, *lè-sè-ri-kè-barha.*
messager, *kyira.*
musicien (qui joue d'un instrument à vent), *gbèni-mvyè-barha.*
— (qui joue du tambour), *dundu-mvò-barha.*
— (qui joue de la guitare), *ñgoni-tigi.*
— (qui joue du xylophone), *mbala-mvò-barha, mbala-tigi.*
orfèvre, *lorhò-ñgyè.*
pagayeur, *kuru-ñyarhã-mbarha.*

pêcheur, *yeghè-mna-barha*.
porteur, *doni-ta-barha*.
potière, *ñgeri-muso*.
prêtre (musulman), *mori-ba* ; *syeri-barha*; *alkurana-tigi*.
— (grand —), *alimama* (Ar.).
— (païen), *gyo-tigi*.
savant, *kara-morhò kyè*; *seu-ri-kè-barha*.
soldat, *marfa-tigi* ; *soldasi* (F.).
sorcier, *ginã-ndigi*, *ginã-do-ñgè-barha*; *keñge-la-barha* (ce dernier nom s'applique aux sorciers qui prédisent l'avenir ou jettent des sorts en traçant des signes sur le sable).
teinturier, *gara-ñgyè*, *gara-ñgè-barha*.
tisserand, *fãni-ndã-barha*.
treillageur, *bã-mla-kara-barha*.
vannier, *ndewè-ndã-barha*.

XI. — LE VILLAGE

barrière (palissade, voir ce mot).
— (porte d'entrée d'une palissade), *gya nda*.
cabane, *kpata* (Agni).
carrefour, *sira-fara*; *sira-bãnda-biri*.
champ, *sene*; *kõgo*.
chemin, *sira*.
cimetière, *su-diñga-ra*.
forge, *numu-torho*.
fumier, *ñyamañyama*; *yawãyawã*.
grenier à grains, *bondo*.
jardin, *sene*.
lieux d'aisance, *sira-kã-ò*.
maison, *bõ*.
— à terrasse, *bri*.
— de campagne, *kõgo-so*.
marché, *lorhò*.
métier à tisser, *ndri*.
mosquée, *misiri* (Ar. mesdjid).
ombre (endroit à l' —), *suma-na*, *suma-ra*.
palissade, *gya-sa*.
pirogue, *kuru*.
place publique, *katorho*.
plantations, *kõgo*, *kõñgo* ; *sene*.
pont, *se*, *sẽ*.
poulailler, *sise-kurukuru*.
prison, *bõ-ndyugu*.
puits, *kolõ*.
rue (comme « chemin »).
tata (mur d'enceinte), *danda*, *tanda*.
trou, *diñga*, *diga*.
village, *so*; *dugu*.
— de culture (comme « maison de campagne »).
— en ruines, *tombo*, *tòmbo*.
ville, *so-ba*.

XII. — LA MAISON

affaires, bagages, *ñyurhõ*, *ñyurhõ-nã*; *fè*, *fẽ*.
bas (d'une maison), *bõ-ndugu-ma*.
bois (morceau de —), *koromã*, *koro*.
chaise (voir « siège »).
chambre (fermée), *bo-nda-ra*.

chambre (ouverte), *bo-ñguru*.
— à coucher, *la-dua*.
cloison (en bois ou en paille), *gyasa*.
coin (d'une chambre), *lorholorho*.
cour, *gyasa-kono-nõ*.
cuisine, *gba-bõ*.
échelle, *yireire-nã*.
escalier, *terre*.
ferme (voir « poutre »).
foyer, *gba*.
haut (d'une maison), *bõ-ñgũ-na*.
lit (en bois), *gbrisa*.
— (natte, voir ce mot).
— (endroit du lit), *la-dua*.
magasin (voir « chambre fermée »).
maison (voir au vocabulaire précédent).
marchandises, *kari-gyorho*; *naforo*.
mur, *danda*, *tanda*.
natte, *dewè*, *ndewè*, *deüe*.
paille (en général), *bi̱*.
— (grosse —), *lole*.
— (petite —), *bi̱-gbè*.
palissade, *gyasa*.
pilier, *tutu-nã*.
porte (en général), *da*.
— (d'une maison), *bo-nda*.
— (d'une cour), *gya-nda*.
— en bois, *koũ*.
— en palmier, *gya-nda*.
poutre (de toiture), *bãnda-bri*, *banda-mvri*.
siège, *wurha-nde*; *sigi-lã*.
sol, *dugu*, *dugu-ma*.
terrasse, *menèmenè*.
toit, *bõ-ñgũ-na*.
vérandah, *lèlè*.
vestibule, *lèlè-ñgoro*.

XIII. — LES INSTRUMENTS ET LES OUTILS

aiguille, *mèseni*, *mèseli* (Ar. misalla).
allumettes, *ta-kara*.
assiette, *gbelè*, *kprè*.
balai, *fla-la*.
balance, *to* (Agni).
baril, *kolõ*.
bâton, *kolomã*, *koromã*, *koro*.
bobine, *dola-koro*.
boîte (en bois), *larha*, *alarha* (du mot agni *alaka*); *barha*, *farha*.
— en fer blanc, *kpõmbõ* (Agni).
bombonne (voir « dame-jeanne »).
bouchon, *da-tugu-nã*.
bougie, *fitina*, *fiterã* (Ar. fitîla).
boussole, *dugha-le*, *dua-le*.
bouteille, *prendwa* (Agni).
caisse, *kèsu* (F.); *larha*, *alarha* (du mot agni *alaka*).
calebasse, *fyè*.
canne (comme « bâton »).
— de parade, *tãba*.
chaîne, *gyororhò*, *gyolorhò*, *gyorogò*.
charge (ballot), *doni*, *ndoni*.
chasse-mouches, *fla-nã*.
cheville (en bois), *wõni*.
ciseaux, *muru-de-mvla*.
clef, *karato-dẽ*; *safe* (Agni); *lakle* (F.).
clou, *biñã*.
— (en cuivre), *ñgurope* (Agni).
corbeille, *sãnzã*; *kañgya*; *bumbũ*.
— en bois, *ku-nã*; *gbò*.
— (faite d'une calebasse), *fyè-ba*.
— longue, en raphia, dont se servent les porteurs, *gbarha*.
— plate, en bois, dont se servent les porteuses (voir « plateau »).

coupe-coupe, *bese* (Agni), *kãgã-mbese*.
couteau, *muru*.
couvercle (comme « bouchon »).
crochet (en bois), *gbe*.
— (en fer), *ñyurhõ-na-du-mvè*.
cruche, *darha*.
cuiller, *kalẽ* ; *kãndũ*.
cure-dents (bâtonnet servant de —), *gbesè*.
drapeau, *ñgyõ-ñgyõ*.
échelle (voir au vocabulaire précédent).
écuelle (voir « calebasse » ou « assiette »).
enclume, *gbasi-ri-sende*.
encre, *dawa* (Ar.) ; *nasi-gye*.
éperons, *sè-ure*.
étriers, *kyemĩzi*.
éventail, *lefè*.
— (pour attiser le feu), *ta-ra-fye-nã*.
filet, *gyò*.
fouet, *gbrekãmı*.
fourneau de forge, *furhufurhu-darha*.
gobelet (en noix de coco), *kpaku* (Agni).
— (en calebasse), *fyè*.
gourde (à injections rectales), *gbeñgere* (Agni).
— à vin de palme, *bara*.
hache, *gyende*.
— de parade, *kãmbere-gyende*.
hamac, *gyò* (comme « filet »).
harnais, *só-da-gyuru*.
herminette, *lè-sè-nã*, *lè-sè-na*.
houe, *dawa*, *daba*.
— (petite), *kopè*.
maillet, *gbasi-nã*.
marmite (comme « cruche »).
marteau, *gbẽ*.
métier à tisser, *ndri*.
meule (pierre servant à moudre), *sende-ndẽ*.
— (pierre sur laquelle on moud), *sende-ba*.
montre, *tere-nã*.
mors, *karafi*.
mortier (à piler), *kolõ*, *korõ*.
navette, *murufe*.
pagaie, *kuru-ñgolomã*.
panier (voir « corbeille »).
parapluie, parasol, *kimbi*.
pic (sorte de — pour forer des trous), *sombè*.
pilon, *kolo-ndẽ*; *susu-nã*.
pinces, *kama-na*.
pipe, *tawa-darha*.
pirogue, *kuru*.
plateau en bois ou en vannerie (sur lequel les porteuses disposent leur charge), *kũ*, *ku-nã*.
plume (à écrire), *kalama* (Ar.).
quenouille, *gyendè*.
rênes, *da-mã*.
sac (en étoffe), *kã-mvarha*; *kotokũ* (Agni).
— (en cuir), *botò* ; *forogo* (du mot agni *afroko*).
— (en vannerie), *bere*.
— (en vannerie, dont se servent les porteuses), *fufu*.
sacoche (voir « sac »).
sangle, *andarha-gyulu*.
selle, *kerege* (Ar. serdj).
soufflet, *furhufurhu*.
tabatière, *sara-barha*.
torche, *ta-se-mã*.
van, *gbuge-lã*.

XIV. — LES ARMES, LA GUERRE, LA CHASSE ET LA PÊCHE

arc, *kalã, kala, kara.*
armée, *darha, ndarha.*
baguette (de fusil), *kyĩ* (du mot agni *küĩ*).
balle (en pierre), *kyepye, kyebi* (Agni).
— (en général), *marfa-dẽ.*
bourre, *gbalã.*
calibre (pour les charges de poudre), *doa-dẽ.*
camp, *darha-ra*; *sãzã* (du mot haoussa, *sãsã* ou *sãsane*).
canon, *gbelè*; *marfa-ba.*
— de fusil, *marfa-nighè.*
capsule, *ta-kara.*
cartouche (comme « calibre » ou comme « balle »).
cartouchière (en forme de ceinture), *doa* (Agni).
— (en forme de sacoche), *kotokũ* (Agni).
casse-tête, *kotõ*; *kpiti.*
chien de fusil, *sise-woto* (litt. : cuisse de poulet).
couteau, *muru.*
coutelas, *krifasya.*
crosse de fusil, *marfa-gyu.*
épée, *tokowi* (haoussa *takobi*).
filet, *gyò.*
flèche, *byĩ, byã.*
fourreau (de couteau ou d'épée), *muru-la.*
fourreau (de fusil), *katasua* (du mot agni *katasu* « couvrir »).
fronde, *gbafrogò* (du mot agni *kpafroko*).
fusil, *marfa* (Ar. medfa'a).
— à deux coups, *da-fila-marfa.*
— (gros — à éléphants), *boporè* (du mot agni *abokporè*).
fût de fusil, *marfa-kolomã.*
gâchette, *foro.*
giberne, *kotokũ* (Agni).
guerre, *kerè.*
guerrier, *kerè-tigi*; *marfa-tigi.*
hache de guerre, *nighè-kpiti.*
— (de commandement, en cuivre), *sa-ndighè.*
hameçon, *dulẽ.*
lance, *tãba, tamba.*
nasse, *kuku.*
pêcherie, *wawa.*
piège (sorte de collet), *delè.*
— (tuant le gibier au moyen d'un bois qui tombe), *mbóro.*
pierre à fusil, *krobwe, kerebwa*; *marfa-sende.*
poignard, *sori-nã.*
poudre, *mugu, mughu.*
révolver, *da-wóro* (littér. : six bouches).
sabre (comme « épée »).
trappe, *diñga* (comme « trou »).

XV. — LE VÊTEMENT, LA TOILETTE ET LA PARURE

anneau (en général), *ndighè, nighè.*
— de bras, *buru-la-ndighè.*
anneau de jambe, *se-na-ndighè.*
— d'oreille, *turo-la-ndighè.*

babouches (voir « chaussures »).
bague, *buru-mbã-nde-ndighè*.
bande de tissu, *fãni-señgere*.
bandeau (de femme), *feterè* (comme « mouchoir »).
bijou (en or), *sãni-dẽ*.
bonnet (en général), *bã-vla*, *bã-mvila*.
— (en gueule de caïman), *bamba-da*.
— blanc, *bã-vla gbè*.
— napolitain, *bã-mvila kirri*.
— rouge, *bã-vla ule*.
boubou (sorte de grande chemise), *delege*, *derege*.
bouton (de vêtement), *tunda-ra-nighè*.
bracelet (voir « anneau de bras »).
caurie, *koro*, *kóró*.
ceinture, *siri-nã*.
chapeau, *liuri*.
chaussures, *saura*.
chemise (comme « boubou »).
chiffon (comme « serviette »).
collier, *kã-ñgyuru*.
coquillage rouge, *la-ñgóró* (du mot agni *ala* et du mot dyoula *kóró* « coquille »).
corail, *digene*, *degere* (du mot agni *neñgre-wa*, *ndeñgre-wa*).
coton (préparé), *gyese*.
couverture, *kasa*.
culotte, *kursi*.
cure-dents (bâtonnet servant de —), *gbesè*.
endroit (d'une étoffe), *ñyã*, *ñyã-mberè*.
envers (d'une étoffe), *kwo*; *ñyã-ndyugu*.
épingle à cheveux, *ku-na-kolomã*.
étoffe (voir « tissu »).
fibres de raphia servant à se laver, *gbalã*.
fil (de coton), *gyese*.
— (d'ananas), *brobya-gyuru*.
gandoura (comme « boubou »).
gilet, *korho-ra*.
ivoire, *samã-ñi*, *sama-ñi*.
miroir, *dua-le*, *dugha-le*.
mouchoir, *feterè*.
musc, *kònugò*.
nœud, *kuru*.
pagne (pièce de tissu servant à se vêtir), *dãgo* (Agni); *fãni*.
— (tissu, voir ce mot).
— d'écorce, *fu*.
pantalon (comme « culotte »).
parfum, *suma-dya-na*.
peigne, *sieri*.
peintures blanches (que l'on se fait sur le corps), *bõ*.
perles, *kõnõ*, *konõ*.
— (grosses, pour la ceinture), *lagba*.
— (petites), *kõnõ-mugu*.
— (égyptiennes, aigris), *kõnõ-ñgyã*.
poche, *gyüfa* (Ar. djeyb).
pommade, *turu*, *tulu* (comme « huile »).
savon, *safina* (même racine que « savon », Ar. sâboûn); *kwó-nã*.
serviette, *kwó-fu*, *kó-fu*.
soie, *sike* (du mot agni *srike*, qui vient lui-même du mot anglais « silk »).
souliers (voir « chaussures »).
tatouages, *mañyã-di*.
tissu, *fãni*, *fani*.
— européen, *nanzara-fãni*.
— en raphia, *bã-mugu-fãni*.
tricot (voir « gilet »).
turban, *norowi*.
veste (indigène), *tunda-ra*.
vêtement (en général), *tunda-ra*.
— intime des hommes, *bilã*, *bila*.
— intime des femmes, *lagba*.

XVI. — L'ALIMENTATION[1]

alcool (en général, toute liqueur fermentée), *gbè, ñgbè.*
aliment (en général, et en particulier aliment farineux cuit, remplaçant le pain), *two, tüo, tu.*
bière (de mil ou de maïs), *doro, ndoro.*
beurre, *nono-tulu.*
— de karité, *koro-tulu* ; *sye-turu, sye-tulu.*
condiment préparé avec les fruits fermentés du néré, *sumbara.*
eau, *gye.*
— chaude, *gye gba-ni, gye gbã-ni.*
— fraîche, *gye sumã-ni, gye sumã.*
farine, *mugu.*
galette de mil, *mwomi, ñüomi.*
graisse (comme « huile »).
huile (en général), *tulu, turu.*
— de palme, *te-nturu.*
miel, *li.*
pain (d'ignames, de riz ou de mil), *two, tüo, tu.*
sauce (avec de la viande), *nã.*
— (sans viande), *barha.*
sel, *korho, korhò.*
— (barre de —), *korho-kye.*
— (panier de — marin), *korho-fufu.*
sucre, *nanzara-li* (littér. : « miel des Blancs »); *sukra* (F.).
tafia, *nanzara-doro.*
viande, *sorho, sorhò.*
vin de palme, *te-i-ñgbè.*
— de raphia, *bã-gbè.*
— de ronier, *sãñgyugu-gbè.*

XVII. — LA MUSIQUE, LA DANSE, LES JEUX

accordéon, *kete.*
calebasse (avec des cauries, servant à rythmer le chant ou la danse), *bole-mbara.*
chanson, *ñgiri, dõ-ñgiri.*
cithare à languettes de bois, *goni.*
clairon (comme « corne »).
conte, *tale.*
corne, *gbèni, gbène.*
— (pour accompagner la danse), *gbofe* (du mot agni *gofe*).
danse, *dõ.*
fantasia (danse avec coups de fusils), *sãgã-mvòri.*
flûte, *fille, file* ; *lema.*
guitare, *goni-gbè.*
jeu (en général), *tolo.*
— des douze cases, *werè, wurè* (du mot agni *aware*).
— (bille du jeu des douze cases), *werè-ndẽ.*
— des graines (sorte de billard), *syĩ-koro.*
masque de danse (tête d'homme), *gbulo-ñyã.*
— (tête d'homme à long nez), *dwo, du.*
— (tête de bœuf), *gbã.*

1. Chercher aux vocabulaires de la faune (II) et de la flore (III) les noms d'aliments animaux et végétaux qu'on ne trouvera pas ici.

oliphant, *sama-ñi.*
poupée, *yiri-morhò-ni.*
sifflet, *file*, *fire.*
sonnette, *tanã.*
— d'appel (pour les chefs), *latõ.*
tambour (en général), *dundu*, *ndundu.*
— à cordes, *tamã*; *korokoto.*
tambour à deux peaux (sans cordes), *butu.*
— de guerre (hémisphérique), *tibari.*
— (couple de deux tambours à sons différents), *ti-gbenĩ.*
— à son aigu, *dundu-nde.*
— à son grave, *dundu-mba.*
xylophone (balafon), *balã*, *mbala.*

XVIII. — LA MÉDECINE, LES MALADIES

adénite, *lerhèterè.*
albinos, *fulumã.*
ampoule, *lorholorho.*
aveugle, *fye-morhò.*
blénorrhagie, *koroti-nã.*
blessure, *gyuri* (littér. : sang).
boîteux, *torho-kele-tigi*; *se-ñgele-tigi.*
borgne, *ñyã-de-ñgele-tigi.*
bosse, *dãndüò.*
bossu, *dãndüò-ni.*
cadavre, *su*, *sü.*
chauve, *kũ-ñgyale-tigi*; *kũ-ula-ni.*
cicatrice, *gyuri-fonõ.*
épileptique, *krikri-syã.*
eunuque, *gbõ-tigè-ni.*
fœtus, *tete.*
fou (sot), *morhò dyugã.*
— (aliéné), *fatüo*, *fatüo-ni.*
furoncle, *tumbu.*
gale de Guinée, *sani-ñyã.*
goitre, *foro*, *kã-mvoro.*
goitreux, *foro-tigi.*
hernie, *kursi-gyara*; *kuru.*
— ombilicale, *bara-kuru-ba.*
— testiculaire, *karya.*
hoquet, *segesege.*
incirconcis, *foro-mvorogo-tigi*; *bãmbara.*
lèpre, *kokobi* (Agni).
lépreux, *kokobi-tigi.*
maladie de peau (en général), *kawa.*
médecin, *fila-kè-barha.*
médicament, *fila*, *fula.*
monstre, *tete-dyugu.*
muet, *bobo*, *bombo.*
nain, *kiriüi* (du mot agni *akreüi*).
oreillons, *toro-kuru.*
paralytique, *koro-su.*
plaie (comme « blessure »).
— (mauvaise), *larha-nduru.*
— (homme couvert de plaies), *larha-nduru-tüo.*
poison, *fila-dyugu.*
— d'épreuve, *tèri*, *tèli.*
— dit korty, *koroti.*
possédé, *su-barha*, *sü-brha.*
protubérances qui viennent aux articulations, *sorhòsorhò*; *torho-kuru.*
pustule, *forõ.*
sarcocèle, *gbõ-mba.*
sourd, *toro-gble-ndigi.*
syphilis, *pòtò* (Agni).
teigne, *ñi-mugu.*
ulcère (voir « plaie (mauvaise) »).
vaccin de génisse, *nisi-bomboruso.*
variole, *bomboruso.*
ver de Guinée, *seghelè.*

XIX. — LA RELIGION, LA SUPERSTITION, L'ÉCRITURE

ablution, *syeri-gye*.
âme, *ni*.
amulette, *sewè*, *sebè*, *seüè*.
— portée sur la poitrine, *sisi-sewè*.
— portée sur le dos, *gyakuma-fi*.
— portée en bandoulière, *galarha-sewè*.
— portée dans le bonnet, *bã-mvila-sewè*.
— portée dans la poche, *gyüfa-sewè*.
— portée dans un petit sac, *sula-ule-mvorogo*.
— portée dans une corne, *sadi-gbã*.
— en forme de bracelet, *kiri*.
— en forme de bracelet porté au-dessus du coude, *bakã*.
ange, *melegè* (Ar.).
carré magique, *hatuma* (Ar. khâtoûma « sceau »).
chaire, *misiri-gyo-kòtò*.
chapelet, *tasabia* (Ar. tasbîha).
chérif, *koro-ta-morhò*; *sarifu* (Ar. charîfou, chérif, descendant de Mahomet).
Chrétien, *Naswara* (Ar. Nasâra).
christianisme, *Insa-sira* (chemin de Jésus).
Coran, *Alkurana* (Ar. al-Kourân); *Alkitabu* (Ar. al-Kitâbou).
Dieu, *Alla* (Ar.).
diseur de bonne aventure (voir au vocabulaire : X. Les Professions).
divination, *tiri*.
écolier (voir au vocabulaire X).
écriture, *seu-ri*.
encre, *dawa* (Ar.) ; *nasi-gye*.
enfer, *dyandama* (Ar. djahannama).
esprit (être sans corps, comme « âme »).
fantôme, *asyü-ura*.
fétiche (voir les mots « amulette », « génie », « idole »).
génie, *algyine*, *gyina*, *ginã* (Ar. al-djinn, djinn).
— (bon —), *gyina-berè*.
— (mauvais —), *gyina-dyugu*.
idole, *gyo*.
imâm, *alimama* (Ar. al-imâm).
impie (musulman qui ne pratique pas), *soroñgi*.
islamisme, *Mohamadu-sira* (chemin de Mahomet).
judaïsme, *Musa-sira* (chemin de Moïse).
juge, *alkali* (Ar. al-qâdi).
Juif, *Yahudiya* (Ar. Yahoûdiyya).
kibla (direction de La Mecque), *kibla* (Ar.).
langue (idiome), *kã*.
lecture, *kara-ni* (Ar. kara « lire »).
lettre (missive), *baragi* (Ar. baraa).
livre, *kardasi* (comme « papier »).
magicien (voir vocabulaire : X. Les Professions).
magie, *lagba-ri*; *yelema-ni*.
maître d'école (voir vocabulaire : X. Les Professions).
minaret, *hotuba* (Ar. khotba « sermon »).
mosquée, *misiri* (Ar. mesdjid).
mot, *ko-ma*.
muezzin, *wata-ri-barha*; *bilali* (du nom de Bilal, le premier muezzin d'après la légende islamique).
musulman, *mori*; *muslimu* (Ar.), au pluriel, *muslimuna*.
païen, *kafira* (Ar.), au pluriel, *kafiruna*; *bãmbara*, *bãbara*.

papier, *kardasi* (Ar. kartâs); *sewè, sebè.*

paradis, *aligyenna* (Ar. al-djenna).

pèlerin, *alhagyi* (Ar. al-hadj).

pèlerinage, *alhigyi* (Ar. al-hidj).

plume, *kalama* (Ar. qalam).

prêtre (voir vocabulaire : X. Les Professions).

prière, *solatu* (Ar. salât); *syeri.*

— du matin, *solatu-subwa* (Ar. salâtou'ssoubhi); *fagyari* (Ar. fadjr).

— de 9 h. du matin, *solatu-walua* (Ar. salâtou 'ddouha).

— de midi, *solatu-gyawali* (Ar. salâtou 'zzawâli).

— de 2 h. du soir, *syeri-fa-ra* (littér. : la prière pleine, le grande prière).

— de 5 h. du soir, *leasara* (Ar. al-asr).

— de la nuit tombante, *solatu-fitiri* (Ar. salâtou 'lfitri, prière de la rupture du jeûne).

— du milieu de la nuit, *sarafo.*

— (lieu de —), *syeri-bolõ.*

— (tapis de —), *syeri-deüè.*

prince des Croyants, *amirulmumenina* (Ar.).

prophète, *nabiu* (Ar.).

prostration, *syeri.*

religion, *dini* (Ar.); *Alla-sira.*

revenant (comme « fantôme »).

sacrificateur, *gyü-sorho-mi-barha.*

saint (musulman), *nemè-ñyeme.*

savant (voir vocabulaire : X. Les Professions).

sceau de Salomon, *Suleymani-hatuma.*

sorcier (voir vocabulaire : X. Les Professions).

tablette à écrire, *walarha.*

talisman (voir « amulette »).

Noms des principaux prophètes et saints de la religion musulmane, tels qu'ils sont prononcés par les Dyoula.

Adam, *Adama.*

Ève, *Hawa.*

Abraham, *Ibrahima, Burama.*

Isaac, *Isiaka, Siaka.*

Jacob, *Nyãguba.*

Joseph, *Yuzifu.*

Job, *Ayuba.*

Moïse, *Musa.*

David, *Dauda.*

Salomon, *Suleymani.*

Marie, *Mariama.*

Jésus, *Insa, Enza, Isa.*

Abdallah, *Abdullahi.*

Mohammed (Mahomet), *Mohamadu.*

Moustafa (surnom de Mahomet), *Sitafa.*

Ahmed (surnom de Mahomet), *Amadu.*

Aïcha, *Aisata.*

Fatima, *Fatumata.*

Bilal, *Bilali.*

Abou-Bekr, *Abu-Bakari.*

Osmân, *Osmana.*

Omar, *Omara, Omaru.*

Ali, *Aliu, Ali.*

XX. — LES NOMS DE PEUPLES, DE PAYS, DE VILLES, DE FLEUVES, ETC.[1].

Achanti (comme « Agni »).
Agni, *Tõ*.
Alger, *Alziratu* (Ar. Al-Djeztratou).
Anglais, *Añglezi* (Ar. Inkalisi).
Angleterre, *Añglezi-dugu*.
Anno, *Gbeyĩda-ra*.
Apollonien, *Zimba*.
Arabes, *Arabu*.
Arabie, *Arabu-dugu*.
Bambara (du haut Sénégal et de Ségou), *Bãmana*.
Bandama, *Gbãndama*.
Bandama-Blanc, *Bani*.
— Rouge, *Ba-ndorho*.
Baoulé (pays), *Tõ-ra*.
— (tribu), *Tõ*.
Bobo-Dioulassou, *Gyüla-so*.
Bondoukou, *Botugu, Bitugu*.
Bornou, *Bornu*.
Bouna, *Gbona*.
Comoé (fleuve), *Kumwezi*.
Constantinople, *Satambulu* (Ar.).
Dabakala, *Dawakala*.
Dagomba, *Dagbama*.
Dakhara, *Darhara*.
Djenné, *Gyènde*.
Djimini (pays), *Gimini*.
— (tribu), *Gimini-ñga*.
Dokhossié (tribu), *Dorhosyè*.
Dyamala, *Gyambala*.
Dyoula, *Gyüla*.
— (de race pure, non tatoué), *Gyüla-wóro*.
Dyoula (métissé de Sénoufo et tatoué), *Soroñgi*.
Égypte, *Misra* (Ar.).
Europe, *Nanzara-dugu*.
Européen, *Nanzara* (Ar. : nasâra, « chrétiens ») ; *Tubabu, Tibabu*.
Follona, *Foro-na*.
Foulans (Peuhl), *Fila*.
Français, *Frãzi, Frãsi* (Ar. Faransi).
France, *Frãzi-dugu*.
Gan-né (voyez « Ngan »).
Gouro (tribu), *Guro, Lò*.
Grand-Bassam, *Basami*.
Guio (dits Dioula anthropophages), *Koro, Guro-Gyula*.
Haoussa, *Malarha* ; *Maraba* ; *Ausa*.
Indénié, *Ndenye-ra*.
Kano, *Kanu*.
Kénédougou, *Keñge-dugu, Kenye-dugu*.
Kofikro, *Kofi-dugu*.
Kong, *Kũ* (nom dyoula) ; *Kpõ* (nom indigène).
Ligouy, *Ligbi* ; *Kari-Gyüla*.
Malinké, *Mãnde-ñga, Mãndi-ñga*.
Mandé, Mandingue (comme « Malinké »).
Mango (Groumânia), *Mãgo*.
— (pays de —), *Mãgo-tu* ; *Gbeyĩdara*.
— (gens de —, Binié), *Gbeyĩda*.
Maroc, *Magribi* (Ar.).
Marocains, *Tere-be-ñga* (gens du soleil couchant).

1. Les noms propres géographiques qu'on ne trouvera pas dans ce vocabulaire sont, en général, ou inconnus des Dyoula, ou prononcés par eux tels qu'on les trouve sur les cartes.

Maures, *Sularha.*
Mecque (La —), *Makka* (Ar.).
Mossi, *Mosi.*
Ngan (ou Gan-né), *Gã.*
— (pays des —), *Gã-ra.*
Niger, *Gyoriba, Dyorriba, Zoriba.*
Nzi (rivière), *Nzi*; *Ba-ule.*
Odienné, *Gyènde.*
Pakhalla (Koulango), *Kparhala.*
Pallakha, *Kpalarha.*
Peuhl (voyez « Foulans »).
Sakhala, *Sarha-ra.*
Sarakolé, *Marka*; *Malarha-Gyale*; *Maraba-Gyale.*
Satama-Soukoura, *Satama So-kura.*
— Soukouro, *Satama So-koro.*
Sénégal (fleuve), *Sularha-Ba.*
Sénoufo (en général), *Bãmbara, Bãbara*; *Senefo, Senofo.*
Sénoufo du Djimini, *Kyepere.*
— du Kénédougou, *Sèndere.*
— du Tagbana, *Tagbona.*
— du Follona, *Foro.*
Sokoto, *Sakatu.*
Songhaï, *Sõrhari.*
Tagbana (ou Tagouano des cartes, contrée), *Tagbona-na.*
— (tribu des Takponin, dits Tagbana), *Tagbona.*
Tiéfo (tribu), *Kyefo.*
Touareg, *Ñyorhomã.*
Toucouleurs, *Fila-Gyale.*
Tripoli, *Tarabulusi* (Ar.).
Tunis, *Tunisi* (Ar.).
Turcs, *Turgu, Turki* (Ar.).
Vaï, *Terebe-Ñgyüla.*

XXI. — NOMS ABSTRAITS[1]

(Voir aussi les vocabulaires précédents et notamment le vocabulaire : VII. Les rapports des choses).

abondance, *sya-mã.*
attention, *ferè-ri.*
bataille, *bundu-ri.*
bénéfice, *tonõ.*
bien, bonheur, *dya, dyã, dya-tigi* (du verbe *di* « plaire »).
chaleur, *ta-ra.*
changement, *yelema-ni.*
chose, *fè, fẽ.*
commerce, *safari*; *gyao, dyago.*
conversation, *fò-ri.*
couture, *kara-ni.*
cri, *kumbu.*
dispute, *fãga.*
écriture, *seu-ri.*
fable, légende, *tale.*
faim, *kõgo.*
force, *gbelè-ma.*
froid, *nènè, nene.*
garantie, *gyuru-nã, gyuru-la.*
guerre, *kerè.*
histoire (comme « parole »).
jeu, *tolo.*
langue, *kã*; *ko-ma.*
lecture (art de lire), *kara-ni.*
magie, *lagba-ri*; *yelema-ni.*
mal, malheur, *dyugu, dyugu-tigi.*
mensonge, *faniyã.*

1. Je ne donne ici que les noms abstraits les plus souvent employés dans le langage; les noms abstraits formés d'un verbe à l'aide des suffixes *ri, li, ni* ou *ma*, ou d'un adjectif à l'aide du suffixe *ma,* et qu'on ne trouverait pas ici, seront cherchés au vocabulaire des verbes ou au chapitre des adjectifs.

menuiserie, *lè-sè-ri.*
meurtre, *farha-li.*
nom, *torho, torhò.*
— de famille, *gyamũ, gyamõ.*
paiement, *gyüru, gyuru.*
palabre (comme « parole »).
parole, *ko-ma.*
pauvreté, *farha-nda-ñyã.*
prédiction, *tiri.*
prix, *sõgo.*
propriété, *ta.*
richesse, *naforo.*
rire, *yere.*
santé, *kendeyã.*
succession (comme « changement »).
travail, *kye.*
vérité, *tyĩ, tyã.*
vie, *ñya-na.*
vol, *soñya-li.*
voyage, *tarha-ma.*

XXII. — MONNAIES ET MESURES

Les Dyoula ont trois sortes de monnaies :

1° La monnaie le plus généralement employée est constituée par les cauries, petits coquillages univalves importés de l'océan Indien ;

2° Les monnaies d'argent françaises sont de plus en plus répandues ;

3° Dans le voisinage des pays agni, on se sert de poudre d'or, que l'on pèse : les unités de poids sont le mitkal (*metikale*), emprunté aux Arabes, qui vaut $4^{gr},65$ environ de poudre d'or, soit 14 francs environ à raison de 3 fr.00 le gramme, et, pour les grosses sommes, le *ku-mvila* (équivalent au *ta* des Agni), qui vaut 52 grammes, soit 156 francs environ.

On peut noter encore le sel en barres provenant du Sahara, et le sel en paniers provenant de la Côte de Guinée, qui sont très employés comme monnaie :

« une barre de sel » se dit *korho-kye kele* ou *korho kele.*

« un panier de sel » se dit *korho-fufu kele* ou *korho kele.*

La valeur de ces unités est naturellement très variable, suivant que l'arrivage du sel dans le pays est plus ou moins abondant.

Parmi les marchandises qui servent le plus souvent de monnaies d'échange, on peut encore citer : les fusils, la poudre en barils, les barres de fer ou de plomb, les tissus, le tabac et les houes indigènes (*dawa* ou *daba*, nom d'unité *dawa-dẽ*).

Les seules mesures en usage chez les Dyoula sont la brasse et la coudée, qui ne sont employées d'ailleurs que pour le commerce des tissus, et surtout pour les tissus d'origine européenne; « la brasse » se dit *buru* (un bras) et « la coudée » *nõñgo-ñyã* (un coude).

Voici maintenant des tableaux donnant la manière de compter en cauries, la manière d'exprimer en cauries des valeurs exprimées en francs, et la façon d'exprimer les valeurs en or et en argent. La valeur des cauries est d'ailleurs très variable suivant les régions et les époques : je donne ici la valeur moyenne des cauries dans le pays de Kong en 1899. La désignation des monnaies françaises est basée sur les monnaies d'argent, les seules connues des Dyoula : la pièce de 0fr,50 est appelée *tã-ñgã* (ou « petit dix », de l'expression *dawa tã* « dix dawa, ou dix fois dix cauries », 100 cauries valant en effet 0fr,50) ; la pièce de 1 franc est appelée *tã-mba* (grand dix, ou grand tan), et la pièce de 5 francs, *wari-ba* (grand argent)[1].

On remarquera que les expressions désignant une même valeur varient suivant que cette valeur est représentée par des cauries, de l'or ou de l'argent : ainsi *sira wuru kele* veut dire « mille cauries », tandis que *sira kele* veut dire « 1 franc » et par conséquent deux cents cauries.

Premier tableau.

MANIÈRE DE COMPTER EN CAURIES

1 caurie,	*koro-de ñgele*	ou	*de ñgele.*
2 cauries,	*koro-de mvila*	—	*de mvila.*
3 —	*koro-de nzaüa*	—	*de nzaüa.*
4 —	*koro-de nani*	—	*de nani.*
5 —	*koro-dẽ luri*	—	*de-luri*
6 —	*de-luri ni de ñgele.*		
7 —	*de-luri ni de mvila.*		

1. L'argent, en tant que métal, se dit *wari*; l'argent monnayé, la monnaie, se dit également *wãri* ou encore *darahima* (du mot arabe « darâhim », même racine que « drachme »). — « Caurie » se dit *koro* (nom d'unité *koro-dẽ*) quand on ne parle que d'un petit nombre de cauries, ou lorsqu'il s'agit de cauries non employées comme monnaie; lorsqu'on compte de grandes quantités de cauries, on emploie le mot *sira.*

8 cauries,		*de-luri ni de nzaüa.*
9	—	*de-luri ni de nani.*
10	—	*kprorhò* ou *dawa kele.*
11	—	*kprorhò ni de ñgele.*
12	—	*kprorhò ni de mvila*, etc.
15	—	*kprorhò ni de-luri.*
16	—	*kprorhò ni de-luri ni de ñgele*, etc.
20	—	*toko* ou *dawa fila.*
30	—	*dawa sawa.*
40	—	*dawa nani.*
50	—	*dawa luri.*
60	—	*da woró.*
70	—	*da woró-mvila.*
80	—	*dawa syegi.*
90	—	*da konondo.*
100	—	*dawa tã* ou *sira-kyeme kele.*
200	—	*sira-kyeme fila.*
300	—	*sira-kyeme saüa*, etc.
1000	—	*sira-wuru kele.*
5000	—	*sira-wuru luru*, etc.

Cette façon de compter provient de ce que les cauries se disposent par petits paquets de cinq ; un paquet de cinq s'appelle *de-luri* (cinq grains) ; deux paquets de cinq placés l'un à côté de l'autre forment une nouvelle unité, le paquet de dix, qui s'appelle *dawa* (*da* devant *woró* et *konondo*) ; dix paquets de dix placés ensemble forment le paquet de cent, qui s'appelle *sira-kyeme* ; enfin dix paquets de cent placés ensemble forment le sac de mille cauries, qui s'appelle *sira-wuru.*

Deuxième tableau.

MANIÈRE D'EXPRIMER EN CAURIES DES VALEURS EXPRIMÉES EN FRANCS

0 fr. 50	se dit	*dawa-tã*	qui représente	100	cauries.
1 fr.	—	*sira-kele*	—	200	—
1 fr. 50	—	*sira-kele ni kuru*	—	300	—
2 fr.	—	*sira-fila*	—	400	—
2 fr. 50	—	*sira-fila ni kuru*	—	500	—
3 fr.	—	*sira-sawa*	—	600	—
3 fr. 50	—	*sira-sawa ni kuru*	—	700	—

4 fr.	se dit	*sira-nani*	qui représente	800	cauries.
4 fr. 50	—	*sira-nani ni kuru*	—	900	—
5 fr.	—	*sira-mughã*	—	1.000	—
10 fr.	—	*sira-morhò fila*	—	2.000	—
15 fr.	—	*sira-morhò saüa*	—	3.000	—
20 fr.	—	*sira-morhò nani*	—	4.000	—
25 fr.	—	*sira-kyeme*	—	5.000	—
30 fr.	—	*sira-kyeme ni mughã*	—	6.000	—
35 fr.	—	*sira-kyeme ni morhò fila*	—	7.000	—
40 fr.	—	*sira-kyeme ni morhò saüa*	—	8.000	—
45 fr.	—	*sira-kyeme ni morhò nani*	—	9.000	—
50 fr.	—	*sira-kyeme fila*	—	10.000	—
75 fr.	—	*sira-kyeme saüa*	—	15.000	—
100 fr.	—	*sira-kyeme nani*	—	20.000	—
125 fr.	—	*sira-kyeme luri*	—	25.000	—
150 fr.	—	*sira-kyeme woró*	—	30.000	—
175 fr.	—	*sira-kyeme woró-mvla*	—	35.000	—
200 fr.	—	*sira-kyeme syegi*	—	40.000	—
225 fr.	—	*sira-kyeme konondo*	—	45.000	—
250 fr.	—	*sira-wuru*	—	50.000	—
500 fr.	—	*sira-wuru fila*	—	100.000	—
1000 fr.	—	*sira-wuru nani*	—	200.000	—

Chaque expression de ce tableau représente non pas un nombre réel de cauries, mais une valeur déterminée payée en cauries.

J'ai donné les quantités de cauries en prenant pour base le taux de 200 cauries pour 1 franc ; mais si le taux vient à monter ou à baisser, les expressions demeureront les mêmes. Ainsi, si le taux arrive à être de 400 cauries pour 1 franc, on dira toujours *sira-mughã* pour « cinq francs », mais alors *sira-mughã* représentera 2.000 cauries au lieu de 1.000.

Il faudra donc bien se rappeler que les expressions du 2e tableau représentent, non pas des quantités déterminées de cauries, mais des valeurs exprimées en cauries. L'exemple suivant fera, je crois, mieux comprendre la chose :

j'ai acheté un cheval que j'ai payé 30.000 cauries, *ñ ga só kele sã, ñ ga a-ta sira-wuru mughã ni tã gyuru sara* (voir le 1er tableau) ;

j'ai acheté un cheval que j'ai payé 150 francs en cauries, *ñ ga só kele sã, ñ ga a-ta koro gyuru sara, a sõgo bè sira-kyeme woró* (voir le 2e tableau).

Troisième tableau.

MANIÈRE D'EXPRIMER LES VALEURS EN POUDRE D'OR

			Valeur approximative.
1 mitkal	(4 gr,65 de poudre d'or) se dit	*metikale kele.*	14 fr.
2 —	(9 gr,30 —) —	*metikale fila.*	28 fr.
3 —	(13 gr,95 —) —	*metikale saüa.*	42 fr.
etc., etc.			
1 ta	(52 gr. de poudre d'or) —	*ku-mvila kele.*	156 fr.
2 —	(104 gr. —) —	*ku-mvila fila.*	312 fr.

et ainsi de suite jusqu'à 9 ta, *ku-mvila korondo.*

10 ta (520 gr. de poudre d'or) se dit *kumvila-wuru kele* (valeur approximative : 1.560 fr.).

Quatrième tableau.

MANIÈRE D'EXPRIMER LES VALEURS EN ARGENT FRANÇAIS

0 fr. 50	*tã-ñgã.*
1 fr.	*tã-mba kele.*
1 fr. 50	*tã-mba kele ni tã-ñgã.*
2 fr.	*tã-mba fila.*
2 fr. 50	*tã-mba fila ni tã-ñgã.*
3 fr.	*tã-mba saüa.*
3 fr. 50	*tã-mba saüa ni tã-ñgã.*
4 fr.	*tã-mba nani.*
4 fr. 50	*tã-mba nani ni tã-ñgã.*
5 fr.	*wari-ba kele.*
5 fr. 50	*wari-ba kele ni tã-ñgã.*
6 fr.	*wari-ba kele ni tã-mba kele.*
6 fr. 50	*wari-ba kele ni tãmba kele ni tã-ñgã*, etc.
10 fr.	*wari-ba fila.*
15 fr.	*wari-ba saüa.*
20 fr.	*wari-ba nani*, etc.
50 fr.	*wari-ba tã.*
100 fr.	*wari-ba mughã.*

500 fr.	*wari-ba kyeme.*
1000 fr.	*wari-ba kyeme fila.*
5000 fr.	*wari-ba wuru kele.*

XXIII. — DIVISIONS DU TEMPS

année, *sã*.
mois, *kari*.
semaine, *la woró-mvla* (sept jours).
jour, *la*.
— (opposé à nuit), *du*; *tere*.
le matin, *sorho-ma*.
le midi, *tere-ra*.
le soir, *ula-ra*.
la nuit, *su-ra*.
hier, *kunu*.
avant-hier, *kuna-sini*, *kunu-kwo*.
hier matin, *kunu sorho-ma*.
la nuit dernière, *kunu su-ra*.
aujourd'hui, *bi*.
ce matin, *bi sorho-ma*.
ce midi, *bi tere-ra*.
ce soir, *bi ula-ra*.
cette nuit, *bi su-ra*.
demain, *sini*.
demain matin, *sini sorho-ma*.
demain à midi, *sini tere-ra*.
demain soir, *sini ula-ra*.
demain dans la nuit, *sini su-ra*.
après-demain, *sini-kènde*.
il y a trois jours, *la saüa*.
dans trois jours, id.
dans combien de jours? *la gyuri?*
combien y a-t-il de jours que...? id.
quel jour? *la gyo-mane?* ou *la gyo-mã?*

Jours de la semaine :
dimanche, *lahadi* (Ar. al-ahad).
lundi, *tene* (Ar. al-ithnîn).
mardi, *tarata* (Ar. at-thalâtha).
mercredi, *laraba* (Ar. al-arba'a).
jeudi, *lamisa* (Ar. al-khamîs).
vendredi, *aridyuma* (Ar. al-djoum'a).
samedi, *sibiti* (Ar. as-sabt).

Mois de l'année :

Les Dyoula ont adopté le calendrier musulman ; leur année est donc lunaire et ne comprend que 354 jours. Les mois impairs ont 30 jours et les mois pairs en ont 29, en commençant par le mois de moharrem. Le 1er jour de l'an ou 1er moharrem tombait en 1900 le 1er mai; l'année, qui a commencé le 1er mai 1900 et fini le 9 avril 1901, est l'année 1318 de l'hégire. Chacun des mois de l'année porte, outre un nom emprunté à l'arabe, un nom indigène.

1° moharrem, *gyõ-mbendè* ou *moharamu* (Ar. moharram).

2° safar, *dõ-mba-ma-konõ*[1] ou *sofuru* (Ar. safarou).

3° rebi el-aouel, *dõ-mba*[2] ou *rabiulawali* (Ar. rabî'oulawwalou).

4° rebi el-akhir, *dõ-mba-koro-ko*[3] ou *rabiulahiri* (Ar. rabî'ou-lâkhirou).

5° djomada el-aouel, *koro-ko fila-na*[4] ou *gyamazulawali* (Ar. djomadaloûla).

6° djomada el-akhir, *kãmu-dõ-ma-konõ*[5] ou *gyamazulahiri* (Ar. djomadalâkhira).

7° redjeb, *kãmu-dõ* ou *radzaba* (Ar. radjab).

8° chaabân, *su-ñgari-ma-konõ*[6] ou *suãmbana* (Ar. cha'abânou).

9° ramadan, *su-ñgari*[7] ou *ramalana* (Ar. ramadhân).

10° chaoual, *mi-ñgari*[8] ou *suali* (Ar. chawwâl).

11° zoulkadé, *dõ-ñgi-ma-konõ*[9] ou *dyuliekadi* (Ar. dzoul-qa'dati).

12° zoulhidja, *dõ-ñgi* ou *dyuliãgidati* (Ar. dzoulhiddjati).

Les grandes fêtes qui font époque dans la vie religieuse des Dyoula sont :

le 1er moharrem, le jour de l'an, qu'ils appellent *sã-gyona-ra* (commencement de l'année) ;

le 12 rebi el-aouel, la fête du « mouloud » ou de la naissance de Mahomet, qu'ils appellent *dõ-mba-ma* (jour de la grande danse) ;

le 1er chaoual, la fête du « beïram » ou de la rupture du

1. C'est-à-dire « ventre de *dõ-mba* » ou « le mois qui précède le mois de *dõ-mba* ».

2. C'est-à-dire « la grande danse », par allusion à la fête qui a lieu le 12 de ce mois.

3. C'est-à-dire « le mois qui vient après celui de *dõ-mba* ».

4. C'est-à-dire « le deuxième après » (sous-entendu « le mois le *dõ-mba* »).

5. C'est-à-dire « le mois avant celui de *kãmu-dõ* ».

6. C'est-à-dire « le mois avant celui de *suñgari* ».

7. Littéralement : « la lune (ou le mois) du jeûne ».

8. Littéralement : « la lune (ou le mois) où l'on boit », par allusion aux libations qui ont lieu après le jeûne du ramadan.

9. C'est-à-dire « le mois avant *dõ-ñgi* ».

jeûne, qu'ils appellent *mi-ñgari*, comme le mois tout entier;

le 10 zoulhiddja, la fête du pèlerinage à La Mecque ou fête des sacrifices, à l'occasion de laquelle on sacrifie des moutons, et qu'ils appellent *alhigyi* (du mot arabe « al-hiddja », le pèlerinage), ou *dõ-ñgi-ma* (jour des chansons), par allusion aux chants qui ont lieu ce jour-là.

Outre la division par mois, les Dyoula ont aussi la division de l'année par saisons, qui sont :

la saison sèche, *tere-manã* (de novembre à fin mars environ);
les premières pluies, *gbugõ* (fin mars et avril);
la saison variable, *korho-ra* (mai et juin);
la saison des pluies, *sami-ñyã* (juillet à fin octobre environ).

XXIV. — **PRÉNOMS ET NOMS DE FAMILLE**

Les Dyoula ont chacun un prénom qui lui est propre et un nom de famille; souvent ils ont, en outre du prénom, un surnom. Les noms de famille ne correspondent pas aux nôtres : chez les Mandé la famille est beaucoup plus étendue et se rapproche plutôt de la tribu; les mêmes noms de famille se rencontrent même chez diverses fractions du peuple mandé très éloignées les unes des autres.

Lorsqu'on énonce le nom complet d'un individu, on place d'abord le prénom, ensuite le surnom, et en troisième lieu le nom de famille; par exemple : *Sitafa Ule Kurubari* (Moustafa Kouroubari le Rouge). Quelquefois cependant le surnom s'exprime le premier, surtout quand on a affaire au surnom très répandu de *Kara-morhò* (le Lettré), qui est d'ailleurs parfois employé comme prénom : *Kara-morhò Ali Watara* (Ali Ouatara le Lettré).

Les prénoms, en majorité empruntés à la Bible, au Coran et à l'histoire musulmane, sont donnés aux enfants de la façon suivante : le premier-né reçoit le prénom du père de sa mère, si c'est un garçon, ou de la mère de sa mère, si c'est une fille; l'enfant qui vient après reçoit le prénom du père de son père, si c'est un garçon, ou de la mère de son père, si c'est une fille ; les enfants qui viennent ensuite reçoivent en général les prénoms de leurs oncles ou de leurs tantes.

Les surnoms sont donnés en général pour distinguer deux individus portant le même prénom et le même nom de famille, cas qui se produit fréquemment.

Le nom de famille se transmet du père aux enfants.

Voici les prénoms qu'on rencontre le plus fréquemment chez les Dyoula :

Amadu (Ahmed), *Mohamadu* ou *Mamadu* (Mohammed), *Ali* ou *Aliu* (Ali), *Burama* ou *Ibrahima* (Ibrahim, Abraham), *Bakari* ou *Abu-Bakari* (Abou-Bekr), *Isiaka* ou *Siaka* (Ishaq, Isaac), *Omara* ou *Omaru* (Omar), *Nyãguba* (Yakoub, Jacob), *Sitafa* (Moustafa), *Musa* (Moïse), *Insa* ou *Enza* ou *Isa* (Issa, Jésus), *Dauda* (David), *Yuzifu* (Joseph), *Abudu* (Abdou), *Abdulahi* (Abdoullah), *Ayuba* (Ayyoub, Job), *Laminou* (El-Amîn), *Mamudu* ou *Mamuru* (Mahmoûd), *Amara* ou *Amoro* (Ahmar), *Muktaro* (Mokhtar), *Bilali* (Bilâl), *Osmana* (Osmân), *Lamudu* (Hamoud), *Saydu* (Saïd), *Suleymani* (Souleïmân, Salomon), *Karfa* (Khalifa) ; — *Baba*, *Dala*, *Ãtyumana*, *Daramani*, *Samba* ou *Sãba*, *Demba*, *Mori* ou *Modi* (musulman), *Mori-ba* (grand musulman).

Les prénoms de femmes les plus fréquents sont : *Fatumata* (Fatma), *Mariama* (Meriem, Marie), *Aisata* (Aïcha), *Hawa* (Haoua, Ève), *Afusiata*, *Adigyata* ; — *Sutara* (moitié de la nuit), *Nakyañi* (bonne mère), *Karigya* (croissant de lune), *Korotumbu* (l'insecte), *Tata*, *Dusu*, *Masorona*, *Mafarima*, *Gyandiba*, *Madyuga*, *Makoro*, *Borügyõ*, *Makanda*, *Mãzagbè*.

Les surnoms varient à l'infini, selon les circonstances. Cependant on peut citer les suivants, qui reviennent très souvent : *Karamorhò* (le Lettré), *Fi-ma* (le Noir), *Gbè-ma* (le Clair), *Ule* (le Rouge).

Les noms de famille chez les Dyoula sont les suivants : *Watara*, *Kurubari*, *Gyara*, *Kunate*, *Dau*, *Darame*, *Fofana*, *Ture*, *Garamvotè*, *Sirife*, *Kãgotè*, *Doso*, *Sise*, *Dayorokè*, *Gyamisiñgari*, *Sarhandorho*, *Siya*.

Le nom de famille se dit *gyamũ* ou *gyamõ*. Lorsqu'on veut connaître le nom de famille de quelqu'un dont on ne sait que le prénom, un nommé Amadou, par exemple, on demande :

Amadu bèni ? Amadou qui?
ou bien *a gyamũ bè di?* quel est son nom de famille?

L'on répondra simplement par le nom de famille :

Kurubari, ou *Watara*, etc.

Remarque. — Les *Soroñgi* (métis de Dyoula et de Sénoufo) ont adopté les noms de famille de leurs ancêtres de sang dyoula. La plupart des notables Sénoufo eux-mêmes ont adopté les noms de famille des chefs dyoula qui habitent à côté d'eux. De ce qu'un individu porte un nom de famille dyoula, il n'en faut donc pas conclure nécessairement qu'il est de tribu dyoula, ou, plus généralement, de race mandé.

VOCABULAIRE DES VERBES

ABRÉVIATIONS

(r.) indique la place que doit occuper en dyoula le régime d'un verbe.
(s. r.) indique la place que doit occuper le sujet français, devenu régime en dyoula.
(s.) indique la place que doit occuper le sujet.
(r. s.) indique la place que doit occuper le régime français, devenu sujet en dyoula.
(p.) indique la place que doit occuper le possessif s'accordant en personne avec le sujet de la phrase dyoula.
(s. p.) indique la place que doit occuper le possessif correspondant au sujet de la phrase française.
(r. p.) indique la place que doit occuper le possessif correspondant au régime de la phrase française.
(v. tr.) signifie « verbe transitif ».
(v. n.) signifie « verbe neutre ».
(v. pas.) signifie « verbe passif » ou « verbe de forme passive ».
(no. pe.) signifie « nom de la personne ».
(no. ch.) signifie « nom de la chose ».

(r. d.) signifie « régime direct ».
(r. i.) signifie « régime indirect ».
(pr.) signifie « prétérit ».
(pas.) signifie « voix passive ».
(no. v.) signifie « nom verbal ».

Nota. — Lorsqu'aucune indication n'est donnée concernant la place que doivent occuper le sujet et les régimes, il faudra toujours placer : le sujet en 1er lieu ; les particules de conjugaison (s'il y a lieu), sauf *ra* ou *na*, en 2e lieu ; le régime direct, en 3e lieu ; le verbe en 4e lieu ; la particule *ra* ou *na* (s'il y a lieu), en 5e lieu, et le régime indirect ou le complément circonstanciel en 6e lieu.

A

abandonner (voir « laisser »).

abattre, *be*; *sigi dugu ma* : ils ont abattu un arbre, *ar ka yiri sigi dugu ma.*

abîmer, *tyã*; (pas. *tya-na*) : n'abîme pas mon vêtement, *e kana n-da delege tyã.*

ablutions (faire ses —), *syeri-gye mna.*

abonder, *sya, syã, sya-na*; (no.v. *sya mã, sya-ma*).

abriter (s' — de la pluie), *tarha dua gya-le na.*

— (s' — du soleil), *tarha suma ra.*

accepter, *mna* (comme « prendre »).

accompagner, *bila-sira* : viens m'accompagner, *tarha m bila-sira.*

accoucher (v. n.), *de-uro* : cette femme a accouché, *muso mi a ka de-uro.*

— de (v. tr.), *uro* : elle a accouché d'un garçon, *a ka dẽ ñgyè uro.*

accoupler (s' —, en parlant du mâle), *muso yini.*

— (s' —, en parlant de la femelle), *kyè yini.*

accroupir (s' —), *so nzoru ra.*

acheter, *sã*, (no. ch.) *sã* (no. pe.) *fè* : j'ai acheté du papier au Blanc, *ñ ga kardasi sã Nanzara-kyè fè.*

achever (voir « finir »).

acquérir, *soro.*

adhérer (être adhérent à), *ndoro-na* (v. pas.), *ndoro-na* (r. i.). *ñyõrhõ na* : la peau adhère aux os, *gbulo a ndoro-na koro ñyõrhõ na*; elle n'adhère pas, *a ma ndoro.*

adroit (être — au tir), (s. p.) *buru è te-le* : Amadou est adroit, *Amadu a buru è te-le.*

adroit (être — de ses mains), *kye-u*

affirmer, *tyĩ-fò, tyĩ-fo.*

affranchir (un esclave), *kã wóro-ña*; (pass. *kã-ra wóro-ña*) : je t'ai affranchi, *ñ g'i kã wóro-ña.*

agacer, *tarabo* : ne m'agace pas, *e kana n darabo.*

agenouiller (s' —), *kumbri-gbã.*

agiter (voir « remuer »).

— (s' —) (tourner par « ne pas rester », *ti sigi, ma sigi*).

agrandir, (r.) *kè* (r.s.) *bõ* : il a agrandi le village, *a ka so kè a bõ na.*

— (s' —), *bõ-na, bo-na* (v. pass.).

aider, *dyema* : viens m'aider, *na n dyema.*

aigre (être —), *kunã.*

aigrir (en parlant des liquides), *kunã.*

aigrir (en parlant des fruits), *turra* (pass. de *tura*).

aiguiser, *dabõ*.

aimer, (r. s.) *di* (s. r.) *ye* : j'aime cette femme, *muso mi a di ñi* (littér. : cette femme me plaît) ; je ne l'aime pas, *a ma di ñi*; l'aimes-tu? *a di ye?* il l'aime, *a di a ye*.

— (ne pas —, en parlant d'un aliment, d'une boisson), *tanã* : je n'aime pas l'alcool, *ñi gbè tanã*.

air (aller prendre l' —), *bò kene-ma*, *bo kene-ma*.

— (mettre à l' —), *sigi tere-la*.

ajouter, *kondo*; (no. pe.) *so* (no. ch.) *ñya-la-kã* : ajoute-m'en deux, *fila kondo na* ou *n zo fila ñya-la-kã*.

ajuster, *ñyã* (pas. *ñya-na*).

allaiter, *so si-na* : elle allaite son enfant, *a bè a dẽ so ra si-na* (elle donne le sein à son enfant).

aller, *tarha*.

— (s'en —), (comme « aller »).

— à la selle, *tarha sira kã* (expression polie), *tarha bò-kè* (expression vulgaire).

— au devant de, *tarha* (r.) *bè sira ra* : je vais au devant de mon ami, *n darha n dyèri-kyè bè sira-ra*.

— au fond, *tunna* (pass. de *tuna*) : il va au fond de l'eau, *a tunna gye ra*.

— bien (se bien porter), *kende*, *kèndè*; *bè kende*; *kende-ra* (v. pas.) : je vais bien, *ñi ka kende* ou *m vari bè kende* (mon corps va bien).

— bien (être bien ajusté, bien arrangé), *ñya-na* (pass. de *ñyã*); *ane* (r. i.) *ñya-na* : ce vêtement me va bien, *delege mi ane ni ñya-na*; ça ne va pas bien, *a ma ñyã*.

aller chercher (une chose), *ñyini* (v. tr.); (r.) *ta* (s.) *ane* (r.) *na* : va chercher une chaise, *tarha ka wurha-nde ñyini* ou *wurha-nde ta i an'a na e* (prends une chaise, tu avec elle viendras).

— chercher (une personne), *tarha* (r. d.) *kiri* (r. i.) *ye* : va me chercher Mamadou, *tarha Mamadu kiri ñi*.

aller jusqu'à (voir « atteindre »).

allumer (du feu), (*ta*) *kundo*.

— (une lumière), (*fitina*) *bla*; (*fitina*) *daturhu*.

amarrer (voir « attacher »).

amener, (r.) *ta* (s.) *ane* (r.) *na* (littér. : prendre quelqu'un avec lui venir).

amer (être —), *kòrha*.

amuser (s' —, jouer), *yere-kè*.

— (s' —, plaisanter), *sogbasi*.

— (s' — de quelqu'un), *yere* — *kè* (r.) *ma* : ils s'amusent de moi, *ar yere-kè ñi ma*.

apparaître (voir « se lever », « venir »).

appartenir, (r.) *ta lo* : ce couteau m'appartient, *muru mi n da lo*; ce couteau appartient à Amadou, *muru mi Amadu ta lo*.

appeler, *kiri* : appelle le chef, *kũ-tigi kiri*; comment t'appelles-tu? *ar e kiri di?* (littér. : comment t'appellent-ils?); je m'appelle Ali, *ar ñi kiri Ali* (ils m'appellent Ali); comment appelle-t-on cela? *ar fè mi kiri di ?* — On dit aussi : *e torho di?* quel est ton nom? *a torho di?* quel est son nom? etc.

appeler à la prière, *wata*.

apporter, (r. d.) *ta* (r. d.) *di* (r. i.) *ma* : apporte-moi de l'eau, *gye ta a di m ma*; je t'ai apporté de l'eau, *ñ ga gye ta ka a di i ma*; j'apporte de l'eau à cet homme, *ñi gye ta ka a di morhò mi ma* (je prends de l'eau pour la donner à cet homme).

apprendre (entendre dire), *me* (v. tr.) : j'ai appris que..., *ñ ga a me ko*...

— (étudier), *leyini ka a lõ* : j'apprends la langue dyoula, *ñi Gyüla kã leyini ka a lõ*.

— (enseigner), (r. d.) *yila* (r. i.) *ra* : c'est Amadou qui m'a appris le dyoula, *Amadu le ka Gyüla kã yila na*; je désire que tu m'apprennes le français, *ñi a ñyini ya Nanzara ko-mà i yila na*; je te l'apprendrai, *ñi a yil'e ra*.

approcher (v. tr.), (r.) *ta* (s.) *ane* (r.) *na yã* : approche la chaise, *wu-rha-nde ta i an'a na yã* (prends la chaise tu avec elle viendras ici).

— (v. n.), *na, na ya, na yã*; *ku* : approche-toi, *na ya*; approche-toi de moi, *na ñ gwo* (viens vers moi), *ku ñi ra*.

appuyer, (r. d.) *sigi* (r. i.) *bere-kã*. appuie le fusil contre le mur, *marfa sigi danda bere-kã*.

appuyer (s' —), *sigi* (r.) *bere-ra* : il s'appuie contre un arbre, *a sigi yiri bere-ra*.

arracher, *bõ* (pass. *bõ-ra* ou *bõ-na*).

— les mauvaises herbes, *bi mbõbõ*.

arranger (ajuster, voyez ce mot).

— (réparer), *lalarha ñi* : prends ce couteau et va l'arranger, *muru mi ta, tarha i a lalarha ñi*.

arrêter (voir « attraper »); quelquefois *lo* (v. tr.).

arrêter (s' —), *lo* (v. n.) : arrête-toi, *i lo, e lo*; je me suis arrêté, *n lo ra*; il ne s'arrêtera pas, *a ti lo*; il ne s'est pas arrêté, *a ma lo*.

arriver, *na* (prét. *na nà* ou *na ra*).

arriver à, *dõ, dõ* (r. i.) *ra* (prét. *dõ-na* ou *do-na*) : je suis arrivé ici hier, *n dõ na ya-ni kunu*; à midi j'arriverai à Sokola, *tere-ra ñi dõ Sokola* ou *tere-ra ñi dõ Sokola ra*.

arroser, *gye bõ* (r.) *ra* : il a arrosé son jardin, *a ka gye bõ a-ta sene ra*.

asseoir (s' —), *sigi* (v. n.).

assembler (s' —), *kumbè-na* (pass. de *kumbè*) : ils s'assemblent ici, *ar kumbè-na ya*.

attacher, *siri* (pass. *sirrà* ou *siri-ra*).

atteindre, *dõ* (r.) *ra* : ils atteignirent la forêt le matin, *ar ka dõ tu ra sorho-ma*.

— (pouvoir —), *se* (v. n.) : mon bras ne peut y atteindre, *m buru ma se yi*.

— (avec une balle), *bõ* (v. tr.) : j'ai atteint un homme, *ñ ga morhò kele bõ*.

attendre (v. tr.), *konõ, kono* : attends-moi, *ñ gonõ*; qui attends-tu? *ye gyõni konõ?*

— (v. n.), *konõ* : attends, je viens, *konõ, ñi na*.

attention (faire —, sans régime), *ferè-ri-kè* : il ne fait pas bien attention, *a ti ferè-ri-kè kya ñi*.

— (faire — à), (r.) *ferè kya ñi*, (r.) *ferè ñi* : fais-y attention, *a ferè kya ñi, a ferè ñi* (littér. regarde-le bien).

attiser, *fundo* : attise le feu, *ta fundo*.

attraper, *mina, mna*.

— (dans ses mains un objet lancé), *bè* : il l'a lancé, je l'ai attrapé, *a ka a fri, ñ ga a bè*.

avaler, (r.) *byè mi* (littér. : boire tout).

avancer (v. tr.), (voir « approcher »).

— (v. n.), *bla-ñyã* (prét. *bla ra ñyã* ou *bla-ñya na*).

aveugle (être —), *fye-na* (v. pas.).

aveugler, *fye* (v. tr.).

avoir (posséder), (r. s.) (s. p.) *ta fè* : j'ai beaucoud d'or, *sãni n da fè sya-mã*; le chef a dix femmes, *muso tã kũ-tigi ta fè*.

— (momentanément), (r. s.) *bè* (s. p.) *fè* : j'ai un cheval, *só bè m vè*; j'ai un fusil qui n'est pas à moi, *marfa kele bè m vè, ni-ta tè*.

— (un certain âge), *korra* (r.) *mbo* : j'ai dix ans, *ñi korra sã tã mbo*; (*korra* est le pass. de *koro*).

— besoin de, *ñyini, yini* (v. tr.).

— chaud, *ta-ra è* (s. r.) *farha* : j'ai trop chaud, *ta-ra è m varha dyugu-kè*.

— envie de (comme « avoir besoin de »).

— des fourmillements dans les jambes, *su do-na* (s. p.) *sẽ na* : j'ai des fourmillements dans les jambes, *su do-na n zẽ na* (la mort est arrivée dans mes jambes).

— envie d'aller à la selle, *bó è* (s. p.) *farha*.

— envie de dormir, *sündorho bè* (s. r.) *ra*.

— envie de fumer ou de priser, *sara ko è* (s. r.) *farha*.

avoir envie d'uriner, *ñyarha-ni* (s. r.) *farha*.

— envie de rire, *yire-li* (s. r.) *farha*.

— faim, *kõgo bè* (s. r.) *ra, kõgo è* (s. r.) *farha*.

— froid, *nènè* (s. r.) *farha*.

— le hoquet, *segesege* (s. r.) *farha*.

— le temps, *sara*; (p.) *sye nzoro*; (p.) *kũ nzoro* : je n'ai pas le temps, *n ti sara*; je viendrai demain si j'ai le temps, *sini, ñ ga n zye nzoro, ñi na*; il n'a pas le temps de venir demain, *sini a ti a kũ nzoro ka na ya*.

— mal à, (r. p.) (r. s.) (s. r.) *dimi* : j'ai mal à la tête, *ñ gũ è n dimi* (ma tête elle me fait mal); il a mal au ventre, *a konõ a dimi*.

— peur, *sira, sirã*.

— peur de, *sira* (r.) *ñyã*.

— pitié de, (r. s.) (s. r.) *dimi* : j'ai pitié de cet homme qu'on frappe, *ar morhò mi bugo, è n dimi kpa* (ils frappent cet homme, ça me fait mal bien).

— raison, *tyĩ-fò, tyĩ-fo*.

— ses règles, *bò-ra yiri-si ra*.

— soif, *gye* (s. r.) *farha*.

— sommeil (voir « avoir envie de dormir »).

— tort, *fana* (no. v. *faniyã*).

— une crampe, (s. p.) *sèu a farha-ra* : j'ai une crampe, *n zèu a farha-ra* (ma jambe est morte).

— un point de côté, (s. p.) *nderhè-koro* (s. r.) *dimi* : il a un point de côté, *a nderhè-koro a dimi* (sa rate lui fait mal).

— (y —), *bè ya* (être ici), *b'a ra* (être dans lui), *bè ta* (être là).

avoir (n'y — pas), *tè ya, t'a ra, tè yi.*

avorter, *dẽ uro a farha-ra* (accoucher d'un enfant qui est mort).

B

baigner (se —), *kwó-ra* (pass. de *kwó* « laver ») : aller se baigner, *tarha kwó-ra.*

bâiller, *wawa-ra* (v. pass.).

baiser, *sõzõ.*

baisser (v. n., en parlant du jour), *farha-ra* : le jour baisse, *du bè farha-ra* (le jour meurt); on dit aussi : *su kura* (la nuit est nouvelle, la nuit approche).

— (v. n., en parlant des eaux), *gyara* (pass. de *gya* « faire sécher ») : la rivière a baissé, *kwò a gya-ra.*

— (se —), *süri-la* (pass. de *süri*).

balayer, *fila.*

bander, *yire* : bander un arc, *kalã yire.*

bas (être en —), *bè dugu ma.*

bâtir, *lo* : je bâtis une maison, *ñi bõ nlo*; ils bâtissent un village, *ar so lo.*

— (une palissade), (*gyasa*) *gbã.*

battre, *bugo.*

— des mains, *buru fò.*

— (se —), *bundu* ; *bundu-ri-kè.*

— (se —, en guerre), *kerè-kè.*

bavarder, *fò-ri-kè dyugu-kè* (parler beaucoup).

beau (faire le —), *mele-a-kè* : il faisait le beau, il était coquet, *a ka mele-a-kè.*

bêcher (v. n.), *siã-ni-kè.*

— (v. tr.), *siã.*

belle (faire la —, la coquette), *suñguru-a-kè.*

bénéfice (faire un —), *tonõ soro* : il a fait cinq francs de bénéfice, *a ka wari-ba kele ndonõ soro.*

besoin (avoir —, voyez « avoir besoin »).

bien (être —, être convenable), *di.*

— (faire du — à), *di* (r.) *ye* : ça me fait du bien, *a di ñi.*

blâmer, *sõñgo* (r.) *ra.*

blanchir (v. tr.), *gbè.*

— (v. n.), *gbè-ra* (v. pas.).

blesser (d'une balle), *tye* : il m'a blessé, *a ka n dye.*

— (d'une flèche, d'une pierre, d'un coup de bâton ou de couteau), *bõ*; *dami* : il m'a blessé, *a ka m bõ* ou *a ka n dami.*

— (au moral), *kõ* : tes paroles m'ont blessé, *e ko-ma a ka ni kõ.*

blessé (être —), *dami-na* (v. pass.).

boire (avec un régime), *mi.*

— (sans régime), *mi-ri-kè.*

boiter, (s. p.) *torho karni bè* : tu boites, *e torho karni bè.*

bon (être —), *kya ñi.*

— (n'être pas —), *ma ñi.*

— (être — à manger), *di*; *kya ñi.*

— (être — marché), (s. p.) *sõgo a di* (son prix est bon).

bonne aventure (dire la —), *tiri-kè.*

— (dire la — au moyen du sable), *keñge-la.*

boucher, *tugu, da-tugu* (pass. *tugu-ra*).

bouillir, *frufru.*

bourgeonner, *bè fila-buru bò-ra.*

bourrer (un fusil), *gbalãu susu* : il a bourré son fusil, *a ka marfa ta ka gbalãu susu.*

briller, *manamana* (v. n.) ; *mna-na* (v. pass.).

briser, *kari* (pass. *karra* ou *kari-ra*); *ti* (pass. *ti-ra*) : ma cruche est cassée, *n darha a ti-ra.*

brûler (v. tr.), *kyene*, *ñgyene* : ils brûlent les herbes, *ar bè bi̱-u ñgyene na.*

— (v. n.), être brûlé *kyene-na*, *ñgyene-na.*

butter la terre (autour d'un pied d'igname), *tughũ uri.*

C

cacher, *dugõ*, *dugũ.*

— (se —), *dugõ-na*, *dugo-na*, *dugũ-na.*

calmer (se —, en parlant d'un homme), (s. p.) *gyüsu gbãu to* (son cœur cesse d'être chaud).

— (se —, en parlant du vent), *bò-tote*, *bo-tote.*

calomnier, (r. p.) *torho tyã* : ils m'ont calomnié, *ar ka n dorho tyã* (ils ont abîmé mon nom).

caresser, *gbulu* (r.) *ula na* : il caresse le chien, *a gbulu wuru ula na.*

casser (comme « briser »).

— du bois (pour faire le feu), *lòrhò tigètigè.*

ceindre (se —, mettre une ceinture), *ti-ra siri.*

cesser (v. tr.), *tote* : cesse ton travail, *kye tote.*

— (v. n.) (comme « finir » (v. n.).

chanceler, (s. p.) *kumbri gba-na* : il n'a pas chancelé, *a kumbri a ma gbã.*

changer (v. tr.), *fari.*

— (v. n.), *yele-ma.*

— (se — en), *yele-ma* (r.) *ye.*

chanter, *dõ-ñgiri la.*

charger (sur sa tête), *ta* : chargez vos ballots, *ar doni ta.*

— (un fusil), (*marfa*) *soso.*

chasser (renvoyer), *gbè.*

— (aller à la chasse), *tarha sorho farha.*

— (en brûlant les herbes), *gbã-gbi̱ ñgyene.*

chatouiller, *mañyarha*, *mañirha.*

châtrer, (r.) *gbõ bò* : on a châtré les moutons, *ar ka sarha-ru gbõ bò.*

chaud (être —), *gba-na* (pass. de *gbã*); *gba-ni bè*, *gbã-ni bè.*

chauffer (v. n.), *gba-na* (pass. de *gbã*).

— (faire —), *gbã.*

— (se — au feu), *ta gya.*

chauve (être —), (s. p.) *kũ mbosi-ra.*

chavirer, *bri* : la pirogue a chaviré, *kuru a bri ra.*

chemin (faire un —), *sira syã.*

cher (être —), (s. p.) *sõgo a bõ* (son prix est grand) ; (s. p.) *sõgo a gbrè* (son prix est dur).

chercher, *ferè.*

— (aller —), *ñyini*, *yini* (voir « aller »).

— dispute, *kerè ñyini.*

cheval (aller à —), *yire só kã* (prét. *yirra só kã*).

chiquenaude (donner une —), *ñyõdi* (v. tr.).

choisir, *umina* : je choisis des perles, *ñ ga konõ soro*, *ñi a umina.*

chuchoter, *munumunu*, *mnumnu.*

circoncire, (r.) *foro tigè*; (r.) *kène-*

kène do : on a circoncis mon fils, *ar ka n dẽ mvoro tigè* ou *ar ka n dẽ ñgènekène do.*

clair de lune (il fait —), *kari manana* ou *kari mna-na.*

claquer, *bãba* (v. n.); *bãba-ra* (v. pas.).

— (faire —), *bãba* (v. tr.).

cligner de l'œil, (s. p.) *ñyã kamikami.*

coller (v. tr.), *ndoro.*

— (v. n.), *ndoro-na* (v. pass.) : ces deux choses collent ensemble ou sont collées, *fè mi fila a ndoro-na*; le papier est collé au mur, *kardasi a ndoro-na danda ñyõrhõ na.*

commander (gouverner), *sigi* (v. tr.).

— à (être le supérieur de quelqu'un), *se-ra* (r.) *ra*; *bõ* (r.) *ye* : tu me commandes, *ye se na* (pour *ye sera n na*); je te commande, *n ze-r'e ra*; je lui commande, *n ze-r'a ra*; il leur commande, *a se-r'are ra* ou *a bõ ara ye.*

commencer, *gyu-tigè.*

commercer, *safari-kè.*

comprendre, *me* (v. tr.).

compter, *kasami.*

conduire (guider), (r. p.) *sira yila* : conduis-moi, *n zira yila* (montre mon chemin).

conduire (un cheval), (*sò*) *da.*

— (en parlant d'un chemin), *tarha* : ce chemin conduit au village, *sira mi a tarha so ra.*

congé (donner — à), *sira di* (r.) *ma* : donne-moi congé, *sira di ma*; je te donne congé, *ñ ga sira di* ou *ñ ga sira di i ma.*

— (prendre — de), *sara* (r.) *ra* : je vais prendre congé de cet homme, *ñi tarha sara kyè mi ra.*

connaître, *lõ.*

conquérir, *mina* (comme « attraper »).

conserver, *sigi.*

construire (voir « bâtir »).

content (être —), (s. p.) *gyüsu sumana* : il est content, *a gyüsu sumana* (son cœur est froid).

conter (une histoire), (*tale*) *la.*

continuer, *ya-kè.*

convenable (être —, voir « bien (être) »).

coucher (se —), *la.*

— (se —, en parlant d'un astre), *be dua.*

— avec une femme, *sira muso fè*; *muso furu*; *muso yini.*

coudre (avec un régime), *kara.*

— (sans régime), *kara-ni-kè.*

couler, *bo-na* (v. pas.); *senze.*

— (à droite ou à gauche, en parlant d'une rivière), *tarha.*

couper, *tigè.*

— du bois à brûler, *lòrhò tigètigè.*

— les routes (arrêter les voyageurs), *gyuru-la-mina-ni-kè.*

courber, *kutru, kuturu.*

— (se —), *kutru-ra, kuturra* (pass. du précédent).

courir, *bori* (prét. *borra* ou *bori ra*).

court (être —), *suru.*

couver, *bri kili kã* : la poule est en train de couver, *sise a bè bri ra kili kã.*

couvrir, *tugu* (pass. *tugu-ra*).

— une maison, *bõ siri, bõ nziri.*

— (se — de feuilles, comme « bourgeonner »).

cracher, *da-gye syeri.*

crachoter, *da-gye tutu.*
craindre, *sira* (r.), *ñyã*; *sırã* (v. tr.).
craquer, *fata-ra* (v. pas.).
— (faire —), *fata.*
creuser, *suri* (prét. *surra* ou *suri-ra*).
creux (être —), *dũ.*
crever (v. tr.), *sorho.*
— (v. n.), *sorho-ra* (v. pas.).
crier, *kombo, kõmbo*; *kumbò*; *kumbu bò.*
— (pleurer), *kasi.*
croire, *gyate* (v. tr.) : je crois que c'est de l'or, *ñi a gyate sãni lo*; je crois qu'il viendra demain, *ñi a gyate è na sini.*
croitre, *bò-ñya-ra* (v. pas.); *bõ-ya* (v. n.).
— (faire —), *bò-ñya.*
cueillir (en parlant d'un fruit), *tigè.*
— (en parlant de mil, de maïs), *kari.*
—en parlant de champignons), *bõ.*
cuire (v. tr., faire —), *mõ.*
— (v. n., être cuit), *mo-na, mõ-na* (v. pas.).
cultiver (avec un régime), *sene.*
— (sans régime), *sene-kè.*

D

damer (le sol d'une case), (*bõ*) *gbasi.*
danser, *dõ-ñgè.*
déboucher, *yire.*
débourrer le coton, *korho bò.*
— un fusil, *gbalã bò.*
debout (être —, rester —), *lo.*
débrousser (sans régime), *tu tigè.*
décapiter, (r.) *kũ tigè* : il a été décapité, *ar ka a kũ tigè* (on a coupé sa tête).
décharger (un fardeau), (*doni*) *dyigi.*
— (un fusil) (*marfa*) *tye*, (*marfa*) *tyi.*
déchirer, *farã* (pas. *fara-na* ou *farã-na*) : mon pagne est déchiré, *n-da fani a farã-na.*
décider, *kara* (prét. *karra*) : j'ai décidé que..., *ñ garra...*
découvrir (déboucher), *yire.*
— (apercevoir), *ye.*
défendre (interdire), *kara* (prét, *karra*), suivi de la négation : je vous défends de tirer, *ñ garra ar ti marfa tyi.*
— (protéger), *dyema.*
défense (prendre la — de quelqu'un. dans un palabre), (r.) *ta ko-ma kè*; il a pris la défense des Ouatara, *a ka Watara ta ko-ma kè.*
défricher une plantation, *sene bõbõ.*
dégainer (v. n.), *kãmburu bò.*
délier, *fori* (pass. *fori-la* ou *forra*).
délivrer, *fori*; *kisi.*
demander (interroger), *ñyini-ñga* (v. tr.) : demande-lui où est son père, *a ñyini-ñga a fa a bè mi.*
— (solliciter), *dari* (s'il n'y a qu'un régime en français, ce régime est direct en dyoula; s'il y a deux régimes, le nom de la chose devient régime indirect avec *ra* et le nom de la personne devient régime direct; ou bien le nom de la chose reste régime direct et le nom de la personne rég. ind. avec *fè*) : il demande de l'eau, *a gye dari*; il te demande de l'eau, *a i dari gye ra* ou *a gye dari ye fè.*
— congé, *sira dari*; (no. pe.) *dari sira ra*; *sira dari* (no. pe.) *fè.*

demander la permission de, (no. pe.) *ñyiniñga sira ra ko* : je te demande la permission de rester ici, *ñi e ñyini-ñga sira ra ko n zigi-ra yã*.

demander pardon, *sorõ* (v. n.); (prét. *soro-na*).

démanger, *mañirha* (v. tr.) : ça me démange, *a ñ mañirha*.

demeurer, *sigi-ra* (v. pas.), *sigi* (v. n.) : il demeure au village, *a sigi-ra dugu ra*.

démolir, *gbe*, *be*.

dépasser (un endroit), *tembè* (v. tr.).

— (au figuré), *tembè* (r.) *ra* (v. n.) : il dépasse tout le monde en science militaire, *a se ka kerè-kè*, *a tembè morhò byè ra* (il sait faire la guerre, il passe sur tout le monde).

dépêcher (se —, voir « se hâter »).

déplaire, *ma di* (r.) *ye* (ne pas plaire).

déplier (comme « délier »).

déposer (un fardeau), *dyigi*; *bò*, *bo*.

— (un objet quelconque), *sigi*; *bò*, *bo*.

dépouiller (enlever la peau) (r. p.), *gbulo bò*.

— (piller, voler), (r. p.) *fè soñya* : ils l'ont dépouillé, *ar ka a fè soñya* (ils ont volé ses affaires).

déraciner (comme « arracher »).

dérober (voir « voler »).

descendre, *dyigi-ra* (pass. de *dyigi* « déposer »).

déshabiller (se —), (s. p.) *delege bò* (ôter ses vêtements).

désirer, *ñyini*.

— voir (languir après quelqu'un), *ñyiri bla-ra* (r.) *ra*.

dessus (être au — de, au figuré), *se-ra* (r.) *ra*.

détacher (délier, voir ce mot).

détacher (nettoyer), *fila-mvila*.

déterrer (comme « arracher »).

détruire, *tyã* (abîmer); *farha* (tuer).

deuil (être en —), *bè furu-ya na*; *furu-ya*.

devenir, *ya* (se place après son attribut) : devenir grand, *bõ ya*.

devoir (avoir une dette), (r. d.) *mi-na* (r. i.) *fè* : il me doit cinquante francs, *a ka wari-ba tã mina m vè* (il m'a pris 50 francs).

— (être dans l'obligation de), *yã-ñyini* : nous devons jeûner pendant le ramadan, *añi yã-ñyini ka sündo suñgari ra*.

différer (être différent), *bè dana*; *gberè-ra* (v. pass.).

difficile (être —), *gbrè*, *gbelè*.

diminuer, *tu-ra fitini*; *fitini ya*.

— (un prix), *tig'a ra* (pour *tigè a ra*, couper dans lui, en retrancher) : diminue de 5 fr., fais-moi une diminution de 5 fr., *wari-ba kele tig'a ra* (littér. : coupes-en 5 fr.).

dire (sans complément), *ko* (v. n.) : qu'est-ce que tu dis? *e ko di?* je dis que..., *ñ go o*; il dit que..., *a ko o*; dis donc, Amadou? *Amadu, ñ go o?*

— (avec un complément), *fò*, *fo* (v. tr.) : dire une histoire, *ko-ma fò*; j'ai dit à cet homme qu'il vienne, *ñ gã fò kyè mi ye ko a na*; dis-lui, *a fò a ye*; il m'a dit, *a ka a fò ñi* (on exprime toujours le régime direct, même quand il ne figure pas en français; on met *ye*, après le nom de la personne).

dire bonjour à, *fwo kye-na* (saluer le matin) : va lui dire bonjour, *tarha ka a fwo kye-na*.

discuter, *soso-ri-kè*.
disperser, *gyañgyã*.
— (se —), *gyañgya-na* (pass. du précédent).
disputer (se —), *ñyorhõ-ñyini*.
distribuer, *tarã* (r. i.) *kye* : je leur ai distribué des ignames, *ñ ga ku tarã are kye*.
divorcer (répudier sa femme), *muso bõ*.
— (quitter son mari), *kyè bõ*.
docile (être —), *gbã* (v. n.).
donner (en cadeau), (no. pe.) *sõ* (no. ch.) *ra*, (no. pe.) *so* (no. ch.) *ra* : je t'ai donné de l'or, *ñ g'i so sãni ra* ; il m'a donné des perles, *a ka n zõ konõ na*.
— (momentanément), *di* (r. i.) *ma*, *ndi* (r. i.) *ma* : donne-moi de l'eau, *gye di m ma* (ou *gye di ma*) ; je l'ai donné à Sitafa, *ñ ga a di Sitafa ma*.
dormir, *sündorho*.
dresser (se —), *uri* (v. n.), *urra* (v. pass.).
— (se —, en parlant de quelque chose qui avait été courbé), *fori* (v. n.), *forra* (v. pas.).
dresser (se —, être debout), *lo*.
droit (être —), *tele* (v. n.); *tele-na* (v. pass.).
dur (être —), *gbrè*, *gbelè*.

E

ébloui (être —), (s. p.) *ñya-na fi-na* : il vient du soleil, il est ébloui, *a bò-ra tere ra*, *a ñya na fi-na* (ses yeux sont noirs).
écarter, *gyeñgè*.
échanger, *fari*.
— (pour), *fari* (r. i.) *ra* : échanger du sel pour de l'argent, *korho fari wari ra*.
éclairer (v. tr.), *mana-ñgè* (r.) *ra* : éclaire-moi, *mana-ñgè na*.
éclairer (v. n.) (faire de la lumière), *manamana*.
— (faire des éclairs), *lolo tigè-ra* (l'éclair est coupé).
éclater, *fata-ra* (v. pas.).
— (faire —), *fata* (v. tr.).
écorcher (dépouiller, voir ce mot).
— (faire une écorchure), *syã*.
écosser, *woro*.
écouter, *me* : écoute bien mes paroles, *n-da ko-ma me kya ñi*.
écoutes (être aux —), (s. p.) *toro ma la*.
écraser (piler), *susu*.
— (avec le pied, comme une chenille), *gyosi*.
— (fracasser, comme dans le cas d'un arbre écrasant un homme dans sa chute), *kari*.
— (dans ses mains, des feuilles), *torogo*.
— (dans ses mains, un fruit), *bisi*.
écraser (dans ses mains, de la terre, concasser), *kura*.
écrire (avec régime), *sewè* : qui a écrit ce papier ? *gyoni a ka kardasi mi sewè ?*
— (sans régime), *seuri-kè*.
effrayer, *barhabarha*.
— (être —), *sira-na* (pas. de *sirã*) : le cheval est effrayé, *só sira-na*.
égaré (être —), *firi-ra*, *firra* (pas. de *firi*).
égarer, *firi*.
— (quelqu'un, le tromper sur le

chemin), *sira gyarha yila* (r.) *ra*.
égarer (s' —), *firi-ra sira ra* : je me suis égaré, *m viri-ra sira ra*.
égorger, (r.) *kã na tigè* (couper à la gorge).
élancer (s' —, comme « se lever »).
élargir, (r.) *kè a bõ ya* (faire devenir grand).
— (s' —), *bõ ya*.
élever (s' —), *yire sa na, yiri sa na* (prét. *yirra sa na*).
éloigner (s' —), *tarha*; *tarha dua gyana*.
embarquer, *sigi kuru ra* : embarque les ballots, *doni sigi kuru ra*.
— (s' —), *sigi-ra kuru ra*.
embrasser, *siri*.
embusquer (s' —), *dugo-na* (pas. de *dugõ*), *dugu-na* (pas. de *dugũ*).
emmener, *ta* (s.) *tarha* : emmène, le, *a ta i tarha* (prends-le tu iras).
emparer (s' — de), *mina, mna*.
empêcher, *sõñgo* (r.) *ra* : je l'ai empêché de partir, *ñ ga sõñgo a ra ko a ti tarha* (je l'ai réprimandé (pour) qu'il ne parte pas).
emporter (comme « emmener »).
emprisonner, *do bõ ndyugu la* (mettre dans la mauvaise maison).
emprunter, *dondo* (no. ch.) *ra* (no. pe.) *buru ra* : je t'emprunterai de l'argent, *n dondo wari ra i buru ra*.
enceinte (être —), *bè kono ra* ; *kono-ra* (v. pas.).
endormir (s' —), *bè sündorho ra*.
enfanter (avec régime), *uro*.
— (sans régime), *de-uro*.
enfermer, *do* (r. i.) *ra*.
enfiler, *do* : enfiler des perles, *konò ndo*.
enfler, *funu, furu*; *furu-ra*.
enfoncer, *dõ*.
engagement (prendre un — envers quelqu'un), (r. p.) *buru mina* : je me suis engagé envers toi, *ñ g'i buru mina*.
— (manquer à un —), *ko-ma tigè*.
engendrer (comme « enfanter »).
engourdir, *kumu* (pass. *kumu-na*).
engraisser (v. tr.), *toro*.
— (v. n.), *torra* (pas. de *toro*).
enivrer (s' —), *gbè-suma* (r.) *bo* : il s'est enivré, *a ka gbè suma a bo*.
ennuyer, *marhamarha*.
— (s' —), *marhamarha-ra*.
enrouler, *meni* (pas. *meni-na*).
entendre, *me* (v. tr.).
— dire, *me* (v. tr.).
enterrer, (comme « enfoncer »).
entourer, *mameni* (pas. *mameni-na*).
entraver (mettre des — à), (r. p.) *sẽu siri* (attacher les pieds).
entrer (v. tr.), *dõ* (v. tr.).
entrer (v. n.), *du*; *dõ* (v. n.) ; *do-na* (v. pas.) : il est entré dans la maison, *a ka du bõ na* ou *a do na bõ na*.
envoler (s' —, voir « voler »).
envoyer, *tyi, tye, kyi*.
éplucher, *syã*.
épouser, *furu*; *sigi*.
érection (être en —), *fori*.
— (cesser d'être en —), *suma-na*.
essayer, *kañyã*.
espérer (on tourne par : il est dans mon (ton, son, etc.) ventre que...) : j'espère qu'il viendra demain, *a bè ñ gono no sini a na*.
essuyer, *fila-mvila*.
éteindre, *dufa* (pas. *dufa-ra*).
étendre, *bla, bila* : va étendre le

linge au soleil, *tarha fãni bla tere ra.*
étendre (s' —), *la.*
éternuer, *tiso.*
étincelles (lancer des —, crépiter) *fata-ra.*
étirer (s' —), *yire sa ma* (prét. *yirra sa ma*).
étourdi (être —, au propre), *keri-na* (v. pass.).
— (être —, au figuré), *bè dyugã-ni.*
étourdir (assommer), *keri.*
— (par le bruit), (r. p.), *toro tugu* : vous m'étourdissez, *ar ka n doro tugu* (vous avez bouché mes oreilles).
étudier, *kañyã.*
étrangler, (r. p.) *kãu mna*; *tindi* : ils l'ont étranglé, *ar ka a kãu mna*; il a été étranglé, *a tindi-ra.*
être (verbe attributif), *bè*; *kya*; *lo* (voir dans la grammaire, chapitre VI).
— (se trouver), *bè.*
— (appartenir), *lo* : ce couteau est à moi, *muru mi ni-ta lo.*
— (exister), *bè ñya na.*
— (ne pas —), *tè*; *ma* (voir dans la grammaire, chapitre VI).
évanouir (s' —), (comme « ébloui (être —) »).
éveiller, *kunu.*
— (s' —), *kunu-ra* (pas. de *kunu*).
exciser, (r. p.) *kènekène do.*
exister, *bè ñya na.*
expliquer, *fò ñi* (dire bien).
extraire (en général), *bò.*
— (de l'or), (*sãni*) *domũ.*

F

fâcher (se —), (s. p.) *gyüsu, gba-na* (*gba-na* est le pass. de *gbã*) : le chef se fâcha, *kũ-tigi a gyüsu gba-na* (le chef son cœur chauffa) ; je ne suis pas fâché, *ñ gyüsu a ma gbã.*
faim (avoir —, voyez « avoir faim »).
faire, *kè* : que fais-tu? *ye muni kè?* fais-le bien, *a kè kya ñi.*
— (dans certaines locutions, avec un nom abstrait comme régime), *la* (comme dans *dõ-ñgiri la*, « chanter »).
faire des pagnes, *gyese dã.*
— de la poterie, *darha lò.*
— des houes, *dawa gbasi.*
faire (se —, être fait), *kè-ra* (v. pas.), que fait-on? qu'y a-t-il? *muni kè-ra?*
faire mal à, *dimi* (v. tr.) : tu me fais mal, *ye n dimi*; ma tête me fait mal, *na kũ n dimi* (pour *ñ gũ n dimi*).
faire attention (voir « attention »).
faire faire (tournez par « dire de faire »).
falloir (comme « obligé, (être — de) »).
fatiguer, *sige* (pas. *sige-ra*) : je suis fatigué, *n zige-ra.*
faux (être —), *faniyã lo.*
fêlé (être —, en parlant d'un vase), *ti-ra* (v. pas.).
fendre, *tarã, trã* (pas. *tara-na*).
fermenter, *kunã-ya.*
fermer, *tugu* (pas. *tugu-ra*).
fétiche (jurer sur un —), *gyo domũ.*
— (faire — contre quelqu'un), *gyo bila* (r.) *kã.*

filer (le coton), (*gyese*) *urunde*.
finir (v. tr.), *bã* (pas. *ba-na*).
— (v. n.), *ba-na* (pas. de *bã*).
fleurir, *fyele-na* (v. pas.).
flotter, *fogi-ra* (v. pas.).
fondre (faire —), *yile*.
— (v. n.), *yile-na* (v. pas.).
forcer, *demedeme*.
forger, *gbasi*.
fort (être —), *gbrè*, *gbre*, *gbelè*.
fort (être plus — que), *se-ra* (r.) *ra* ; *bõ* (r.) *ye*.
fouiller, *gyãñgyã*.
fouler (la terre à bâtir), (*bãgo*) *dyõ*, (*bãgo*) *dyondyõ*.
fourbir, *gyosi*.
fourcher (en parlant de la langue), *bara* (prét. *barra*) *ka bo* (p.) *da ra* : ma langue a fourché, *n da barra ka bo n da ra*.
fourmillements (avoir des —, voyez « avoir »).
franchir, *tigè*.
— (en sautant), *kpã* (r.) *kã*.
frapper (une personne), *bugo*.
— (un objet), *gbasi*.
froid (avoir —, voyez « avoir »).
— (faire —), *nènè bò-ra* (le froid est venu).
froidir (v. n.), *suma-na* (pass. de *sumã*).
— (faire —), *sumã*.
frotter, *gyosi*.
fuir, *bori* (prét. *borra*).
— (en parlant de l'eau qui s'échappe d'un vase), *senze*.
fuite (mettre en —), *ñgyãñgyã*.
fumer (de la viande), (*sorho*) *gya*.
— (du tabac), (*sara*) *mi*.
— (v. n., faire de la fumée), *sisi b'a ra* (de la fumée est dans lui).

G

gage (voir « garantie »).
gagner (acquérir), *soro*.
— (en commerce), *tonõ-soro* : j'ai gagné dix francs, *ñ ga wari-ba fila tonõ-soro*.
— (au jeu), *farha* : je t'ai gagné, *ñ g'i farha* (littér. : je t'ai tué).
galoper, *pã*, *kpã*.
garantie (donner en —), *gyuru sara*.
— (prendre une —), *gyuru-la mina*.
garde (prendre —), *gye-ñgè*.
garder (conserver), *sigi*.
— (surveiller), *ferè ñi* (bien regarder).
glisser, *terre*, *terere* (prét. *terra*).
goûter (déguster), *nene*.
graisser, *tulu mõmõ* (r.) *ra* : va graisser mon fusil, *tarha ka tulu mõmõ n-da marfa ra*.
grand (être —, en général), *bõ*.
— (être — par la taille), *gyã*.
— (être trop —, en parlant d'un vêtement), *kunu* (v. tr.) : cette chemise m'est trop grande, *delege mi a ka ñ gunu*.
grandir, *bõ-ya* ; *gyã-ya*.
— (croître), *bõ-na* (v. pass.) ; *bo-ñya-ra* (v. pas.).
gras (être —), *fãñga b'a ra* (la graisse est dans lui).
gratter, *syãnzyã*.
— (se —), (s. p.) *gbulo syãnzyã*.
griller (faire —), *gyene*.
— (v. n.), *gyene-ra* (v. pas.).
grimaces (faire des —), *da marha-marha*.
grincer des dents, (s. p.) *ñi-u sorho*.
grisonner, *gbè-ra* (v. pas.).
gronder (comme « blâmer »).

grossir, *bõ-ya*.
guérir (v. tr.), *kèndè*, *kende* (pas. *kèndè-ra*).
guerre (faire la —), *kerè-kè*.
guetter, *ferè kya ñi* (regarder bien).
guider, *sira yila* (r.) *ra* : guide-moi, *sira yila na*.

H

habiter, *sigi-ra* (v. pas.) : j'habite à Kofidougou, *n zigi-ra Kofi-dugu ra*.
habiller (s' —, avec un pagne), *fãni bili*.
— (s' —, avec un vêtement), *delege dõ*.
haïr (tourner par : « ne pas plaire ») : je hais cet homme, *morhò mi a ma di ñi* (cet homme ne me plaît pas).
hâter (se —, en marchant), *tarya*.
— (se — de faire quelque chose), *kè gyonagyona*.
hausser les épaules, *nènè kiri* (littér. : appeler le froid).
haut (être en —), *bè sa na*.
hériter de, (r. p.) *kyĩ ta* : il a hérité de son père, *a ka a fa kyĩ ta*.
heureux (voir « content »).
hocher la tête, *kũ marhamarha*.
hoquet (avoir le —, voyez « avoir »).
humide (être —), *suma-na* (v. pas.).

I

imiter, *ladegi*.
immobile (rester —), *sigi* (v. n.).
impossible (être —), *ma ñyã* (ne pas aller bien, de *ñya-na*, pas. de *ñyã*).
incendier (comme « brûler »).
indiquer (comme « montrer »).
injection (prendre une — rectale), *fiyè*.
insulter, *nyeni*, *yeni*.
interdire (voir « défendre »).
interroger (voir « demander »).
ivre (être —, voir « s'enivrer »).

J

jeter (en l'air), *fri*.
— (par terre), *bõ*; *sigi*.
— (se —, en parlant d'un cours d'eau, *du* : le Nzi va se jeter dans le Bandama, *Nzi a tarha du Gbãndama ra*.
jeûner, *sündo*; *sü*.
jouer (s'amuser), *tolo-ñgè*.
— (d'un instrument à vent), *fyè*, *fye* : jouer de la trompe, *gbène mvyè*.
— (de tout autre instrument), *fò*, *fo* : jouer du tambour, *tigbenĩ fò*; jouer du xylophone, *balã mvò*.

L

labourer, *siã-ni-kè*.
lâcher, *to*; *bò*; *bla*, *blè*.
laisser (en général), *to*.
— aller, *to*.
— de côté, *bla*, *bila*, *blè*, *blè-koro*.
— tomber, *dugo*, *dugu*.
— tranquille, *to*.
— le chemin libre à quelqu'un, laisser passer, (r. p.) *sira bila* : laisse-moi passer, fais-moi place, *n-da sira bila* (ou simplement *sira bla*).

lancer, *fri*, *firi*.
laver, *kwó*, *ku*.
— (se —), *kwó-ra* (v. pas.).
lécher, *nomõ*, *nomu*.
— (du bout de la langue), *nende*.
léger (être —), *fyĩ*.
lever (v. tr., soulever), *uri* (v. tr.).
— (v. n., en parlant d'une plante), *fale* (v. n.).
lever (se —), *uri* (v. n.) ; *urra* (v. pas.).
— (se —, en parlant d'un astre), *bò dua*.
— (se —, en parlant du vent), *bò-ra* (v. pas.).
— (se —, en parlant du jour), *gbè-ra* (v. pas.) : le jour n'est pas encore levé, *du ma gbè ba*.
libérer, *a kè* (r.) *ra morhò e* : je l'ai libéré, *ñ ga a k'a ra morhò e* ; je te libérerai, *ñi a k'e ra morhò e* (je le ferai dans toi un homme) — (voir aussi « affranchir »).
lier, *siri*, *sri*.
limite (tracer une —), *tarã-mvila* (littér. : fendre en deux).
lire (avec régime), *kara* (Ar. kara).
— (sans régime), *kara-ni-kè*, *kara-ñgè*.
lit (faire le —), *deüè la*.
loger (v. tr.) (voyez « recevoir »).
loger (v. n.) (chez quelqu'un), *sigi-ra* (r.) *fè-so ; dyigi-ra* (r.) *fè-so ; bè* (r.) *fè-so* : il loge chez moi, *a bè m vè-so*.
loin (être —), *gyã* (v. n.); *gya-na* (v. pass.); (s. p.) *dua gyã*.
long (être —), *gyã*.
loucher, *kara tembè-ra* (s. p.) *ñya ra*.
lourd (être —), *gbri*, *gbre*, *gbere*.

M

mâcher, *ñimi*.
maçonner (faire les murs d'une maison), *bõ mbari*, *danda bari* (prét. *barra*).
magie (faire de la —), *lagba-ri-kè* ; *yelema-ni-kè*.
maigrir (faire —), *gya*.
— (v. n.), *gya-ra* (v. pas.).
main (donner la — à), (r. p.) *buru mina* : donne-moi la main, *m buru mina*.
mal (avoir —, voyez « avoir »).
— (faire —, voyez « faire »).
malade (être —), (s. p.) *fari* (s. r.) *dimi* : je suis malade, *m vari n dimi* (mon corps me fait mal).
malheureux (être —), (s. p.) *gyüsu* (s. r.) *dimi* : il est malheureux, *a gyüsu a dimi* (son cœur lui fait mal).
malin (être —), *ko-lõ* (littér. : savoir parler).
manger (avec régime), *domũ*, *domõ*, *domu*.
— (sans régime), *domu-ni-kè*.
manquer (faire défaut), *to-ra* (v. pas.), *to-ra* (r. i.) *fè* : il te manque dix francs, *wari-ba fila to-r'e fè*.
— (ne pas atteindre), *ti soro*.
— à sa parole (voir « engagement »).
— de (comme « avoir besoin de »).
marcher, *tarha-ma*.
— à la file indienne, *gbãgbã-na ñyorhõ na*.
— derrière, *latõ* (r.) *kwo* : tu marcheras derrière moi, *ye latõ ñ gwo*.
— devant, *labila* (r.) *ñyã* : tu marcheras devant moi, *ye labila ñyã*.
marié (être —), *muso bè* (s. r.) *fè* :

Amadou est marié, *muso bè Amadu fè.*
mariée (être —), *kyè bè* (s. r.) *fè :* elle est mariée, *kyè b'a fè.*
marier (se —, voir « épouser »).
masser, *digidigi.*
mauvais (être — à manger), *kunã*; *ma di.*
médire de (comme « calomnier »).
mélanger (comme « mêler »).
mêler, *kuri* (pas. *kurra* ou *kuri-la*).
— le nom de quelqu'un (dans une affaire), (r. p.) *torhò kiri* (littér. : appeler le nom).
mentir, *fana* (v. n.); *faniyã-mvò.*
mesurer, *ñyã.*
mettre, *sigi*; *do.*
— (un vêtement), *dõ* : mets ton pantalon, *ye kursi dõ.*
— aux fers, *gbã kuru-na.*
moisir, *tumbu-dõ* (littér. : revêtir des insectes).
monter (v. n.), *yire*, *yiri* (prét. *yirra*).
monter à cheval, *yire só kã.*
montrer, *yila* (r. i.) *ra* : montre-moi ta maison, *e-ta bõ yilana*; montre-la lui, *a yil' a ra.*
moquer (se — de), *yere-kè* (r.) *ma*; *yire-kerè* (r.) *ma* : tu te moques de moi, *e yere-kè ñi ma* ou *e yire-kerè ma*; ne te moque pas de moi, *kana yere-kè m ma*; je ne me moque pas de toi, *m ma yire-ker'e ma.*
mordre, *ki.*
mort (être —), *farha-ra* (v. pas.).
mou (être —), *marha.*
moucher (se —), (s. p.) *nu fye.*
moudre (comme « écraser »).
mouillé (être —, voir « humide »).
mouiller, *gye bõ* (r.) *ra.*
mourir, *farha-ra* (pas. de *farha* « tuer »).
— (être en train de —, être à l'agonie), *kiri-na* (v. pas.).
mousser, *kãga-ra* (v. pas.).
mûr (être —), *ule-na* (v. pas.).
mûrir (v. a.), *ule* (v. tr.).
— (v. n.), *ule-na* (v. pass., littér. : être rouge) : il mûrira bientôt, *a ule-na sisã.*

N

nager, *gye nõmu.*
naître, *urra*, *uro-ra* (pas. de *uro*, « enfanter ») : je suis né il y a vingt ans, *ñi urra sã mughã e* ou *n na ka ni uro sã mughã e* (ma mère m'a enfanté il y a vingt ans).
nasiller, *ko-mà nu na* (parler dans le nez).
nettoyer, *fila-mvila.*
— (du linge), *kwó*, *ku.*
— (se — les dents), *gbèsè ñimi.*
nier, *digi* (r. s.) *fana* : je le nie, *ñi a digi a fana.*
noircir (v. a.), *fi̱*, *fi.*
— (teindre en noir), *do gara ra*, *do garra.*
— (v. n.), *fi-na* (pas. de *fi̱*).
nombreux (être —), *sya.*
nouer, *kuru.*
— (se —), *kuru-ra* (v. pas.).
nourrir, (r.) *so two ra* : c'est moi qui nourris cet homme, *ni-le kyè mi so two ra.*
nouveau (être —), *kura.*
noyer (se —), *be gye ra ka farha-ra*, (tomber dans l'eau pour mourir).
nuire à, *ko-dyugu-kè* (r.) *ra* : tu m'as

nui, *ye ka ko-dyugu-kè na* (tu as fait mauvaise parole sur moi).
nuit (il fait —), *diüi do-na.*
— (la — approche), *su kura.*

O

obéir à, *lalabato, llabato* (v. tr.).
obligé (être — de), *yã-ñyini.*
obliger à (comme « forcer »).
— quelqu'un (rendre service), *ko-berè-kè* (r.) *ra* : tu m'as obligé, *ye ka ko-berè-kè na* (tu as fait bonne parole sur moi).
obtenir (comme « acquérir »).
orage (il fait de l' —), *sã marha-ra.*
ordonner, *kara* (v. n., prét. *karra*) ; *fò* (dire) : j'ai ordonné à Dala de me donner des porteurs, *ñ garra Dala a doni-ta-barha di ma*, ou *ñ ga a fò Dala ye a doni-ta-barha di ma.*
orgueilleux (être —), (s. p.) *kono-no a gbo.*
ôter, *bò.*
oublier, *ñina* (r.) *kwo*, *ñina* (r.) *ko* : j'ai oublié son nom, *ni ñina na a torhò kwo* ; n'oublie pas ce que j'ai dit, *ye kana ñina n-da ko-ma kwo.*
ouvrir, *yirè* (pas. *yirè-ra*, ou *yirè-na*).

P

pagayer, *kuru ñyarhã.*
palabrer, *ko-ma-kè.*
pâlir (en parlant du visage), (s. p.) *ñyã yelema* : tu as pâli, *ye ñyã yelema ra* (ton visage a changé).
palper, *mõmõ.*
parler (v. n.), *ko-ma* (v. n.).
— bas (voir « chuchoter »).
— du nez (voir « nasiller »).
— (v. tr.), *fò* : parles-tu agni ? *ye Tõ ñgo-ma fò ?* parles-tu dyoula ? *ye Gyüla kã mvò ?* parles-tu sénoufo ? *ye Bãmbara kã mvò ?*
pardon (demander —, voir « demander »).
pardonner, *to* : je te pardonne, *ñ g'i to* (littér., je t'ai laissé).
partager, *tarã.*
partir, *tarha* ; *uri-ra, urra* (v. pas.) ; *uri* (v. n.).
— (faire —), *uri* (v. tr.) ; *gbè.*
passer (v. n.), *tembè* (v. n.), *tembè-ra* (v. pas.) : passe par là, *tembè ta.*
— par, *tembè* (v. tr.) : ne passe pas par le village, *kana so tembè.*
— devant, *tembè... bila-ñyã* : il est passé devant, *a tembè ra ka bila-ñyã* ; passe devant, *tembè ya bila-ñyã.*
— derrière, *tembè kwo ra.*
— par dessus, *tigè* (v. tr.).
— (laisser —), *to ... tembè* ; (r. p.) *sira bila* : laisse-moi passer, *ni to ñi ya tembè* (laisse moi je te dépasse), ou *n-da sira bila* (laisse mon chemin).
payer, (r. p.) *gyüru sara*, (r. p.) *gyuru sara* : paie-moi, *n-da gyüru sara* (paie mon paiement) ; je t'ai payé en or, *ñ g'i-ta sãni gyüru sara.*
peigner, (r. p.) *kũ dã* : qui t'a peignée ? *gyoni a k'i kũ dã ?*
pêcher, *yeghè mina* (attraper du poisson).

peine (faire de la — à, comme « faire mal à »).
peler (un fruit, en général), *syãnzyã*, *syã*.
— (une banane), *woro*.
pendre, *dũ* (pass. *du-na*).
— (un homme), (r. p.) *kã ndũ*.
penser (comme « croire »).
percer, *sorhò*; *suri*, *sori*.
perdre, *firi* (pas. *firra* ou *firi-ra*).
— (au jeu), *farha-ra* (être tué).
permettre, *sira di* (no. pe.) *ma* : je te permets d'aller à la chasse, *ñ ga sira di i ma ko ye tarha sorho farha*.
persuader (quelqu'un), *demedeme*.
peser (v. tr.), *bila*.
— (v. n.), *gbli*, *gble*, *gbri*, *gbre*.
peter, *tõ-ni-kè*.
pétiller, *fata-ra* (v. pas.).
pétrir, *mõmõ*.
— (dans un mortier), *susu*.
peur (avoir —, voyez « avoir »).
— (faire —, voyez « faire »).
piler, *susu*.
piller, *gyãgyã*.
pincer, *ñyõrhõmi*.
piquer, *gbãgã*.
— (en parlant d'un moustique, d'un serpent, d'un scorpion, etc.), *ki*.
pisser, *ñyarha-ni-kè*, *ñyãrhã-ni-kè*.
pitié (avoir —, voyez « avoir »).
— (faire —), *dimi* (v. tr.).
place (faire — à), *dua di* (r.) *ma*.
— (faire —, sur une route), *sira bla*.
placer, *sigi* (pas. *sigi-ra*).
plaider (voir « défense (prendre la —) »).
plaire, *di* (r. i.) *ye*, *ndi* (r. i.) *ye* : ce pagne me plait beaucoup, *fãni mi a di ñi dyugu-kè*; il ne lui plaît pas, *a ma di a ye*.
plaisanter, *tolo-ñgè* ; *yere-kè*.
plantations (faire des —), *sene-kè*.
planter (en général), *tutu* : planter du manioc, *gbende tutu*; planter un arbre, *yiri tutu*.
— (des ignames, des graines), *sene* : il a planté beaucoup d'ignames, *a ka ku sene sya-mã*.
— (un pieu), *gbã* : il a planté des pieux pour faire une palissade, *a ka koromã gbã ka gyasa kè*.
plein (être —), *fa-ra* (v. pas.).
pleine (être —, voir « enceinte »).
— (être —, en parlant de la lune), *mna-na*, *mana-na* (v. pas.).
pleurer, *kasi*.
pleuvoir, *sã-ñgye a be* (la pluie tombe).
— (il va —), *sã-ñgye miye-na*.
plier (v. a.), *kutru*, *kuturu* (pass. *kutru-ra* ou *kuturra*).
plumer, (r. p.) *sye bõ* : va plumer la poule, *tarha sise a sye bõ*.
point de côté (avoir un —, voyez « avoir »).
pointu (être —), *dadi*.
polir, *dugũ*.
pondre, *la*.
porter (sur la tête), *ta*.
— (sur l'épaule), *la ka na*.
— (en sautoir), *dũ*, *dõ*.
— (à la main), *menè buru ra*.
— un vêtement, *delege dõ*.
— une culotte, *kursi dõ*.
— un pagne, *dãgo bili*, *fãni bili*.
— (d'un endroit à un autre), *ta* (s.) *tarha* : porte-le chez moi, *a ta ya tarha m vè-so*.
— (se —, bien ou mal), (s. p.) *fari*

bè : comment te portes-tu? *e fari bè di?* (ton corps est comment?).
porter (se bien —), *kende* (v. n.); *kende-ra* (v. pas.); *kendeya-ni bè*; *kende-ya*.
poser, *sigi*; *do*.
possédé (être — d'un esprit), *su-barha lo*, *sü-barha lo*.
posséder (voyez « avoir »).
pourrir, *turra*, *tura-ra* (pas. de *tura*).
— (faire —), *tura*.
poursuivre, *bori* (r.) *gbè-ra*, *bori* (r.) *gba-ra*.
pousser (v. tr.), *ñyõdi*.
— (v. n., sortir de terre), *fale*.
— (v. n., croître), *bò-ñya-ra* (v. pas.), *bo-ñya-ra*; *bõ-ya* (v. n.).
— (faire —), *bò-ñya*, *bo-ñya*.
pouvoir, *se* (v. n.) : il ne peut pas le dire, *a ti se ka a fò*; il ne peut pas le faire, *a ti se ka a kè*.
précéder, *ñyã* (v. tr.).
— (v. n.), *ñya-na* (v. pas.).
prendre, *ta*; *mna*, *mina* (le régime indirect est suivi de la particule *fè*) : je te prends quelque chose, *ñi fè ñgele n da ye fè*; prends-le, *a mna*.
préparer (disposer), *la*.
— (arranger), *ñyã*.
presser (sens propre), *tindi*.
— (un fruit, pour en exprimer le jus), *bisi*.
— (sens figuré), *demedeme*.
— (se —, voir « hâter (se —) »).
prêt (être —), *sira* (v. n.); *ñya-na* (pass. de *ñyã*).
prêter, *dondo* (r. i.) *ra* : je t'ai prêté de l'argent, *ñ ga darahima dondo ye ra*.
prévenir (tourner par « dire à »), *fò* (r.) *ye* : va le prévenir, *tarha a fò a ye*.
prier (demander), *dari*.
— (faire la prière), *syeri-kè*; *syeri*.
priser du tabac, *sara mi*.
prix (faire un —), *lorholò*.
proche (être —), *surõ*, *srõ*; (s. p.) *dua srõ*.
promener (se —), *yara* (prét. *yarra* ou *yara-ra*).
propre (être —), *gbè-ra* (v. pas.).
prosterner (se —), *kũ gbã dugu ma*, *ku mbã dugu ma* (littér. : planter la tête dans le sol).
protéger, *mãzi* (r.) *ra*, *mãnzi* (r.) *ra*; *kisi* (v. tr.); *lo* (r. p.) *kwo*, *lo-ra* (r. p.) *kwo* : que Dieu te protège, *Alla mãzi i ra* ou *All'e kisi*; il me protège, *a lo-ra ñ gwo*.
pubère (devenir —, être —, en parlant d'un garçon), *se ka muso yini*.
— (en parlant d'une fille), *se ka kyè yini*.
puiser, *bi* : va puiser de l'eau, *tarha gye bi*.

Q

quitter (un endroit), *uri* (r.) *ra* : il a quitté son village, *a uri ra a-ta so ra*.
— (une personne), *to* (v. tr.) : tu as quitté Samba à la rivière, *ye ka Sãmba to kwò ra*.

R

raconter (en général), *fò*.
— une histoire, un conte, *tale la*.

raison (avoir —, voyez « avoir »).

ramasser, *ta* : ramasse le bâton, *koro ta*.

ramper, *kuturu-ra, kuturra* (pas. de *kuturu*).

rappeler (appeler de nouveau), *kiri tugu*.

— (se —), (r. s.) *bè* (s. r.) *kono no* : je me rappelle l'affaire, *ko-ma a bè ñ gono no* (l'affaire est dans mon ventre).

rapporter (comme « aller chercher »).

— (une parole, comme « dire »).

raser, *li*.

— (se — la tête), *kũ muli*.

rassasier, (r. p.) *konõ fa* (pass. (s. p.) *kono fa-ra*) : je suis rassasié, *ñ gono fa-ra*.

rassembler, *ñgbèñgbè* ; *kumbè*.

— (se —), *kumbè-na* (v. pas.).

rater (en parlant d'une arme à feu), *toro mana* : le coup a raté, *toro mana na*.

ravager (voir « piller » et « détruire »).

recevoir, *mna, mina*.

— (quelqu'un chez soi), *ta... sigi* (s. p.) *fè-so ra* : reçois-le chez toi, *a ta i a sigi ye fè-so ra*.

récolter (des ignames, des arachides, du manioc, et tout ce qui pousse en terre), *bõ*.

— (du maïs, du mil), *kari*.

— (du riz, des bananes), *tigè*.

reconnaître, *lõ*.

recoudre, *kara tugu*.

recourber, *kutru, kuturu*.

reçu (être — chez quelqu'un), *dyigi-ra* (r.) *fè-so*.

redresser, *tele*.

redresser (se —), *uri-ra ka lo* (se lever pour être debout).

réfléchir, (s. p.) *kono gyate* : laisse-moi réfléchir, *ni to ñi ñ gono gyate*.

refuser, *ti mna* (ne pas prendre) : il a refusé, *a ma a mna*.

regarder, *ferè*.

— (ne pas —, ne pas concerner), (r. p.) *ko-ma tè* : ça ne me regarde pas, *ni-ta ko-ma tè* (ce n'est pas mon affaire).

regretter (quelqu'un ou quelque chose qui est absent), *ñyiri bla-ra* (r.) *ra*.

rejoindre (aller — quelqu'un), *tarha* (r.) *terè*.

réjouir (se —, voyez « content »).

remercier, *fwo* : je le remercie, *ñi a fwo* ; va le remercier, *tarha ka a fwo* ; cet homme te remercie, *morhò mi a ye fwo*.

remettre au fourreau, *dõ*.

remplir, *fa*.

remuer (v. tr.), *lalarha* ; *marha-marha* : ne remue pas cette eau, *kana gye mi marhamarha*.

— (v. n.), *yirè-lalarha*.

rencontrer (un objet), *ye*.

— (une personne), *bè* (v. tr.).

— (se —), *bè* (v. n.) ; *bè-na* (v. pas.) : nous nous sommes rencontrés sur les rochers, *añ ga bè fara kã* ou *am bè-na fara kã*.

rendre, (no. ch.) *to a di* (no. pe.) *ma* : rends-moi ce fusil, *marfa mi to a di m ma* (laisse ce fusil, donne-le-moi).

— (se — à quelqu'un, faire sa soumission), *tarha* (r.) *soro-na* : Samori s'est rendu aux Blancs, *Samori a ka tarha Nanzara soro-na*.

renverser, *be* : le vent a renversé la maison, *foñyõ a ka bõ be.*

renvoyer (envoyer de nouveau), *tyi tugu.*

— (refuser, voyez ce mot).

— (chasser, voyez ce mot).

répandre, *bõmbõ*; *mõmõ.*

réparer, *ñyã*; *lalarha ñi* (remuer bien).

repentir (se —), (s. p.) *gyüsu* (s. r.) *dimi* : ne te repens-tu pas? *e gyüsu a ti ye dimi?* (ton cœur ne te fait-il pas mal?).

répéter, *fò tugu* : répète-le moi, *a fò ñi e tugu.*

répondre (à une question), *lo a ra*, *lwara* (contraction du précédent).

— (quand on vous appelle), *lamena* : je t'ai appelé deux fois et tu n'as pas répondu, *ñ g'i kiri ko fila*, *e ma lamena*; j'ai répondu, *ñ ga lamena.*

reposer (se —), *nene kiri*, *nènè kiri* (comme « respirer »).

réprimander, *sõñgo* (r.) *ra.*

répudier (voir « divorcer »).

résonner, *ñadi.*

respirer, *nene kiri*, *nènè kiri* (littér. : appeler le vent frais).

ressembler à, *bo-ra* (r.) *fè* : il ressemble beaucoup à cet homme, *a bo-ra kyè mi fè dyugu-kè.*

rester (être de reste), *to-ra* (v. pas.) : il reste cinq fusils, *a to-ra marfa luru.*

— (en un endroit), *sigi* (v. n.), *sigi-ra* (v. pas.) : reste ici, *sigi ya.*

— absent, *myenè* : ma femme reste bien longtemps chez son père, *n-da muso myenè a fa fè-so dyugu-kè.*

— adhérent, rester collé (voir « adhérer »).

rester assis, *sigi* (v. n.), *sigi-ra* (v. pas.)

— debout, *lo* (v. n.).

— en arrière, *to-ra kwo* : deux hommes sont restés en arrière, *morhò fila to-ra kwo.*

— longtemps, s'arrêter, *to-ra* (v. pas.), *to* (v. n.) : ne reste pas là, *ye kana to yi.*

— immobile (voir « immobile »).

retourner (v. tr.), *yelema* : retourne-le, *a yelema.*

— (v. n.), *syeko*; *sye kwo ra*; *syeko* (s. p.) *kwo* : demain tu retourneras sur tes pas, *sini ya syeko ye kwo.*

— (se —), *yelema-ra* (v. pas.).

réunir (comme « rassembler »).

revenir, *na tugu.*

rêver, *siwu-ra* (v. pas.).

— à (voir en rêve), *siwu* (v. tr.).

revêtir, *dõ* (v. tr.).

rider (se —), *ula.*

rincer (voir « nettoyer », « laver »).

rire, *yere-kè*, *yire-kè.*

— malgré soi, être pris du fou rire, *yere-kè* (s. r.) *farha.*

ronfler, *gorondi.*

ronger, *tigètigè.*

roter, *gerendi.*

rôtir (comme « griller »).

rougir (v. tr., teindre en rouge), *ule.*

— (v. n.), *ule-ya* (v. n.), *ule-na* (v. pas.) : mets le fer au feu pour qu'il rougisse, *neghè sigi ta ra, a ule-ya*; le fer est rouge, *neghè ule-na.*

rouler (v. tr., faire —), *bligindi.*

— (v. n.), *bligindi-ra* (v. pas.).

rugir (comme « crier »).

ruiner (se —), *naforo tyã* (abîmer sa richesse).

ruminer, *urho-ra* (v. pas.) : le bœuf rumine, *nisi urho-ra.*

S

saigner (v. tr., faire —), *gyuri kè*; *gyuri soro-mi*: il a saigné le mouton, *a ka sarha gyuri kè* ou *a ka sarha gyuri soro-mi.*

— (v. n.), (s. p.) *gyuri tembè* : cet homme saigne, *kyè mi a gyuri bè tembè ra.*

sale (être —), *kya adyugu, kya dyugu.*

saler, *korho kè* (r.) *ra* : sale la sauce, *korho kè nã-u ra.*

salir (comme « abîmer ») : tu vas salir ton boubou, *ye-ta delege e tyã.*

saluer, *fwo* : je vais saluer le Blanc, *ñi tarha Nanzara kyè fwo.*

satisfait (être —, tourner par « plaire ») : es-tu satisfait? *a di ye?* (ça te plaît-il?).

sauter, *kpã, pã*; *sulã.*

— (sur quelqu'un), *bari* (r.) *ra* (prét. *barra*) : il a sauté sur moi, *a barra na.*

sauver, *bòsi* (r.) *ra* : il m'a sauvé, *a ka bòsi na.*

— (se —, comme « fuir »).

savoir, *lõ* (v. tr.) : je le sais, *ñ ga a lõ*; je ne sais pas, *ñi ma a lõ.*

— (être capable de), *se* (r.) *ra* : il sait bien danser, *a se do na kpa* (pour *a se dõ ra kpa*) ; il ne sait pas parler français, *a ti se ka Frãzi kã mvò.*

— (faire — à), *fò* (r.) *ye.*

sculpter, *sè* : il sait très bien sculpter sur bois, *a se ka lè sè kpa.*

sec (être —), *bisi-ra* (v. pas.) ; *gya-ra* (v. pas.) : le linge est bien sec, *fãni a bisi-ra kya ñi.*

sécher (v. tr., faire —), *bisi*; *gya.*

— (v. n.), *bisi-ra*; *gya-ra.*

secouer, *dyugudyugu* ; *larha.*

— (une étoffe, une couverture), *gbõgbõ.*

secourir (voir « aider », « sauver »).

selle (aller à la —, voir « aller »).

seller (un cheval), *kerege ta ka a siri só kã* (prendre la selle pour l'attacher sur le cheval).

semer (des grosses graines), *sene.*

— (des petites graines), *firi.*

sentir (v. tr., avec le nez), *suma-la* (v. tr.).

— (v. tr., au toucher), *mõmõ* (v. tr.).

— (v. n.), *sumã-bò.*

— bon, *sumã-bò a kya ñi.*

— mauvais, *sumã-bò dyugu-kè.*

serment (prêter —, sur le Coran), *Alkurana domũ* (littér. : manger le Coran).

— (prêter —, sur un fétiche), *gyo domũ.*

serrer, *tindi.*

servir (être au service de), *kye kè* : il est à mon service, *a bè ñ gye kè ra* (il fait mon travail).

siffler, *fire-mvye, file-mvye.*

soif (avoir —, voyez « avoir »).

soigner (un malade), *fila di* (r.) *ma* (donner un médicament).

soin (prendre — de), *ferè ñi* (bien regarder).

solide (être —, comme « être fort »).

solliciter (voir « demander »).

sommeil (avoir —, voyez « avoir »).

sonder (quelqu'un), *kañyã.*

sonner (v. n.), *ñadi.*

sortir (v. tr., faire —), *bò*.
— (v. n.), *bò-ra* (v. pas.).
souffler (v. n.), *fiyè, fyè, fye* (v. tr.) : souffler dans une corne, *gbèni mvyè*.
— (v. n., en parlant du vent), *fyè-na* (v. pas.).
— (v. n., respirer, voir ce mot).
— (v. tr., éteindre), *dufa*.
souffrir (voir « avoir mal », « faire mal », « être malade »).
soulager (comme « aider »).
soumettre (se —, comme « se rendre »).
soupirer (comme « respirer »).
sourd (être —), (s. p.) *toro gbele-na* (son oreille est dure).
sourire, *mugumugu*.
soutenir, *mina-fè*.
souvenir (se — de, comme « se rappeler »).
succéder à, *yelema* (r.) *ye* : Dala a succédé à Bourama, *Dala yelema ra Burama ye*.
sucer, *sõnzõ*.
suer, *tara è* (s. r.) *farha* : je sue, *tara è m varha* (la sueur me tue).
suffire, *tote-na* (v. pas.), *tote* (v. n.) ; *sira* (v. n.).
suivre, *gba* (r.) *ra* : suis-moi, *gba na*; suis les soldats, *gba soldasi ra*.
— (un chemin), *tembè* (*sira*) *kã*.
upporter (au sens propre), *ta*.
supposer (comme « croire »).
supprimer (comme « ôter »).
surnager, *fogi-ra* (v. pas.) : le bois surnage dans l'eau, *lè fogi-ra gye ra*.
surnommer, *torho yelema* (changer le nom) : le capitaine Marchand a été surnommé Kpakibo, *kapitènu Marsã ar ka a torho yelema Kpakibo*.
surpasser, *bõ* (r.) *ye* ; *tembè* (r.) *ra* : il me surpasse en hauteur, *a gyã a bõ ñi*.
surprendre, *bari* (r.) *ra* (prét. *barra*).
suspendre (comme « pendre »).

T

tâcher, *korosi* : tâche de voir, *korosi ka ferè*.
tailler (un morceau de bois), *sè*.
— (un vêtement), *tigè*.
taire (se —), *dye, di* : tais-toi, *e dye*.
taper (comme « frapper »).
tarder, *myenè*.
tâter, *mõmõ*.
tatouer, *mañyã-di-kè* : on lui a tatoué la figure, *ar ka mañyã-di-kè a ñya na*.
teindre (en noir), *do gara ra*.
— en (bleu), *do gara ra*.
— (en rouge), *ule-ma*.
temps (avoir le —, voyez « avoir »).
tendre, *sama*.
— un piège, *delè la*.
tenir, *mina, mna*.
tirer, *sama*.
— la langue, *nènde mbò*.
— un coup de fusil, *marfa tyi*.
— du vin de palme, *gbè tigè*.
tisonner (le feu), *ta lalarha*.
tisser (v. tr.), *dã*.
toit (faire un —), *bõ siri, bõ nziri*.
tomber, *be-na* (v. pas.), *be* (v. n.) : il est tombé par terre, *a be-na dugu ma*.
— (faire —), *be* : il a secoué l'arbre et l'a poussé pour le faire tomber, *a ka yiri larha, a ka a ñyõdi ka a be*.

tomber (laisser —), *dugo*, *dugu*.
tondre (comme « raser »).
tonner, *mbarha* : il tonne, *sã è mbarha* (le ciel tonne).
tordre, *tõrõmi*; *farã*.
toucher, *marha* (r.) *ra* : ne le touche pas, n'y touche pas, *ye kana marha a ra*.
— (un endroit malade), *mademi* : ne touche pas à ma blessure, *ye kana ñ gyuri mademi*.
— (se —, être l'un contre l'autre), *deri-ni bè ñyõrhõ na* : le village et la forêt se touchent, *so ane tu a deri-ni bè ñyõrhõ na*.
tourner (v. tr., faire —), *muru*.
— (v. n.), *muru-ra* (v. pas.).
— autour de, *mameni*.
— (se —), *yelema* (v. n.).
tousser, *sorhòsorhò*.
traîner (v. tr.), *sama*.
— (v. n.), *korro*.
travailler, *kye-kè*.
traverser, *tigè*.
trembler, *yireyire*.
tresser, *dã*.
tromper, *dawari*.
— (se —, comme « mentir »).
trotter, *kyürokyüro-kè*.
trouer, *farã* (v. tr.); *diñga sorhò* (r.) *ra* : il a troué son boubou, *a ka a delege farã*; mon pagne est troué, *m vãni a fara-na*; l'obus a troué la muraille, *gbelè-dẽ a ka diñga sorhò danda ra*.
trouver, *ye*.
tuer, *farha*.

U

uriner, *ñyarha-ni-kè*, *ñyãrhã-li-kè*.
user, *koro* (pass. *korra*) : il est usé, *a korra*.

V

vaincre, *se-ra* (r.) *ra*; *farha*.
vaincu (être —), *farha-ra* (v. pas.).
valoir, (s. p.) *sõgo bè* : ce mouton vaut dix francs, *sarha mi a sõgo bè wari-ba fila* (ce mouton son prix est dix francs).
vanner, *tende*.
veiller (tourner par « ne pas dormir »).
— sur, *ferè ñi* (bien regarder).
vendre, *fire* : ils font le commerce du caoutchouc, *ar manã sã ka a fire* (ils achètent du caoutchouc pour le vendre).
venir, *na*, *nè* (prét. *na na* ou *na ra*).
— de, *bò-ra* (v. pas.) : je viens du Ouorodougou, *m bò-ra Wuro-dugu ra*; il ne vient pas du village, *a ma bò so ra*.
— (faire —) (comme « appeler »).
vérité (dire la —), *tyĩ-fò*.
verser (v. tr.), *kè* : verse de l'eau dans la cruche, *gye kè darha ra*; verse la poudre dans le fusil, *mugu kè marfa ra*.
— goutte à goutte, *kè ndorho-ma ndorho-ma*.
— à boire, *suma* : verse-moi de la bière, *doro suma ñi*; verse-lui en aussi, *a sum'a ye e*.
vide (être —), *bè lakolo*.
vider (un liquide, verser), *kè*.

vider (rendre vide), *bò*.

vieillir, *korra*, *koro-ra* (v. pas.).

— (faire —), *koro*.

vieux (être —) (comme « vieillir »).

viser, *sumã*.

visite (rendre — à), *tarha* (r.) *fwo*.

vivre, *bè ñya na*.

voir (par hasard), *ye*.

— (en regardant), *ferè*.

voler (dérober, avec un régime), *soñya*.

voler (dérober, sans régime), *sõnya-li-kè*.

— (avec des ailes), *uri* (v. n.), *urra* (v. pas.).

vomir, *tèsère* (prét. *tèsèrra*).

vouloir, *di* (s. r.) *ye* (plaire à); *ñyini* (désirer) : je veux que tu viennes ce soir, *ñi a di ñi ya na ulara* (moi il me plaît, etc.).

vrai (être —), *te* (v. n.) (nom verbal : *tyâ*, *tyĩ*).

TROISIÈME PARTIE

HISTOIRE DE SAMORI

(*Texte dyoula*)

AVEC VOCABULAIRE DES MOTS CONTENUS DANS LE TEXTE

ALIMAMA SAMORI KO-MA

(Histoire de l'imâm Samori)

PAR

AMADOU KOUROUBARI

AVERTISSEMENT

Le texte mandé qui va suivre m'a été dicté en 1899-1900 au poste de Kofikro (Côte d'Ivoire) par un Dyoula nommé Amadou Kouroubari, originaire de Dabakala dans le Guimini ou Djimini. Le dialecte mandé dont ce texte donne un échantillon est donc le dialecte dyoula, tel qu'il est parlé couramment dans le Guimini et la région du Kong. Ce dialecte diffère très peu d'ailleurs des autres dialectes principaux de la langue mandé, notamment du malinké et du bamana (ou bambara du Haut-Sénégal et de Ségou).

Amadou Kouroubari n'a été témoin que d'une partie des événements qu'il raconte; mais il entretenait des relations avec plusieurs de ses compatriotes voyageant dans la Boucle du Niger, et cela lui a permis de connaître d'une façon précise beaucoup de faits qui pourtant se sont déroulés très loin de son pays.

On remarquera que son histoire de Samori concorde d'une façon remarquable, tant pour la succession chronologique des événements que pour le détail des faits, avec les renseignements qui nous ont été donnés par MM. Péroz[1] et Binger[2] et avec les rapports officiels de nos colonies du Soudan et de la Côte d'Ivoire, renseignements et rapports qui ont été utilisés par M. Mévil pour la rédaction de son livre paru en 1899[3].

Tout au plus pourra-t-on rencontrer quelques divergences peu importantes, qui toutes d'ailleurs se rapportent à des événements qui nous sont imparfaitement connus.

Les documents nouveaux que pourrait fournir le récit d'Amadou Kouroubari sont peu nombreux. Cependant on y rencontrera quelques détails généralement ignorés et parfois intéressants.

J'ai transcrit ce texte tel qu'il m'a été dicté, en supprimant seulement quelques redites inutiles. Je l'ai partagé en douze chapitres, afin de faciliter les recherches et de grouper ensemble les faits ayant trait à la même période.

On trouvera mentionnées dans les notes les dates correspondant aux principaux événements racontés par l'auteur, ainsi que quelques détails historiques ou géographiques destinés à éclaircir le texte.

Le mandé étant très pauvre en conjonctions, on fera bien de donner une grande attention à la ponctuation; faute de quoi on s'exposerait souvent à des erreurs d'interprétation assez graves.

On trouvera dans le vocabulaire qui termine cette troisième partie tous les mots renfermés dans le texte. Les mots dérivés d'une même racine par l'addition de suffixes divers à cette racine devront être cherchés à la racine même; dans le texte, ces mots sont indiqués par un trait d'union placé entre la racine et le suffixe. Ainsi *ko-ma* « parole, mot, histoire » devra être cherché à la racine *ko* « parler, dire », dont *ko-ma* est le nom verbal. De

1. Capitaine E. Péroz. — *L'empire de l'almamy émir Samory.* — Besançon, 1888, in-8.

Le même. — *Au Soudan français. Souvenirs de guerre et de mission.* — Paris, 1889, in-8.

2. L. G. Binger. — *Du Niger au golfe de Guinée par le pays de Kong et le Mossi.* — Paris, 1892, 2 vol. gr. in-8.

3. A. Mévil. — *Samory.* — Paris, 1899, in-18.

même le suffixe *ru* marquant le pluriel des noms est réuni au substantif par un trait d'union.

Les mots dérivés de l'arabe sont, dans le vocabulaire, marqués d'un astérisque. Les mots dérivés du français sont suivis de la lettre (F) et ceux dérivés de l'agni sont suivis de la lettre (A).

L'alphabet adopté pour la transcription de ce texte est celui qui est expliqué dans la première partie de l'ouvrage (Chapitre I).

On se reportera donc, pour la valeur à donner aux lettres, à ce qui a été dit à ce sujet au Chapitre I. On se rappellera de plus que chaque lettre (sauf les groupes *gh* et *rh*) doit se prononcer séparément, et toujours avec sa valeur alphabétique.

Voici dans quel ordre sont rangées les lettres dans le vocabulaire :

Voyelles : *a, ã, e, è, ẽ, i, i̧, ĩ, o, ò, ó, õ, u, ũ, ü.*

Consonnes : *b, d, f, g, h, k, l, m, n, ñ, p, r, s, t, v, w, y, z.*

Alimama Samori ko-ma.

I. — *Samori a gyu-tigè, a bo-ñya-ra.*

Bismillâhi 'rrahmâni 'rrahimi. Alhamdu lillâhi rabbi 'lâlamina. Salla Allâhu alu sayyidina Mohammadi wa ahlihi wa sallama tasliman [1].

Ni torho bè Amadu Kurubari, ar ka ni uro Dawakala Gimini ra. Nanzara kyè a Kofidugu sigi a ka ni dari ñi ko-ma fò a ye : alimama *Samori Ibnu-Lafia* [2] ko-ma ; ñ ga a fò a ye :

1. Le début de ce récit est en arabe et veut dire : « Au nom de Dieu le Clément, le Miséricordieux. Louange à Dieu le maître des mondes. Que Dieu bénisse notre seigneur Mohammed et sa famille et leur donne le salut ! »

2. *Ibnu-Lafia*, « fils de Lafia » ; *ibnu* est un mot arabe.

Samori a urra Sanãkoro ra[1], dugu mi na ar a kiri Koniã. A fa Mãnde-ñga lo, ar a kiri Lafia Ture; a bè farha-ndẽ. A na Koniã-ñga muso lo, ar a kiri Masorona Kamara; ar ko muso mi a bè ñi-ma.

La mi na, kũ-tigi ba a bè ta, ar a kiri Sori Burama, a bè Fode dẽ; a kerè-kè lõ dyugu-kè, Koniã-ñga-ru ar byè sira a ñyã. Sori Burama a ka marfa-tigi-ru tyi, ar ka tarha ar gyõ-u mina. Ar sa-fari-kè-barha-ru ye ar wuro doni ta ar bè tarha ra Sanãkoro. Ma-sorona a bè ta ane a kyè ane Samori. Marfa-tigi ar ka marfa tyi, ar ka kyè byè farha; katigi ar ka muso-ru mna, ar ka dẽ-u mna, ar ka wuro mna. Samori a borra gyona-gyona, ar ti se ka a mna.

Ar ka Masorona ferè, ar ka a ye a bè ñi-ma, ar ka a ta ar tarha ra Burama fè-so, ar ka a fò a ye : « Muso dò ye, añi ka a ta, añi na na ka a di i ma, e-ta lo. »

La mi na Samori bilã-koro tè tugu, a ka gyu-tigè kursi-tigi lo, a bè kã-mbere[2]. A ka sye-ko a kwo, a tarha ra Sanãkoro ra, a ka a fò Sanãkoro-ñga ye : « Ar ka m va farha, ar ka n na mina, ar ka a ta ka tarha Burama fè-so, a bè a gyõ. Aluru ar tarha ka sorõ, ar Burama dari a n na to. » Sanãkoro morhò-ru ar ka a fò a ye. « E gyõ-ne lo? fõndò tè i fè : mune-kato añi tarha ka e ko-ma fò Burama ye? » La mi na Samori kasi ra dyugu-kè.

Katigi a-lele a tarha ra Sori Burama fwo. La mi na Burama a sigi-ra Mandi-na Wuro-koro ra. Samori, só dò t'a fè, sãni t'a fè, a ti se ka só sã, a tarha-ma.

A tarha-ma la kele, ane la kele tugu, so tè ya, morhò tè ya, Burama marfa-tigi ar ka kerè-kè wolo, dugu-tigi byè ar ka bori tu ra. A ma fõndò ye ka a domũ. A tarha-ma la woró-mvla, a ma do-mu-ni-kè.

A dõ na Mandi-na, a ka a fò Sori Burama ye : « M va, e ni ta, ñi e-ta gyõ lo. N na, a ka ni uro, a ma di ñi a-le e-ta gyõ lo, a ma di ñi n na a bè gyõ; i a to, a tarha a dugu ra tugu. » Sori Burama a

1. Samori naquit sans doute vers 1830 ou 1835. — D'après M. Binger, Samori serait né, non à Sanankoro, mais à Bissandougou.

2. Samori pouvait avoir alors de quinze à vingt ans : on était alors vraisemblablement en l'année 1850.

ka a fò a ye : « E sigi m vè-so, ye kerè-kè ni lomõ. E ka kerè-kè a kya ñi, ñ gyüsu suma-na, e na a tarha a dugu ra. »

La byè Samori a se-ra Sori Burama só-fa-ru ra, ar tarha ra ka kerè-kè; la mi na a tarha ra, la byè a nisi ta ane gyõ ta, a na, a Burama sõ are ra. La mi na Samori a ma kerè-kè, Burama Alkurana yila a ra.

A myenè ra Burama fè-so sã woró-mvla. Sisã Burama a ka Samori kiri ka a fò a ye : « E ka ni kye kè a kya ñi : e na ye, a ta, ar tarha e-ta dugu ra. » A ka Samori sõ gyõ-u ra ni sãni ra.

Samori ane a na Masorona ar tarha ra, ar dõ na Bisã-dugu Torõ na[1] ; dua mi na Samori a ka gyõ sya-mã soro tugu, a ka sãni soro, a ka wari soro : a ka wuro sã ka a fire, a ka fè nzya-mã soro, a naforo-tigi ya.

II. — *Samori a ka Wasuru mina, a ka Koniã mina.*

Kũ-tigi dò a bè Torõ na, a torho Bitikyè-Swane, marfa-tigi sya·mã a-ta fè, a koro-ni bè, a ti se ka kerè-kè. A ka Samori ñyini-ñga a se-ra a marfa-tigi-ru ra[2].

Samori a ka kerè-kè ; sarha-byè a se-ra kerè ra. Marfa-tigi-ru ar ka a kele lõ, ar ma Bitikyè-Swane lõ tugu. Sisã Samori a ka Bitikyè-Swane kiri, a ka Torõ kũ-tigi byè kiri, a ka a fò ara ye : « Sisã, ni-le n ze-r' ara byè ra[3]. »

Bisã-dugu kũ-tigi, ar a kiri Famori, a ka a fò : « Ni-le n di Samori lõ. » Sisã Samori a ka Toro-ñga byè kiri, a ka tarha Bisãdugu ra, a ka so mina, a ka Famori farha, a ka a kũ tigè[4].

La mi na Konia-ñga-ru ar ka fè mi me, ar ka kyira-ru tyi Samori fè-so, ar ka a fò a ye : « Añi bè e-ta morhò e; e-le e se-ra añi ra, añi ti ñyini ka lalabato Burama e tugu. »

Sanãkoro-ñga-ru ar ko : « Samori mi o, a bè añi fè-so, a bè safari-kè-barha fitini e, a ñyini a se-ra añi ra, fè mi a ma di añi ye;

1. Vers 1857.
2. Vers 1868.
3. 1871.
4. 1873.

kũ-tigi sya-mã ar bè ya, aru o kyè-morhò-ba lo Samori ye. A ka na ya, añi ti a sigi añi fè-so ra. »

La mi na Samori a ka ko-ma mi me, a gyüsu gba-na dyugu-kè; a ka Toro-ñga-ru kiri, a ka Konia-ñga-ru kiri, a ka ara byè kiri, ane ara a tarha ra.

Sisã Sanãkoro-ñga-ru ar ka danda ba lo. Samori a na ra, a ka a kerè-tigi-ru sigi ar so mameni; morhò byè ar bò-ra ka tarha lòrhò tigè wala ka gye bi wala ka domu-ni ñyini, Samori morhò-ru ar ka ara mina; ar ka kyè-ru farha, ar ka muso-ru sigi.

Kari woró a ba-na, Sanãkoro-ñga-ru ar sige-ra dyugu-kè, õndò tè ara fè ar a domũ. La mi ra kyè-morhò-ru ar ko : « Añi ko ra Samori a bè dẽ ndorho-ni, añi fana na : a gbrè a bõ añi ye. » Ar ka gyõ-muso tã ni fila ta, ar bè ñi-ma, ar ka sãni ta, ar ka a di Samori ma ka a fò a ye : « E-le dugu-tigi lo, añi so e-ta so lo. »

Sisã Samori a du ra Sanãkoro la, a ka kyè koro-ni byè kiri, a ka a fò ara ye : « So mi-e n-da lo, so mi na n na ka ñi uro, so mi na ni ñyini ka sigi-ra[1]. »

Katigi Samori a ka tarha ka kerè-kè Wasuru ra, a ka Leñge-soro mina, ka Bodugu mina, ka Baniã mina, ka Sãkarã mina, ka Dyuma mina, ka Kurubari-dugu mina, ka Kurulamini mina : dugu ni byè, Mãnde-ñga ar sigi-ra ta[2].

La dò ra Sori Burama a ka a dẽ mvila kiri, are torho Amara ni Mori Laye, a ka a fò ara ye : « Samori ye, a na ni-ta gyõ lo, ñ ga a sõ fè nzya-ma na, a-le a ka n-da dugu byè mina, ka Sanãkoro mina, ka Sãkarã mina; ni-le ni koro-ni bè, n di se ka kerè-kè tugu. Aluru ar tarha, ar Samori gbè n-da dugu kwo ra! »

Samori a ka a me, a ka a kafi-ñyorhõ mvila kiri, are torho Mali-ñga Mori ni Kyeme Burama, a ka a fò ara ye : « Ni n di ñyini ka kerè-kè Sori Burama fè-so, a n-da baba lo, a bè m va; a dẽ-u ar bè na ra ka kerè-kè m vè-so : aluru ar tarha ka ara mina ka ara ta, an' ara na ya. » Sisã Samori kafi-ñyorhõ ar tarha ra, ar ka Sori Burama dẽ-u ye, ar ka kerè-kè gberè-ma. Mali-ñga Mori ni Kyeme

1. 1874.
2. De 1875 à 1877.

Burama ar ka Amara ni Mori Laye mina, ar ka ar kũ tigè, ar ka na, ar ka ar kũ di Samori ma[1]. Katigi ar tarha ra ka kerè-kè ane Kãkã masa-kyè, a torho Mori. Samori a ka ñyini ka Kãkã mina, a ka gyasa gbã, a ka so mameni, a sigi-ra kari konondo ni la konondo ; dugu-tigi-ru ar soro na[2].

La mi na Samori a bè Kãkã ñgoro, Sori Burama a gyüsu gba-na dyugu-kè, a dẽ-u ar farha-ra wolo ; a ñyini ka Sanãkoro mina. Sisã Samori a ka Mori Fi-ma[3] kiri, a ka a fò a ye : « E tarha, i Sori Burama mna. » Sori Burama a gbrè a bõ Mori Fi-ma ye, a ka Mori Fi-ma morhò sya-mã farha.

Samori le a tarha ra, a ka Sori Burama mna, a ka a fò a ye : « E bè m va : fa a bè koro, ane a dẽ ar kerè-kè, fè mi a ma ñi. Sisã ya sigi-ra n-da darha-ra, ñi muso-ru ta ñi ara di i ma, ñi gyõ-u ta ñi ara di i ma. É-le Alkurana lõ ya ka tembè morhò byè ra : e syeri kè ka Alla dari ko dya-tigi bè e dẽ na. »

So byè a to-ra Sãkarã na ni Kurãkwo ra, so byè a to-ra Koniã na ni Wasuru ra, Samori a ka ara mina ; morhò byè ar sigi-ra tu ra, ar ara kiri Toma[4], ar ka tarha Samori soro na.

La mi na Samori a tarha ra Sanãkoro, a ka dugu-tigi byè kiri, ka so-tigi byè kiri, ka kũ-tigi byè kiri, ka kyè-morhò-ba byè kiri, a ka a fò ara ye : « Ñ go o : ni tyĩ-fò, ni-le asadu Alla a bè-ñya-na, a kele-ni bè, a ma dẽ uro, a ma uro, a-lele a ka melegè-ru kè, a ka algyine-ru kè, a ka gyo-ru kè, a ka morhò-ru kè, a ka dugu kè, a ka sã ñgè ; a le-kè Alla lo ; Mohamadu a nabiu bè. Sisã Alla a ka ni tyi dugu mi na, ni-le alimama *Samori Ibnu Lafia*, *Al-Magrebiyu*[5], ni yele-ma ra Mohamadu e ; aridyuma byè, misiri ra, aluru ar ni torho kiri solatu ra, ar ni kiri *Alimama Amirulmume-*

1. 1878.

2. Le siège de Kankan par Samori eut lieu en 1879 ; il ne faudrait pas prendre à la lettre cette durée de neuf mois et neuf jours.

3. Ce lieutenant de Samori est connu généralement sous le nom de Morifing Diang ; il est actuellement interné à Njolé, au Congo.

4. Les Loma, appelés Toma par les Konianka et les Malinké, habitent au sud-ouest du Konian, dans le nord du Libéria.

5. C'est-à-dire, en arabe « Samori fils de Lafia, l'Occidental » ; le mot arabe *Magrebiyu* est souvent employé par les musulmans nègres avec le sens d' « Africain » et plus spécialement d' « Africain de race nègre ».

nina[1], torho dò-gbrè lè ni-ta fè. » Morhò byè ar a kiri Samori, ar mna-ra : aru kyè-morhò-ba lo, ar farha-ra ; aru farha-ndẽ lo, ar firra.

La mi na Samori a ko Alla a ka a tyi a yele-ma ra Mohamadu e, a bè Amirulmumenina, a ka fana : añi byè ka a lõ, kyè mi a yele-ma ra Mohamadu e, a Turgu farhama lo, a sigi-ra Satambulu ra, a-le kele a bè Amirulmumenina. Ar sira Samori ñyã, fè mi lomõ a ka fò te-le.

III. — *Samori a gyu-tigè ka kerè-kè ane Frãzi-ru.*

La dò ra Samori a ka a de-ñyorhõ-ru kiri, a ka a kafi-ñyorhõ-ru kiri, a ka a fò ara ye : « Ni ñyini ka dugu mi mina, a bè tere-be-ura, a bè Gyoriba kwo ; sisã añi ka Wasuru byè domũ, ka Ko-niã domũ ; Gyoriba kwo ra, gyõ bè ya sya-mã, só bè ya sya-mã, ñyõ bè ya sya-mã. Añi uri ka tarha ta-mvè ; muso byè ar ara ñyini, gyõ byè ar ara ñyini, ni a di ara ma. » Ane a de-ñyorhõ-ru ni kafi-ñyorhõ-ru Samori a tarha ra, ane are darha-ru ane ar só-fa ar byè a tarha ra. La woró-mvla ar tembè-ra, ar ka Gyoriba tigè.

La mi na Kañgaba Mãnde-ñga-ru ar ka a me, ar na ra soro na. Katigi alimama a ka ñyini ka Nyagasora mina. Nyagasora-ñga ar sira ra, ar borra kõñgoli kã, ar ka kyira tyi Frãzi kũ-tigi fè-so, a bè Sularha-ba ra[2], ar ka a fò a ye :

« Samori a bè na ra, a ñyini ka añi muso-ru mina, ka añi dẽ-u mina, ka fèm byè añi-ta fè mina ; añi ma gbrè, añi ti se ka ali-mama kerè-kè, a ñyini ka añi byè farha. Aluru-le, Nanzara-ru, ar gbrè ar se-ra morhò byè ra, aluru le-kè ar se ka Samori farha.

1. C'est-à-dire, en arabe, « l'imâm, Prince des Croyants » ; *alimama* est le cas direct ; les Malinké ont adopté de préférence le cas indirect : *alimami*, dont nous avons fait « almamy ». C'est en 1881, vraisemblablement, après l'achèvement de la conquête du Sankaran, du Kouranko, du Konian et du Ouassoulou, que Samori s'est proclamé Prince des Croyants et a revendiqué le titre d'imâm.

2. Proprement les Français dont il s'agit étaient à Kita, qui est situé non loin du Bakhoy; les Dyoula, ayant entendu dire que les Maures habitent au nord du Sénégal, appellent ce fleuve *Sularha-ba*, « le fleuve des Maures ».

Ar ka na, Samori a bori sisã. » Nyagasora-ñga-ru ar ka tyĩ-fò : morhò dò a ma gbrè Nanzara ye, Frãzi a gbrè Nanzara byè ye.

Nanzara-ru urra Sularha-ba ra ane soldasi sya-mã ane gbelè-ru. Samori a sira na, a ka Gyoriba tigè tugu, a na ra ka a darha-ra sigi so dò koro ; so mi a torho Keñge-ra, a ñyini ka a mina. Keñge-ra morhò-ru ar ti sira : alimama a sigi-ra, a ka ar-ta danda mameni, a ma se ka du so ra.

La mi na Nanzara kũ-tigi[1] a ka kyè kele[2] tyi Samori fè-so ka a fò a ye : « A ye, e sige-ra dyugu-kè fõndò tè kato, e ti se ka Keñge-ra mina wolo. Nanzara-ru ane Keñge-ra-ñga-ru ar bè ndyèri : ara to, tarha e-ta dugu la Sanãkoro. » Samori a gyüsu a gba-na, a ko a ñyini ka kyè mi kũ ndigè, a a fò a ye : « La mi na Nanzara ar na ya, n di sira ara ñyã, n di sye kwo ra se ñgele ; Nanzara mi o, ni ara ta, ni ara di n-da muso-ru ma, ar yere-kè Nanzara-ru ma. »

Kyè mi a ka sye-ko a kwo, a ka tarha Nanzara kũ-tigi fè-so, a ka a fò a ye : « A ye, ñ ga a fò Samori ye a sye kwo ra ka tarha Sanãkoro, a ka ñyini ka ñ gũ ndigè. »

Nanzara kũ-tigi a ka a me, a gyüsu gba-na, a ka a fò a soldasi ye : « Uri, arawan darha ! » Ar ka uri, ar ka Gyoriba tigè, sisã ar ka dõ alimama darha-ra. Sisã só-fa byè ar bè kombo ra ar ko : « Nanzara ar bè na ra ! Nanzara ar bè na ra ! » Alimama a yire só kã, a bori. Nanzara-ru ar ka ta kundo, ar ka alimama darha-ra ñgyene[3]. Katigi ar ka gyasa ba kè Gyoriba koro[4].

Samori dorho-kyè kele, a torho Kyeme Burama[5], a urra, a tarha ra ka kerè-kè Bãma-kwò ra. Nanzara-ru ar bò-ra gyasa ra sorhoma, ar ka tarha-ma, ar do na kwò ra[6], Kyeme Burama a marfatigi-ru ar kumbè-na ta. Tere a bò-dua, ar bè marfa tyi ra ; tere a ñyini ka be-dua, ar bè marfa tyi ra tugu. Nanzara soldasi ar bè kyeme saüa, Kyeme Burama soldasi ar bè wuru saüa : ar byè bun-

1. Il s'agit du colonel Borgnis-Desbordes.
2. Le lieutenant indigène Alakamessa.
3. 27 février 1882.
4. Il s'agit de la construction du fort de Bammako en février 1883.
5. Connu aussi sous le nom de Fabou.
6. Il s'agit du Ouéyoko, rivière qui coule près de Bammako, où eut lieu le fameux combat du 5 avril 1883.

du-ri-kè karako suri-ru : Nanzara-ru ar se-ra. La mi na Nanzara-ru ar du ra ar-ta gyasa ra tugu, su-ru bè kwò ra ar sya dyugu-kè, Kyeme Burama morhò-ru ar to-ra, ar ti se ka gye mi.

Sisã Kyeme Burama ane a morhò byè ar borra[1].

Katigi Nanzara kũ-tigi ba, ar a kiri Kõbo[2], a na na, a ka bõ nlo Nyagasora. Alimama a ka a me, a ko : « Nanzara ar bè na ra tugu; ni ara gbè sisã, a kya ñi kpa ; n di fè mi kè, ar dõ Sanãkoro ra. » A ka a kafi-ñyorhõ Mali-ñga Mori kiri, a ka a fò a ye : « Ye soldasi byè ta, ane ara tarha; e Gyoriba tigè, e kerè-kè ane Nanzara-ru mi o ar bè Nyagasora, i ar kũ tigè, i ar kũ ta, a di ma. »

Mali-ñga Mori a ka Gyoriba tigè. Nanzara kyè do[3] a bò-ra a gyasa ra; Mali-ñga Mori a ka a me, a tarha ra tu ra kwò koro[4] ka a konõ. A ka a fò a morhò-ru ye : « Aluru la dugu ma, ar dugõ-na yiri kolomã kwo, ar dugõ-na banda gyu kwo, ar dugõ-na gyuru kwo ; Nanzara kyè a na, a tembè ara te-le-na, ar marfa tyi ka a bõ. »

A kono na. Sisã Nanzara a na na, kerè-tigi-ru ar ka marfa tyi. Gbelè kele a bè Nanzara fè, Mali-ñga Mori a ma a me. Nanzara ar ka gbelè tyi, gbelè-dẽ ba ka yiri kari ka ara be dugu ma; só-fa-ru ar dugõ-na yiri kwo, ar karra. Katigi Nanzara soldasi ar ka muru ta ka a sigi marfa-nighè kã; sisã ar ka uri ka bori ka kõmbo : ar a gyate sã è mbarha. Só-fa-ru ar ma sira marfa ñyã, ar ma sira gbelè ñyã : ar ka marfa muru ye, sisã ar bè borra.

Nanzara a tarha ra, Mali-ñga Mori a ka só-fa-ru kiri, a ka sõñgo are ra, a ka a fò ara ye : « Aluru sira-ma-tigi lo, ar ka Nanzara-ru me ar bè kõmbo ra, aluru-le ar bè yireyire ra karako muso-ru. Ni ma Nanzara kũ ta ka a di ñ goro-kyè ma, a ñyini ka n-da kũ tigè ka aluru-ta kũ tigè. Arawan darha Nafadye ra; Nanzara-ru ar sige-ra, añi ara mna, a ma gbrè. »

1. Le départ de Kyémé Bourama eut lieu le 12 avril 1883.

2. Il s'agit du commandant, depuis général, Combes, qui établit un poste à Niagassola en 1885.

3. Capitaine Louvel.

4. Il s'agit du Komodo, rivière voisine du poste de Nafadié, d'où venait le capitaine Louvel.

Sisã Mali-ñga Mori ane a só-fa byè ar ka uri ka tarha ka Nanzara gyasa mameni ; a ko : « Sisã fõndò tè ar fè, ar ti se ka domu-nikè, ar ti se ka gye mi ; la mi ra kõgo b'are ra, ar na sorõ na. »

Nanzara kyè a bè Nafadye ra[1] a ka baragi sewè ka a tyi Kõbo ye. Kõbo a ka baragi ta, a ka kardasi kara ; a urra sisã, a ka tarhama gyona-gyona karako foro-ñgyo a bè fyè-na, a na na, la kele a ka Mali-ñga Mori gbè, a ka só-fa byè gbè[2]. Katigi a ka Nafadye Nanzara ta, an'a a tarha ra Nyagasora.

Tere-mana a ba-na, Kõbo a ka tarha Nanzara dugu la tugu. Samori a ka a me, a ka a fò Mali-ñga Mori ye : « Fõndò tè ya tugu, kana sira : Kõbo, a se ka kerè-kè, a tarha ra. Só-fa sya-mã nda, an'ara tarha Sularha-ba da ra ka kerè-kè. »

Mali-ñga Mori a ka só-fa sya-mã nda, ar bè wuru tã, só bè ta sya-mã. A ka tarha ka Gyoriba tigè, a ka dugu byè mina ar bè Gyoriba kwo, a dõ na Sularha-ba da ra. A ka kyè-ru farha, a ka muso-ru mna, a ka dẽ-u mna, a ka ara fire ka só-ru sã ane mughu sã ane marfa-ru sã. Morhò-ru mi o a ma ara farha, ar to-ra, a ka ara tyi kõñgo ra, ar bimbri ni mosonoñyõ kari, ar ku ni mãdiga bõ, ar malo tigè : a ka two ñyini sya-mã wolo, a ka ñyini ka a morhò-ru so two ra, ka a só-ru so two ra.

Kyeme Burama ñya-la-kã a tarha ra, a ka gyõ-u mina, a ka kerè-kè Bãma-na dugu la.

La mi na Kõbo a bò-ra Nanzara dugu la ko kele tugu, ane kũtigi dò-gbrè[3] a na na. Kũ-tigi mi e a tarha-ma gyona-gyona. Mali-ñga Mori a bè so dò ra[4], Nanzara kũ-tigi a ka a me, a ka tarha-ma gyona-gyona, a do na so mi na. Mali-ñga Mori a ka la kundo, a ka so ñgyene, a borra. Nanzara kũ-tigi a ka tarha-ma la byè, a do na Nafadye ra. Mali-ñga Mori a ka Nafadye ñgyene, a borra[5]. Nanzara kũ-tigi a ka tarha-ma tugu, su ra a do na dugha ra só-fa saüa bè ya : a ka ara mna ka ara siri ka a fò ara ye : « Ar sira yila, an darha

1. Capitaine Louvel.
2. Le 10 juin 1885.
3. Colonel, depuis général, Frey.
4. Village de Galé.
5. Journée du 16 janvier 1886.

Mali-ñga Mori darha-ra; ar ka kõmbo, ñi ara farha; ar ka sira gyarha yila ka n dawari, ñi ara farha. »

Morhò saüa mi o ar ka sira yila, ar dõ na kwò da ra; Nanzara lo ra, a ka dugha mi ferè, a ka sisi ba ye : Mali-ñga Mori darha-ra bè ta, muso b'a ra ar tembè wuru kele na, gyõ b'a ra ar tembè wuru fila ra. Nanzara ane soldasi-ru ar bla-ñyã yirre, morhò dò tè koma ra ; só-fa-ru ar bè sündorho ra, ar ma kunu. Nanzara kũ-tigi a ka a fò soldasi ye ar marfa tyi. Siñya kele soldasi byè ar bè uri ra, ar bè pã na, ar bè bari ra darha-ra karako suri a bè bari ra sarha ra, ar bè dõ-ñgiri-la, ar bè kõmbo ra, ar bè marfa tyi ra. Só-fa-ru sya-mã ar farha-ra, Mali-ñga Mori a borra. Nanzara a ka só byè mina, ka marfa byè mina, ka ñyurhõ byè mina, ka muso byè mina, ka gyõ byè mina [1].

IV. — *Samori ane Frãzi-ru ar kardasi kè.*

La mi na Samori a ka fè mi me, a kasi ra dyugu-kè. Mãndeñga-ru ni Bãma-na-ru ni Wasuru-ñga-ru ni Konia-ñga-ru, ar byè yire-kerè Samori ma, ar ko : « A ye, Frãzi-ru, ar mã nzya ar ka alimama só-fa byè farha : la kele na ar ka gyõ-u mina, ar-ta gyõ ar sya ka tembè Mali-ñga Mori a-ta gyõ-u ra, a ka ara mna sã nzaüa ra ! »

Samori a ka kara-morhò dò kiri, a torho Omaru Gyale, a ka a tyi Nanzara kũ-tigi fè-so, a a fò a ye : « Sisã ñ ga a me Nanzara-ru ar se na [2] : morhò mi a kañyã ka kerè-kè ane Nanzara-ru, a bè a kono no a gbrè ara ye, morhò mi a bè dyugã. M bè i dari ra ya n do ni-ta dugu ra ; ni-le ñi dugu mi to Frãzi-ru ar ka a mina. A di ye e morhò-ru tyi m vè-so ar ye-ta ko-ma fò, ara tyi, añi ko-ma-kè dua kele na : fè mi a kya ñi, añi a kara. »

Nanzara kũ-tigi a ka kyè-morhò kele [3] kiri, a ka a tyi Samori fè-so. Nanzara kyè mi e a na na, a dyigi-ra Samori fè-so ra, ar ka

1. Cette défaite de Malinké Mori par le colonel Frey eut lieu dans la nuit du 17 au 18 janvier 1886, non loin de Nafadié, entre Kita et Bammako.

2. *Ar se na* est ici pour : *ar se-ru ni ra.*

3. Lieutenant, depuis lieutenant-colonel, Péroz.

ko-ma-kè. Samori a ka Omaru kiri ; Omaru a Arabu kã mvò, a se ka seuri-kè a kya ñi hali. A ka kardasi kè. Kardasi mi na, Samori a ko : a ñyini a bè Frãzi ndyèri-kyè ; dugu mi byè a bè tere-be-ye Gyoriba kwo ra, a Frãzi ta lo ; só-fa-ru ar ti tarha kerè-kè fyefyefye Gyoriba kwo [1].

Samori a ka bilã-koro dò ta, a-ta gyõ-muso kele a ka a uro, ar a kiri Kyè-ule Kara-morhò, a ka a ta ka a di Nanzara kyè ma ka gyuru sara. Nanzara-ru ar ka Kyè-ule ta, a bè gyuru-nã-digi ar buru ra, ane ara a tarha ra Nanzara dugu la [2].

Sã ñgele a ba-na Nanzara kyè mi o a na na tugu alimama fè-so Bisãdugu la, a na na ane Kyè-ule. Alimama a ka Nanzara kyè ta ka a sigi a fè-so ra a kya ñi kpa, a ka fè nzya-mã ta, a ka a sõ a ra ; a ka kardasi kè tugu, a ko a bè Frãzi ndyèri-kyè [3].

V. — *Samori a kerè-kè Sikaso ra.*

La mi ra kũ-tigi ba a bè Sikaso ra, ar a kiri Kyè-ba Taraore, a se-ra Bãmbara byè ra, Bãmbara mi o ar torho ñi-ma a bè Sèndere, ar sigi-ra Keñge-dugu ra. Kyè mi naforo-tigi lo dyugu-kè ; a-ta muso ar kasami-ra kyeme woró-mvla ; la mi na a ka tarha-ma ka kerè-kè, marfa-tigi wuru tã ar ka tarha-ma ar la-bila a ñyã, marfa-tigi wuru tã ar ka tarha-ma ar la-tõ a kwo : fè mi kato ar a kiri Kyè-ba [4].

Kũ-tigi mi Gyüla kyè lo, gale a bò-ra Foro-na. A ka so ba lo, danda ba saüa a bè a mameni ra : ye bò-ra so da kele na, ye uri ra du gbè-ra, ye dõ so da mi na tugu, a bè tere-ra. Bõ ar bè ya sya-mã sya-mã, e ti se ka ara kasami. Ar so mi kiri Sikaso.

Samori a ko o : « Sisã ñ ga kardasi kè ni-le ane Frãzi-ru am bè ndyèri : Frãzi-ru ar ti na kerè-kè ya tugu, n ze ka morhò tyi ar-ta dugu la ka marfa sã ni ka mughu sã ; ñ ga marfa ni mughu sã, n

1. Traité d'avril 1886, qui ne fut pas ratifié en France.

2. Ce jeune homme est généralement connu sous le nom de Karamoko.

3. Traité du 25 mars 1887 donnant le Niger comme limite aux États de Samori et les plaçant sous notre protectorat.

4. Le nom de ce chef est généralement écrit Tiéba par les voyageurs.

ze ka kerè-kè Kyè-ba dugu la. Frãzi-ru ane ni am bè ndyèri, a bè ñ gono no ar gbelè ta ka a dima : gbelè n-da fè, n ze ka diñga sorhò Sikaso danda ra, ni Kyè-ba muso byè mina, ni a gyõ byè mina, ni a-ta sãni byè mina. » Sisã a urra, a bò-ra Bisãdugu ra, a ka tarha ka kerè-kè Sikaso ra.

La mi na a urra Bisãdugu ra, a-ta butu-fò-barha, ane a-ta tibari-fò-barha, ane a-ta gbène-mvyè-barha, ane a-ta dõ-ñgiri-la-barha ar byè bè la-bila ra a ñyã, ar sya dyugu-kè ; dõ-ñgiri-la-barha ar dõ-ñgiri-la ar ko o : « Alimama ye, a bè Amirulmumenina, a gbrè a bõ kũ-tigi byè ye : Nanzara ar ma se ka se-ra a ra. A bè tarha ra ka kerè-kè Kyè-ba fè-so, a dõ na Sikaso tele-na, sisã so danda byè a bè be na dugu ma ; la mi na alimama a na na tugu Bisãdugu la, a ka Kyè-ba kũ ndigè, an' a a na. » Dõ-ñgiri-la-barha ar ka ñgiri mi la, alimama a ka ara sõ koro sya-ma na wolo, a ka ara sõ doro sya-ma na ar ka a mi.

La mi na Samori a dõ na Sikaso koro[1], a sira na hali : a ma so ye fyefyefye a bõ karako mi o. A sira na, morhò dò a ma a ye. A ka gyasa gbã, a ka ara sigi ar danda mameni ; a gyasa kele ta ka a di Mali-ñga Mori ma, a a fère ñi ; a kele ta ka a di Furuba Musa ma, a a ferè ñi ; a kele ta ñya-la-kã, a byè ta ka a di a dorho-kyè-ru ma ni a dẽ-u ma, a ka a fò ara ye : « Ar ferè-ri-kè kya ñi. » A ko : « Ar konõ ndorho-ma : sisã Sikaso-ñga-ru fõndò tè ar fè, ar ti se ka domu-ni-kè, ar so da yirè, añi du so ra. »

Sikaso-ñga-ru bo-ndo sya-mã a bè ar fè ; bo-ndo mi ar fa-ra, ñyõ a b'a ra sya-mã, malo a b'a ra sya-mã ; nisi sya-mã bè ta, sarha bè ta, ba bè ta, sise bè ta, ar byè a sya dyugu-kè. Ar bè domu-ni-kè ra kya ñi, ar byè fãñga b'are ra, ar gyã, ar bõ, ar gbrè dyugu-kè. Diũi do na, ar bò-ra so ra, ar bè kuturu-ra ar sũri-la, ar dõ na alimama gyasa ra, ar ka só-fa-ru farha ; ar du ra so ra tugu, só-fa-ru ar ma se ba ka ara mina.

Byã-u a bè ar fè, ar ka byã-u ta, ar ka a dõ fila-dyugu ra ; Sèndere morhò-ru, ane Bãmbara byè, ar kalã lõ dyugu-kè ; ar ka kala yire ka byã tyi ka a fri so danda kã, byã ar ka alimama morhò-ru

1. C'est en 1887 que Samori vint mettre le siège devant Sikasso.

farha; alimama a-ta marfa-ru ar ma se ka marfa-dẽ tyi a so danda suri ka a tigè, so a dua gya na dyugu-kè, marfa-dẽ a ti se ka so bõ.

Samori morhò-ru fõndò tè are fè ar a domũ : la mi na Sèndere-ru ar ka Samori me a bè na ra, ar ka malo byè tigè, ka ñyõ byè kari, ka fèm byè bõ a bè kõgo ra : la fila to-ra ar ma dõ ba Sikaso ra, muso-kãni dẽ ñgele a tè sene ra, bañyã ndẽ ñgele a tè sene ra. Samori a yã-ñyini ka doni-ta-barha tyi ar tarha Wasuru ra, ar ñyõ yini, ar ku yini, ar mosonoñyõ yini, ar a ta ka an'a na e.

Samori morhò-ru ar sigi-ra kari fila, ar gya-ra dyugu-kè, ar sya ar fari è dimi; só-ru ar ti se ka tarha-ma. Lòrhò tè ar fè, ar ti se ka two mõ : só-fa-ru ar ka na ñyã ar dõ na Sikaso koro, ar ka yiri byè tigè ka lè ta ka ta kè : a ma to lòrhò kuru kele; Samori morhò-ru yã-ñyini ka ku domũ a ma mõ, ar bè sya-mã ar gyuri bó kè. Gye a ma ñi, a bè gyarha, morhò sya-mã ar ka seghelè mina.

Kyè-ba yire a-lele farha, la byè Kyè-ba a dõ-ñgiri-la-barha ar dõ-ñgiri-la ar ko-ma gbelè-ma, Samori a ara me, ar ko : « Samori ye, a na na ya ka anuru muso mina, ka Kyè-ba sãni mina; a ko kõgo añi byè farha. A ye : a-lele kõgo a b'a farha ra. » Kyè-ba muso-ru ar kumbè-na Sikaso katorho ra, ar bè dõ-ñgè ra, ar bè dõ-ñgiri-la ra, ar bè Samori yeni ra, ar bè a dorho-kyè-ru yeni ra, ar bè só-fa byè yeni ra.

La mi na alimama a ka baragi tyi Nanzara mi fè so a se-ra Nanzara byè ra ar sigi-ra dugu la[1], a a fò a ye : « Ñ ga kardasi kè ane Frãzi-ru, aru n-da de-ñyorhõ lo; e-le bè m va, e bè n na. Sisã Kyè-ba a ka n yeni; ni-le n di se ka a-ta so mna, a ka danda ba kè wolo : e gbelè ta ka a di ma, ane Nanzara kyè dò a se ka gbelè tyi; sisã ni Sikaso mna, morhò byè a ye, ni m bè e ndyèri-kyè, morhò byè ar ka a lõ. »

Nanzara kũ-tigi a ma lo a ra. Siñya kele, Nanzara kyè dò, ar a kiri Lyètenã Bĩze[2], katigi ar a kiri Guvenè Bĩze[3], a bò-ra Bãma-kwò ra, a do na Sikaso ra. Nanzara a ma dõ ba Sikaso ra. Samori

1. Ce Blanc était le colonel, depuis général, Gallieni.
2. C'est-à-dire « lieutenant Binger ».
3. C'est-à-dire « gouverneur Binger ».

a ka a gyate ko Nanzara kũ-tigi a ka Lyètenã Bĩze tyi a fè-so, a ka gbelè mi ta a ka a dari, a ka soldasi ta, an'a a bè na ra ka a di a ma. La mi na a ka a me ko Bĩze a bè na ra, fè mi a di a ye dyugu-kè. A ka gyõ kele ta, a ka a tyi Kyè-ba fè–so ka a fò a ye : « E ma a me? Nanzara-ru ar bè na ra ya ka sigi-ra n-da darha-ra, gbelè bè ar fè; sisã ni Sikaso mina, ni e-le mina, ni ye kũ ndigè. »

A ka Kyè-ule kiri : a bè a gyõ-muso kele ta dẽ, a ka tarha Frãzi dugu la, a Frãzi kã mvò; a ka a fò a ye : « Tarha Nanzara kyè bè sira ra, ka a fwo. »

Bĩze a na na, Samori a ka a ye marfa fila gbãzã a bè a buru ra, a marhamarha-ra, a ka a ñyini-ñga ka a fò : « E soldasi bè mi? » Bĩze a ko o : « Soldasi tè m buru ra. » Samori a ko : « Soldasi mi o, ñ ga Nanzara kũ-tigi dari are ra, ane gbelè kele, ar tè i buru ra? » Bĩze a ko : « Munu? e ko di? » Samori a ko : « E ma a me? ñ go o : soldasi mi o, ni gbelè mi o, ñ ga Nanzara kũ-tigi dari are ra, a bè mi? » Bĩze a ko : « Nanzara kũ-tigi a ma a fò ñi, a ti soldasi di ma, e kerè-kè Kyè-ba fè-so, a ma di Nanzara ru ye. E bè kerè-kè ra, a ma ñi : e bè sige-ra dyugu-kè, e ti se ka Sikaso mina. »

Alimama a ka a me, a gyüsu gba-na, a ka a fò Bĩze ye : « E bè kũ-tigi Nanzara fè-so, e kerè-kè lõ : na n dyema, an darha, ni Sikaso mina. » Bĩze a ko o : « Ẽẽ, n di ñyini ka kerè-kè : m bè yara la ka dugu ferè, m bè tarha ra dugu byè ra ar safari-kè ta, ñya fè-mbyè ye. N di ñyini ka ane Kyè-ba kerè-kè, Kyè-ba e a bè Nanzara ndyèri e wolo. E le bè kerè-kè ra, n di ñyini ka sigi ya, n zira dari ka tarha. » Sisã Bĩze a ka Samori dari sira ra ka sara a ra.

Samori a ka a fò ire ye : « Nanzara kyè a tarha ra, Kyè-ba a ka a me, a ko Nanzara-ru ar ti ñyini ka n dyema, a ma ñi. » A ma sira di Bĩze ma. Bĩze mi o a me-ni-kè lõ kpa, a konõ na la woró-mvla, a konõ na la woró-mvla tugu : la byè a ka morhò kiri, a ka ara dari dugu byè torho ra, a ka ara dari ar sira yila ar tarha dugu mi na; sisã a ka sira byè lõ a bõ Samori ye; Samori a ti se ka bõ Bĩze ye, a ka a me, sisã a ka Bĩze to a tarha a sira ra.

Bĩze morhò berè lo, a bè morhò ye : Samori a ma ñyini ka a me wolo, Alla ka Samori bugo.

Samori a bè Sikaso koro, a sigi-ra ta kari woró-mvla ko fila ane la woró-mvla ko fila[1]; a morhò-ru wuru woró-mvla ar farha-ra. Ar byè ar to ra ar fari è ara dimi ; ñyõ ndè ya tugu, ku tè ya tugu, fõndò tè ya ; só byè farha-ra, doni-ta-barha byè farha-ra, mughu tè ya tugu. Sisã alimama a uri la, a tarha ra a-ta dugu la tugu ; la mi na a ka tarha, Sèndere-ru dugõ-na tu ra, ar ka a morhò sya-mã farha.

Alla a ka fè mi kè : a ka Kyè-ba kisi, a lo ra a kwo, a morhò berè lo wolo ; a ka Samori bugo, a ti kè-berè-kè wolo.

La mi na Kyè-ba a farha-ra[2], Babemba yele-ma ra a ye, a Sikaso farhama ya. A ka ñyini ka a kè karako Samori, ka kerè-kè, ka morhò farha, ka muso ñyini, ka gyõ-u ñyini. Fè mi kato, Alla ka a bugo e, a ka Nanzara-ru tyi, ar dõ na Sikaso ra, ar du ra so ra, ar ka Babemba farha. So mi o, Samori a ma se ka a mina, a sigi-ra yi kari woró-mvla ko fila ni la woró-mvla ko fila, a ma a mina, Nanzara-ru ar ka kerè-kè la woró-mvla ko fila, ar ka a mina. Nanzara-ru ar gbrè ar bõ morhò byè ye ; Alla kele a bõ Nanzara ye.

VI. — *Samori ane Frãzi ar kerè-kè tugu.*

Samori a gyusu a gba-na dyugu-kè, Nanzara ar ma gbelè di a ma wolo ; a ko : « Frãzi ar ma di ñi e, ar bè faniyã-ndigi ; ar ka seuri-kè, ane ni ar ka kardasi kè, ar ka Alkurana domũ, ar ko ar bè n-da ndyèri-kyè : la mi na ñ ga ara dari ar na n dyema, ar ma n dyema. » Sisã a ka kardasi mi ta, a ka a farã, a ka kardasi ta a fara-na, a kã tyi Nanzara kũ-tigi ye ka a fò a ye : « N di e kardasi ñyini tugu[3]. »

Katigi a ka kyira tyi a tarha Amadu Seku fè-so ra. Farhama mi o, a torho Amadu Seku, a ka Segu sigi ka Fila-gya-le sigi, a bè ane Frãzi ru kerè-kè ra. Samori a ka kyira tyi a a fò Amadu ye : « I kele ya kerè-kè, Nanzara a se-ra ye ra ; ni kele ñ gerè-kè, Nanzara a se-ra na : e-le ane ni am vila an darha, e-le ye Frãzi-ru bugo numa-

1. En réalité le siège de Sikasso dura 16 mois, de mai 1887 à août 1888.
2. 28 janvier 1893.
3. C'est en 1889 que Samori rompit le traité signé deux ans auparavant.

moro-ye, ni-le ñi ara bugo siñya kele kini-moro-ye, añi se-ra are ra, añi ara byè farha. »

Nanzara kũ-tigi[1] a uri ra, a bò-ra Sigiri ra[2], a ka Gyoriba tigè : soldasi ar bè a fè sya-mã, só bè sya-mã, gbelè bè sya-mã. A tarha ra dorho-ma, a dõ na Kãkã na[3]; Samori morhò-ru ar borra ñyã, ar ka so ñgyene. Nanzara a ka tarha-ma ñya-la-kã, a dõ na Bisã-dugu[4], Samori a borra ñyã, a ka so ñgyene. Nanzara a ma fõndò ye ka a domũ, a sye ra kwo ra, a tarha ra Sigiri la; a ka Sãkara-ñga byè ta, ar sira Samori ñyã, a bè ar kono no alimama a ara mina ka ara fire ka mughu sã ni só-ru sã. Nanzara a ka ara byè ta, an 'ara a tarha ra Sigiri la.

Ko fila-na Nanzara-ru ar ka na tugu Sãkarã na[5], ar du ra Kurã-kwo ra, ar ka Samori morhò sya-mã farha, ar ka Fara-ba mina; so mi a bõ hali.

Samori a bori ra Kisi dugu la, a ka a fò só-fa kũ-tigi kele ye, ar a kiri Kyè-morhò Bilali : « E sigi ya : Nanzara-ru ar ka ñyini ka bò-ra Soso gye ba ra ka na ya, e sõñgo a ra ko ar ti na ya. » Nanzara-ru ar sigi-ra Soso dugu la e tyã, Samori a sira na ar tembè ta e.

Nanzara-ru ar ka Gyoriba tigè tugu[6], ar ka dõ Kãkã na, ar ka tarha-ma la byè. Samori morhò-ru ar dugõ-na kwò tu ra[7] : Nanzara ar ka dõ yi, Samori morhò ar ka marfa tyi. Ar ka marfa tyi wuru-tutututu, Nanzara e ar ka marfa tyi wuru-tutututu. Só-fa-ru ar bori la. Samori a sigi-ra kwò dò-gbrè koro ar a kiri Gyamũ-kwò, a bè ta ane a muso ar a kiri Sarana; a ka só-fa-ru ye ar bè bori ra, a ka ara kiri ka a fò ara ye : « Ar lo, ar na ya! Ni ñyini ka Nanzara byè farha bi. » Samori a ka kerè-kè gberè-ma, a muso e Sarana a ka kerè-kè karako kyè : fè mi lomõ katigi ar ka a torho fari, ar ka a torho yele-ma Sarañgyè[8].

1. Le colonel, depuis général, Archinard.
2. Le 28 mars 1891.
3. Le 7 avril 1891.
4. Le 9 avril 1891.
5. Sous le commandement du capitaine Hugueny.
6. Le 20 janvier 1892, sous le commandement du colonel Humbert.
7. Cette rivière est connue sous le nom de Sombi-ko.
8. Contraction de *Sarana-Kyè* « la Sarana mâle ».

Ar ka Nanzara sya-mã farha[1]. Nanzara e ar ka só-fa sya-mã farha, Samori le a borra tugu.

Nanzara-ru ar ka dõ Sanãkoro[2] : so mi o, Samori a uro-la ta. Gale Samori a ka so ñgyene, a borra. Nanzara ar ka gyasa gbã Sanãkoro ra[3].

Samori a ka mughu ta a bè sya-mã, a ka a dugõ so ra a bè kõñgoli kã, a torho Tu-koro. Nanzara-ru ar yire ra kõñgoli kã, ar ka mughu ye, ar ka ta kundo, ar ka mughu sigi ta ra, sisã mughu byè a bè fata-ra[4]. Samori a dugo-na a dua srõ, a bè tu ra, a ka a me. Sisã a ka a dorho-kyè-ru kiri, a ka a fò ara ye : « Añi kana kerè-kè tugu, mughu tè añi fè tugu, Nanzara se ka añi byè farha : an darha ka dugõ-na dua gya-na, añi nene-kiri, añi mughu sã ; la mi na añi ka mughu sã, añi kerè-kè tugu. »

Samori a ka morhò sya-mã tyi, dò-bè ar tarha ra Maniã-ñga dugu ra, dò-bè ar tarha ra Tere-be-ñgyüla dugu ra ; Tere-be-ñgyüla ar sigi-ra gye ba koro korho b'a ra papapapa, Tõ a kiri gyemvye ; dugu mi na, Naswara bè yi sya-mã ar bè fi-ma[5].

Samori morhò-ru ar ka tarha ta ar ka marfa sã, ar ka mughu sã, ar ka ta-kara sã sya-mã Naswara fi-ma fè ; ar ka a byè ta, an'a ar na na Samori fè so.

La mi na mughu bè alimama fè, la byè a ka a me ko soldasi ar bè kwò tigè ra, a morhò-ru tyi ar soldasi farha. Doni-ta-barha ar bè tembè ra sira ra, Nanzara-ñyõ mugu a bè larha la, wala malo a bè larha la, wala doa-dẽ ane marfa-dẽ a bè kèsu ra, ar doni ta ar bè tembè ra : Samori a ka a me, sisã a ka morhò tyi ar tarha ka doni-ta-barha farha, ka doni mina, ka alarha ta ka a di a ma.

1. Dans ce combat, connu sous le nom de bataille du Diamou-ko, et qui eut lieu le 21 janvier 1892, nous eûmes trois Européens tués (dont le lieutenant Mazerard), cinq Européens blessés (dont le capitaine Bonnier) et sept tirailleurs sénégalais tués.

2. Le 26 janvier 1892.

3. Le poste fut construit, non pas à Sanankoro même, mais non loin de là à Kérouané.

4. Le 13 février 1892.

5. L'auteur du récit veut désigner par là les Noirs civilisés du Libéria.

Nanzara ar ka sigi dorho-ma, sisã ar ka dõ Gyalõ-ñga dugu ra [1], ar ka dõ Kisi dugu ra, ar ka kerè-kè. Kyè-morhò Bilali a bè ta, Bakari Ture a bè ta tugu : ar ti se ka sõñgwa ra ko Nanzara ar ti tembè. Nanzara ar dõ na dugha mi na Gyoriba a bò-ra dugu ma [2]. Ar ka Bilali gbè, ar ka só-fa byè gbè ar Kurã-kwo tigè ar borra ar tarha ra Koniã na.

Nanzara darha dò-gbrè [3] a ka na : ane Amara, a bè Samori dẽ, ar ka bè fara kã; Nanzara ka só-fa sya-mã farha [4]. Nanzara darha dò-gbrè a ka na ñya-la-kã, Kõbo a bè ar kũ-tigi, ar ka Samori gbè a uri ra Sãkarã na ; ar ka tarha-ma ar ka dõ dugu mi na ar a kiri Nafa-na, ar ka dõ so dò ra ar a kiri Gyende [5] : la mi na Samori a uri ra a bò-ra Kisi dugu la, a na na ka sigi-ra Gyende na. Kõbo a bè na ra, alimama a ka a me, a bè a kono no gale Kõbo a ka a dimi dyugu-kè ; sisã a ka a-ta ñyurhõ-nã byè ta, a ka Gyende-ñga byè ta, a ka so ñgyene, a borra a tarha ra Kuro-dugu la [6].

VII. — *Samori a Gyũla dugu mina.*

La mina Kõbo tarha ra, Samori a ma se ka só ye Kuro-dugu ra, a ka ñyini ka tarha dugu mi na a bè Wasuru kwo, a korosi ka só sã. A urra, a tarha ra kerè-kè dugu mi na ar a kiri Tenetu. A ka so mina sya-mã, a ka gyõ ni só mina sya-mã. Tenetu-ñga ar ka a fò Nanzara ye ; sisã Nanzara kũ-ndigi [7] a na na, a ka Samori gbè. Samori a sye-ko ra Kuro-dugu la.

A ka dugu byè tyã, a ka Wuro-dugu mina, a dõ na tu ra,

1. En janvier 1893, sous le commandement du capitaine Briquelot.
2. Cet endroit est connu sous le nom de Tembi-ko-nda, c'est-à-dire « bouche (ou source) du Tembi-ko »; le Tembi-ko est l'une des rivières qui, en se réunissant, forment le Niger. La colonne du capitaine Briquelot y parvint le 7 mars 1893.
3. Colonne du capitaine Dargelos.
4. Le 5 février 1893.
5. Il s'agit ici d'Odienné, dans le nord-ouest de la Côte d'Ivoire.
6. Février 1893.
7. Colonel Bonnier.

morhò ar bè yi añi ara kiri Lò, Tõ ara kiri Guro : ar morhò sorho domũ. Katigi alimama a ka Syekoba tyi, a ka Segela mina, a ka Nanzara kyè ñgele farha[1].

Kuro-dugu ane dugu byè Gyüla-ka ar sigi-r'are ra, ar Kũ masa-kyè ko-ma me kya ñi : Samori a ka a lõ. Watara kabila a se-ra dugu mi byè na : Samori a ka a lõ. Sisã a ka kyira-ru tyi ar tarha Kũ na ar dyigi-ra masa-kyè fè-so ra. Masa-kyè mi o, a torho bè Kara-morhò Ule Watara ; a ndorho-kyè torho bè Gyarawari Watara. Kyè-morhò-ba e a bè Kũ na, alimama lo, a torho bè Sitafa Sarhandorho. Samori a ka gyõ-ñgyè ta a bè kyeme kele, a ka gyõ muso ta a bè kyeme kele, a ka ara byè di Watara ma[2]. A ka baragi tyi are fè, a ko :

« Kardasi mi e a bò-ra m buru ra, ni-le Alimama lo, Amirulmu-menina ; ñ ga kardasi kè ka Kara-morhò Ule fwo, è morhò berè lo, ka Gyarawari fwo, è naforo-tigi lo, ka Sitafa fwo, è mori-ba lo, ka Watara byè fwo, ka mori kyè byè fwo, ka mori muso fwo.

« Ni a fò ye, ñ go o : Naswara ar ka ñ gerè-kè, ar ka n-da dugu mina ; ñi na na Kuro-dugu ra, ñi do na ta ñ ga Gyüla ye sya-mã, ñ ga Maraba ye sya-mã, ar byè ka Alla lõ, ar ka Mohamadu lõ a bè Alla nabiu : Watara se-ra ar byè ra, ñ ga a lõ.

« Fè mi lomõ ñ ga a fò ye ko n di ñyini ka kerè-kè mori dugu ra, n di ñyini ka Kũ mvarha, alkurana-tigi b'a ra sya-mã wolo, kara-morhò kyè b'a ra sya-mã. N di ñyini ka mori kyè-ru mina ka ara fire ; n di ñyini ka ar-ta fè gyãgyã ; n di ñyini ka ar ñyõ mina ane fè mbyè a bè ar kõñgo ra. Ni kerè-kè kafiruna ra gbãnzã, ar a kiri Bãmbara.

« An 'aluru ñ ga safari-kè, a kya ñi : ñi morhò tyi ar tarha are fè-so, ar gyõ ta, ar sãni ta, ar marfa sã i fè, ar mughu sã, ar só sã. Aluru ane Nanzara mi ar sigi-ra gyemvye ra kini-moro-ye, ar ndyèri-ni bè[3] : aluru ar sãni ta, ar tarha Nanzara fè-so, ar marfa sã Nanzara fè, ar mughu sã, ar a fire m vè. Aluru ane Keñge-dugu-

1. Il s'agit du capitaine Ménard, alors en mission dans cette région.
2. C'est vers la fin de 1893 que Samori fit des propositions aux chefs de Kong.
3. Allusion au traité passé par M. Binger avec les chefs de Kong.

ñga ar ndyèri-ni bè : ar n-da gyõ ta, ar tarha Babemba fè-so, ar só sã a tè, ar a fire m vè.

« Ye fè mi kè, ñ garra ñi ti du ye-ta so ra. »

La mi na Kara-morhò Ule ka kardasi mi ye, a ka kyè-morhò byè kiri ; Sitafa e a ka mori-ba byè kiri, ar kumbè-na. Kara-morhò Ule a ka ara ñyini-ñga a ko : « Ar bè muni gyate ra ar kono no? » Ar byè ko : « Alimama Samori a ka ko-ma fò kya ñi : arawam vè mi kè; a ti kerè-kè ya, añi-ta so ba ma ñgyene-na karako so mi o ar bè sya-mã ar ma alimama ko-ma me. » Siñya kele, Watara kyè dò bè ta, ar a kiri Kerè-tigi, gale a ka kerè-kè wolo ; a ka a fò ara ye : « La mi na Samori ka ñyini ka Kyè-ba tyã, Kyè-ba sigi ra so ra, Samori ma se ka du so ra. Mune-kato añi ti a kè karako Kyè-ba? »

Kara-morhò Ule a ka a fò : « Kyè-ba a se ra a kerè-kè kya ñi, a-ta morhò byè se ra ar kerè-kè kya ñi ; anuru le, añi se ka safari-kè gbãnzã, ka syeri-kè, ka kara-ñgè, ka kardasi seu-ri-kè ; añi ti se ka kerè kè. »

Soroñgi kyè kele a bè ta, ni ñina na a torho kwo, a ko : « Añi ka Samori ko-ma me, añi ka fè mi kè a di Samori ye, Nanzara a gyate ane Samori añi ndyèri-ni bè, ar na ya ka kerè-kè ka añi-ta dugu tyã. Kardasi mi e a bò-ra Samori buru ra, an a ta, an darha ka a di Nanzara kyè mi ma a na na ya ñyã, an 'a añi ka kardasi kè, a sigi-ra Basami ra. »

Watara-ka-ru ar ka a fò : « Basami a gyã : kyira a ka tarha ta, a ma na ba ya tugu, Samori a ka añi-ta so mina ka a tyã, a ka añi-ta muso mina, a ka añi-ta dẽ-u mina ka a fire. »

Fè mi kato ar ka a fò Samori kyira e ko an 'a ar ñyini ka safari-kè. Kara-morhò Ule ni Gyarawari ar ka só ta, ar ka mughu ta, ar ka marfa ta sya-mã, ar ka a di Samori kyira ma ar alimama so fè nzya-ma na. La mi na ar ka fè mi kè, ar fye-na, are ñyã-dẽ a tugu-ra : ar ma Samori lõ, ar ma Nanzara lõ ñya-la-kã.

La kele na, kyè-morhò dò a torhò bè Mori a bò-ra Sarha-ra, a bè kerè-kè ra Tagbona-na. A ka Tagbona mna sya-mã, a ka ara fire Baule na Tõ mvè ka mugu ni marfa sã. Fè mi lomõ e ka Tagbona ye sya-mã ar bè gyõ Tõ mburu ra.

Samori a ka Mori kiri, a ka a ñyini-ñga ar fila ar ndyèri-ni bè, a ka a ñyini-ñga a lo-ra a-le kwo, a ka a fò a ye : « Ye ka kerè-kè, ye ka marfa soro ni mughu soro, a di ma. » Mori le a ka fè mi kè : sisã Samori a gbrè ya tugu. Kũ-ñga ar ka só sya-mã di a ma, ar ka mughu sya-mã di a ma ; Mori e kerè-tigi sya-mã b'a fè : Samori a bõ ya a gbrè dyugu-kè.

Sisã Samori a ka Tagbona byè mina ka ara gyõ kè ka ara ta ar tarha Kũ na, a ka ara fire Kũ-ñga fè. La mi na Gyüla kyè dò a bè Tagbona-na, a torho Ali Baba Watara, a sira na, a tarha ra, a dõ na Gimini ra, a ka tarha ka kũ-ndigi byè fwo, an 'ara a ka ko-ma kè.

La mi na De-mba Watara, gale a farhama lo a Gimini byè sigi, a farha-ra : Alla a ni sigi a fè-so ra ! De-mba Watara a ndorho-kyè, a torho bè Burama Watara, a bè Darha-ra sigi-ra, a Dawa-kala sigi, a Gyüla byè sigi Gimini ra. Bãmbara kyè dò, a torho Namborhosye, ane Bãmbara kyè dò-gbrè, a torho Pemiñyã, ane Pemiñyã dẽ ñgele, a torho Kitara Sara, ar saüa kyè-morhò-ba lo, ar bè Wãdara-ma sigi-ra, ar Sokola sigi, ar Gimini Bãmbara byè sigi, ar torho ñi-ma bè Kyepere.

Ar byè kumbè-na ka ko-ma-kè, siñya kele Nanzara kyè dò a na ra, a dõ na dua kele na, a bè bò-ra tu ra ; a torhò te-le bè Kapitènu Marsã, Tõ ar ka a torho yele-ma Kpakibo [1]. Gimini kũ-ndigi-ru ar-ka a fò a ye : « E ma a me ? Samori a ka Kuro-dugu mina, sisã a bè kerè-kè ra Tagbona-na, la dorho-ma a na ya. De-mba Watara a bè añi-ta kũ-ndigi ñyã, a farha-ra, (Alla a ni sigi ali-gyenna ra !), ane Nanzara kyè ar a kiri Bĩze a kardasi kè : e-lele bò-ra Bĩze fè-so ra, e Bĩze ko-ma ta ka a fò, a fò añi ye : am muni kè? Añi ma bõ, añi ma tote gbelè-ma, an di se ka kerè-kè Samori ra. Nanzara ar ka ñyini ko añi kerè-kè, ar soldasi ta, ar na ya ka añi dyema. E ko di ? »

Kpakibo ko o : « Ni ñyini ka tarha n dõ-na Kũ na ñ go-ma-kè,

1. Le capitaine, depuis lieutenant-colonel Marchand, est connu parmi les indigènes de la Côte d'Ivoire sous le surnon de *Kpakibo*, qui veut dire en agni « celui qui fend la forêt, l'ouvreur de routes ». C'est en avril 1894 que se place la visite du capitaine Marchand aux chefs du Guimini.

ane Watara-ru ñi ko-ma-kè. Katigi n zye-ko n darha Guvenè Bĩze fè-so ka a fò a ye a Nanzara tyi sya-mã, soldasi b'are fè, gbelè b'are fè, ar na ya ka aluru ndyema. Ar ma na ba, Samori a dõ-na ya ka kerè-kè, aluru ar kerè-kè gberè-ma, ar ni konõ : ñi na o ndorho-ma, ni soldasi ta sya-mã, an 'ara ñi na ya tugu. »

Katigi Kpakibo a tarha ra, a do na Kũ na. Kũ-ñga-ru ane Nanzara ar ka kardasi kè folo-na, ane Samori ar ka kardasi kè fila-na, ar Kpakibo ta ar a sigi ar fè-so ra, ar Kpakibo gbè kene-ma, ar muni kè, ar ma a lõ. A bè sya-mã ar uri ra su ra, ar tarha ra Gyarawari ta lu ra, ar ka a fò a ye : « E yã-ñyini ka Nanzara kyè saüa[1] mina ar bè ya, i ar kũ digè, i ar kũ da i tarha a di Samori ma : e ka fè mi kè, a kya ñi hali; Samori a gyüsu sumã-ni bè kpa, a ti añi dimi fyefyefye o. »

Sisã Gyarawari ka Sitafa Sarhandorho kiri ka a ko-ma me, a ka Sitafa ñyini-ñga sira ra ko a Nanzara farha. Sitafa a koro-ni bè, a mori-ba bè, a ka Alkurana lõ kya ñi, a ka ko lõ kpa; a ka a fò a ye : « A sewè-ra Alkitabu ra : londa mi e a sigi-ra i fè-so ra, a bè la ra i-ta bõ-ñgũ-na gyü-koro, ye kana a dimi. » Sitafa a ka a fò te, ar ka Kpakibo to. Kũ-ñga-ru e, Kpakibo a sigi-ra Kũ na, fè mi ma di ara ye.

Katigi Kpakibo sye-ko ra, a ka tarha Basami ra. La mi na a urra a tarha ra, Samori a ko : « Ni ñyini ka tarya ka Gimini mina gyona-gyona; la dorho-ma, Kpakibo a ka soldasi ta a na ya tugu, n di se ka Gimini mina. Gimini-ñga aru naforo-tigi lo : morhò b'a ra sya-mã, muso b'a ra sya-mã, de ndorho-ni b'a ra sya-mã, ñyõ bè yi, mosono-ñyõ bè yi, ku ba bè yi a di dyugu-kè, nisi bè yi sya-mã, sarha bè yi, ba bè yi, tu sorho bè yi, gyese bè yi; ar fãni dã kya ñi, ar deüè dã kya ñi : fè mbyè bè Gimini ra sya-mã. Wan darha ka fè mi byè mina : Frãzi soldasi a ma dõ ya ba, ñ ga fè mi byè mina, a di. »

Samori a ka ko-ma fò te, a ka gyu-tigè ka Gimini tyã : Gimini e ni-ta dugu lo, m va ta bugu lo; ñ goro-kyè byè dõ-na Gimini dugu

1. Ces trois Blancs étaient : le capitaine Marchand, l'explorateur Moskovitch et le douanier Bailly. C'est le 30 avril 1894 que le capitaine Marchand arriva à Kong.

gyu-koro ; Alla a Samori farha! a Samori dõ-u farha! ar byè ar tarha dyandama ra!

VIII. — *Samori a Gimini mina.*

La dò ra am bè-ni De-mba gyasa-kono no ; la kele morhò-ru uri-ra sorho-ma ka tarha kõñgo, ar bè tu uri ra, ar ka só-tigi ye è na, ar ka a fò so ye, ar ka só kiri ka la ar kã ka morhò nani kũ tigè. A-to ar ka bori ka na a fò kerè a bè na ra. Morhò byè ka marfa ta, ka kala nda, ka bò sira ra, ka kwò tigè, ka kerè la. Só-fa byè ka kumbò, ar ka marfa tye, ka morhò-ru ta, ka do-na so ra[1], ka dugu gyene.

Gimini-ñga-ru ar borra, ar byè do na dugha a gya-na ; ar ka kumbu bò, morhò byè ka Burama kiri, ka Kosi kiri, ka Pemiñyã kiri, ka Folõ-u kiri, ka Gyũla-ru kiri, ka Kitara Sara kiri, ka Bãndorho-ka ñgiri, ka Bigyala-ñka ñgiri, ka Kpana-ñga ñgiri, ka Kumbele-ñga ñgiri, ka Wolo-ñga ngiri, ka Tagbona-ñga ñgiri ; ar byè ka na, ka kumbè-na Dawakala.

Sarañgyè Mori[2] a ka gyasa gbã, a-ta gyasa kele, Syekoba ta kele, Sããgwola ta kele, Foruba Musa ta kele. Só b'ar fè sya-mã ; só-tigi bè kpa na, ar bè bori ra gbèndige-ra : muso-ru bè tembè ra, dẽ-u bè tembè ra, só-tigi ar ka ara mina, an' ara ar ka tarha.

Gimini-ñga ar ti sira, Kyepere ti sira fõndò ñyã. Ar ka kala nda ka byã mvri sa na ka só-fa sya-mã farha ar bè gyasa ra. Fè nzya-mã tè añi fè añi a domũ, añi bè Kpakibo kono na, Kpakibo e ma na.

La mi na morhò dò a bè Dawakala ra, ar a kiri Mamudu Watara, a bè sira na dyugu-kè ; a uri ra su ra, a ka so da kele yirè, a ka Sarañgyè Mori kiri. Sarañgyè Mori na na, ane só-tigi byè a du ra so ra, ar ka morhò byè farha ar bè ta. Ar ka Namborhosye farha, ka Pemiñyã farha, ka m va farha (Alla a ni sigi a fè-so ra!),

1. La ville dont il s'agit est Darhara, dont l'attaque par les bandes de Samori eut lieu en octobre 1894.

2. Ce lieutenant de Samori est le fils de sa femme *Sarañgyè*, d'où son nom de *Sarañgyè Mori* « Mori, fils de *Sarañgyè* ».

ka kyè-morhò byè farha, ka morhò byè farha ar fari è dimi, ar ma kende, ar ma se ka bori. Mamudu le kele, an 'a-ta muso-ru, an 'a-ta dẽ-u, ar ma are farha.

Sisã Burama ka a-ta morhò-ru ta, an 'ara a borra, a tarha ra Satama Gyambala ra, a sigi-ra Kara-morhò Ali Watara fè-so ra. Burama ndorho-kyè, a torho bè Dala Watara, a bè Soroñgi, ane Namborhosye ta dẽ, a torho bè Latè, ane Pemiñyã nda dẽ, a torho bè Kitara Sara, ane ni-le, am byè borra. Sarañgyè Mori ka añi muso-ru ta, ka añi dẽ-u ta, ka añi gyõ-u ta, ka añi só-ru ta, ka añi ñyurhõ-na mbyè ta, a ka fè mi byè di a fa ma.

La mi na ñi uri ra Dawakala m bè borra, a bè ñ gono no, ñ gyüsu n dimi dyugu-kè : morhò sya-mã a farha-ra, su bè sira byè kã, kũ a tigè-ra bè yi sya-mã ; m bè tarha-ma ra gyuri ra, n zẽ ule ya. Samori mi o an 'a dẽ Sarañgyè Mori, ar ka m va farha, ka n na farha, ka n dorho-kyè farha, ka n dorho-muso farha, Alla aru-le farha, ka ara tyã, ka ara farã, ka ara ñgyene dyandama ta ra!

Katigi Sarañgyè Mori ka Sokola mina, a ka Wãdara-ma mina, a ka Gimini dugu byè mina, a ka kyè byè mvarha, a ka muso byè ane de mbyè gyuru la mina.

La mi na tere mana-na tutututu, a gba-na dyugu-kè ; foñyõ gya-ra kpa : kari fila, sã-ñgye ma be ko kele ; kwò byè gya-ra, gye t'a ra tugu fyefyefye o. Samori marfa-tigi gye ara farha ; ñyõ ma se ka fale sene ra. La mi na mori-ba kele a bè Wãdara-ma, a koro-ni bè dyugu-kè, a ku-nzigi gbè-ra ; a ka tarha Makka ka alhigyi la, a ka fè mbyè lõ, a n-da bèma lo, a gyamũ bè Kurubari, a torho bè Wèñgye[1]. Samori ka a kiri ka a fò a ye : « Tarha syeri-kè ka Alla dari a sã-ñgye be dugu ma. » Kyè-morhò-ba mi o a ka syeri-kè, a ka solatu-gbawali la, a ka tasabia fò, a ka syeri-fa-ra la, a ka tasabia fò, a ka leasara la, a ka tasabia fò : solatu-fitiri a ba-na, sisã sã-ñgye bè na ra, a be-na gberè-ma la syegi.

Samori a ka a ye, a ka a-ta morhò byè kiri, a ko : « Morhò kele a ka korho de mvitini soñya Wèñgye ta fè, ñi morhò mi kũ

1. Ce nom de *Wèñgye*, qui est un nom sénoufo, indique que le marabout dont il s'agit n'était pas de pure race dyoula : c'était en effet un *Soroñgi*. L'événement en question s'est passé au mois de janvier 1895.

ndigè. » Fè mi kato Wèñgye se ka sigi-ra Wãdara-ma : morhò dò ma a dimi.

Samori ka a-ta-muso Sarañgyè kiri, a ka a dẽ Sarañgyè Mori kiri, a ka kerè kũ-tigi byè kiri, ka Foruba Musa kiri, ka Syekoba kiri, a ka a fò a ye : « Sisã n darha kerè-kè Babemba fè-so ; aluru ar sigi ya Gimini ra : Sarañgyè Darha-ra sigi, Sarañgyè-Mori Dawakala sigi, Syekoba Sokola sigi, Foruba Musa Wãdara-ma sigi. Gimini morhò-ru ar borra a tarha ra Satama, ar marfa-tigi tyi ka ara mina ; Nanzara ar na na ya, ar Nanzara gbè. » A ka a fò te, a tarha ra.

Babemba a gbrè Samori ye, a ka Samori morhò-ru farhã ar-bè sya-mã[1]. Samori a sye ra a kwo, a sigi-ra Gimini tugu.

La mi na Nanzara kũ-ndigi a siri-ra Basami ra, a ka soldasi uri sya-mã, ar bò-ra gyemvye ra ar tarha ra : só bè ar fè, gbelè bè ar fè. Nanzara kũ-ndigi ka a di Kulunèru[2] ma, a ka a di Kpakibo ma, ar tarha ra ka kerè-kè ka Samori farha. Nanzara soldasi ar Baule tembè, a ma di Tõ ye, Tõ ka marfa tyi ka soldasi farha, ane Nanzara ar ka kerè-kè. Fè mi kato Nanzara ma dõ Gimini ra Samori ñya na, Tõ ñgato Samori a ka Gimini tyã.

Kulunèru a ka morhò tyi ar a kiri Osmana Mandao[3], a ka kardasi di a ma, a ka a fò a tarha Samori fè-so a kardasi di Samori ma ; kardasi mi a ko Gimini Frãzi ta lo, Samori a dugu mi to, a ma a to, kerè na sisã.

Osmana ka tarha, a do na Gyambala ra, a ka Burama ye. Burama a ma ñyini ka sira di a ma a tarha Alimama fè-so ra, a ka a fò Osmana ye : « Samori le bè ta, ñ ga sira di i ma ; a tè ta, a muso bè Gimini ra an'a dẽ, ar morhò gyarha lo : ye tarha ra ar fè-so ra, ar i kũ ndigè. » Osmana sigi-ra Satama.

La mi na Kulunèru ka Osmana ko-ma me, a bè Tumodi ra : la

1. Cette défaite de Samori par Babemba eut lieu en février 1895.

2. *Kulunèru* est la déformation du mot « colonel » ; il s'agit ici de la colonne du colonel Monteil, qui, arrivée à Grand-Bassam en septembre 1894, fut arrêtée par la révolte des Baoulé et ne put arriver au Guimini qu'en mars 1895.

3. Osman Mandao, interprète sénégalais, qui fut tué dans la suite au retour de la colonne.

kele a uri ra[1], a tarha ra Kofi-dugu ra, a ka Kpakibo kiri ka a fò a ye : « Tarha Gyambala ra. » Kpakibo a tarha ra, a dõ na Satama ra. Añi ka a ye, añi ko-ma-kè, fè mbyè a kè-ra dugu la, añi ka a fò a ye; a ka a me, a bè kasi ra dyugu-kè, a ko : « Ni myenè ra dyugu-kè, a ma ñi. » A ka a fò te, a ka tyĩ fò : a do na ya gyona, a Samori gbè, Gimini e ma tya-na, Kpakibo fè lõ wolo, a ti sira fõndò ñyã.

Kpakibo uri ra, a ka Lafiboro tembè; a ka kwò tigè a bè Lafiboro kwo, a ka Foruba Musa morhò-ru bè, a ka Syekoba morhò-ru bè, a ka ara gbè. Ar borra ka tarha a fò Foruba Musa ye ane Syekoba ye : « Kpakibo a bè na ra! » Sisã Foruba Musa ka marfa-tigi byè kiri, Syekoba e ka marfa-tigi byè kiri, ar na na, m ma se ka ara kasami, ar bè Kpakibo mameni ra. Su ra ar ka kerè-kè, sini la ar ka kerè-kè tugu[2].

La saüa-na Kulunèru na na ya ane soldasi ya-la-kã, ar só-fa byè gbè[3]. Katigi Nanzara ar do na Sokola[4] : só-fa-ru borra ñyã, ar ma ar sye nzoro ka ñyõ ta an 'a tarha, Nanzara soldasi se ra ka domuni-kè kpa.

La mi na Kulunèru ka a me ko Alimama bè Dawakala, sisã a ka tarha ka a mina. Alimama le ka a me, a ka a fò Sarañgyè Mori ye : « Sigi ya, ane Foruba Musa ar Nanzara lo la kele; ar bè kerè-kè ra, ñi sara m bori. »

Sarañgyè Mori a ka Nanzara sira bila ar bla-ñya na; ar bè kwò tigè ra, Sarañgyè Mori barra ar ñya na, Syekoba a barra ar numaburu ra, Foruba Musa a bari ra ar kini-mburu ra, a bari ra ar kwo ra. La mi ra Kulunèru a tye-na, a dami-na a wolo ra[5]. Nanzara ka só-fa byè gbè; tere bò-dua tugu, ar dõ na Dawakala : morhò dò tè yi[6].

Kulunèru a ko : « N-da soldasi, marfa-dõ nd'ar fè sya-mã, ar bè

1. Le 15 février 1895.
2. Journées des 1er et 2 mars 1895.
3. Le 3 mars 1895.
4. Le 7 mars 1895.
5. Le 14 mars 1895.
6. Le 15 mars.

sya-mã ar dami-na, ni-le n dami-na. » A ka a fò te, a sye ra a kwo. A ma dõ ba Lafiboro ra, Foruba Musa a ka marfa tyi a ra, ar kerè-kè dyugukè[1]. A ka tarha-ma la kele ya-la-kã, a do na Satama ra[2].

IX. — *Gimini-ñga ar-ta dugu to ka tarha sigi Nanzara buru ra.*

Kpakibo a ka Gyüla kũ-tigi byè kiri, a ka Bãmbara kũ-tigi byè kiri, a ka a fò ara ye : « Soldasi ma tote añi fè, mughu ma tote añi fè, añi ti se ka kerè-kè tugu; soldasi sya-mã ar dami-na, ar ti se ka tarha-ma. Fè mi lomõ, añi sye-ko ka tarha gyemvye da ra; la ñgberè, n na ya tugu, ñi Samori gbè Gimini kwo : Frãzi ar ti ñina ar ko-ma kwo fyefyefye, ar ti ñina ane Gimini-ñga ar dyèri-ni bè. Sisã, ar kana sigi ya : aluru sigi ya, la mi na añi tarha ra, Samori na ya ka ara mina, a ar kũ tigè añi lomõ, a ar muso ni dẽ-u mina ka a fire. Ar-ta dugu to, Samori ka a tyã, uri, ane ni ar tarha Baule ra. Nanzara-ru bè ta ar Tõ-ra sigi, aluru sigi-ra ar koro-ya, ar so-ru lo, ar bõ-u kè, ar sene kè; ar konõ ta kari luri wala kari woró wala sã ñgele; ar konõ na ndorho-ma, Nanzara masa-kyè ba a sigi-ra Frãzi dugu la a soldasi ta sya-mã ka a di ma, ñi na ya tugu, añi kerè-kè Samori ra gberè-ma ka a mina ka a farha : la mi na, aluru ar tarha Gimini ra tugu. Uri, ar muso ta, ar dẽ nda, ar ñyurhõ-na nda, ar doni ta, arawan darha. »

Burama Watara a urra gale a tarha ra; a ka a-ta morhò-ru ta, a ka marfa-tigi ta sya-mã, a ka tarha Botugu ra, a dyigi-ra a de-ñyorhõ fè-so ra, a torho bè Agyumani, a Gamã ndugu sigi[3].

Kpakibo ka a fò Dala Watara e : « E-le ya Gimini-ñga sigi sisã : e Gyüla sigi, Kitara Sara e a Bãmbara sigi. » Namborhosye ta dẽ, ar a kiri Latè, a bè koro-kyè Kitara Sara ye; a koro-ni bè dyugu-kè, a ti se ka ko-ma-kè, morhò dorho-ni ar ti a me : fè mi kato Kpakibo ka a fò Kitara Sara a Bãmbara byè sigi.

1. Le 16 mars.
2. Le 17 mars 1895.
3. *Agyumani* ou Adjoumani, roi de Bondoukou, n'était pas en réalité le parent de Bourama Ouatara : l'expression de « frère » est donc employée ici au sens figuré.

Sisã Dala ka Gyüla byè kiri, ka Soroñgi byè kiri, ka Kari-Gyüla byè kiri, ar byè na na. Kitara Sara ka Kyepere byè kiri, ka Tagbona byè kiri, ar byè na na. Ar byè kumbè-na, Dala a ko o : « Munu di aluru ye? are ñyini ka sigi ya, wala ka Kpakibo bila-sira Tõ ndugu ra? » Gyüla ane Soroñgi ane Kari-Gyüla ar byè ka a fò : « Añi yini ka Kpakibo bila-sira, añi Nanzara ta lo. »

Kyepere ar ti ko lõ kpa, ar ti delege dõ, ar ti fãni bili, ar bilã ñgele siri, ar ti Mohamadu sira lõ, ar kafiruna bè; la mi na ar bè kerè-kè ra, ar ti sira; ar ka a fò Kitara Sara ye : « Añi sigi ya, ka kala nda, ka bya nda, ka kerè kè; añi tarha Tõ-ra, añi a gyate Nanzara añi ta ka a fire Tõ mvè. »

Kitara Sara ka a me, a gyüsu gba-na dyugu-kè, a ka a fò ara ye : « Ar ma Nanzara lõ? Ar ma Bĩze ye a na ra añi dugu ra folo-na, ane m va a ka kardasi kè? a ka gyõ mina? a ka gyõ-u fire? Nanzara ar ma na ya ka lo añi kwo ka kerè-kè añi lomõ? ñ go o : Nanzara ko-ma a bè kele. Ar ñyini ka sigi ya? ar sigi, Samori a na ka ara mna sisã; ni-le n darha n zigi-ra Nanzara buru la: la mi na Nanzara ka tarha gyemvye kwo, ni-le n darha. »

Kyepere-ru ar ka a me, ar gyüsu ka ara dimi, ar ka a fò : « Anuru e a byè an darha. »

Sisã Kpakibo ane Kulunèru uri ra Satama ra[1]. Ar ka Kulunèru sigi gyò kã, ar gyò siri koloma na, ar koro ta ka a la ka na; gyuri b'a fè lomõ, a ma se ka tarha-ma. Soldasi delege a fara-na tu ra; la mi na ar ka Samori morhò-ru farha, ar ka delege ta, ka korho-ra ta, ka kursi ta, ka bã-mvila ta, ka liuri ta, ka saura ta, ka a dõ. Nanzara ka na ñyã, só b'ara fè sya-mã : ar byè farha-ra, só ti se ka kende Tõ ndugu ra ; Nanzara ka só-ru ta Samori fè, ar ka só-fele mvila ta. Gbelè-ru e, soldasi ara sama, só byè farha-ra wolo.

Gimini-ñga byè mi o ane Burama ar ma tarha, ar ka tarha-ma ka gba Kpakibo ra : ar bè wuru tã. Muso bè sya-mã, de mbè sya-mã : ar byè mi só-fa ma ara mna, ar ma ara farha, ar byè bè ta. Kyè koro-ni ane muso koro-ni ar bè sya-mã ; kã-mbere ane Burama ar tarha ra.

1. Le départ de Satama eut lieu le 24 mars 1895.

Kara-morhò Ali ane Gyambala Gyüla-ru ar lo-ra kwo Aari dugu ra : Aari Tõ lo, ar sigi-ra Nzi koro. Gyambala-ñga ar sigi-ra ta-mvè, ar ka so ba lo ta-mvè. Gimini-ñga ane Tagbona-ñga dò-bè ar ka tarha Tõ kũ-ndigi kele fè-so ar a kiri Gbwèke ; kyè mi o ka dugha di ara ma ar so kè ta, dugha mi ar a kiri Kpakporesu.

Gyambala Bãmbara-ru, ar-ta kũ-tigi bè Borombo ni Borombo dẽ a torho Kegyã : a byè tarha ra Nanzara buru ra. Am byè bè wuru tã. Tere bò-dua, ñyã-morhò a bò-ra Satama kene-ma ; syeri-fa-ra kè-ra, kwo-morhò a bò-ra.

Soldasi an 'añi ar bè tarha ra ar ma sya. Foruba Musa só-tigi ar tembè ra kini-mburu ra, dò-bè ar tembè ra numa-buru ra, ar ka darha tigè, ar bè tembè ra, ar ka muso mina a dẽ-u mina. Musoru bè kumbò ra. Nanzara ar ka a me, ar borra ka na ka marfa tye : só-tigi-ru ar bè bori ra gyona-gyona, ar tarha ra ar dugõ-na tu ra.

Su ra, só-fa-ru ar kuturra ar ka tarha ka darha-ra mameni, karako surugu ar sarha gyasa mameni ; ar bò-ra tu ra, ar bila ra ñyã, ar ka muso mina, sisã ar borra. Kpakibo an 'a dorho-kyè ar ka kerè-kè dyugu-kè, ar ka morhò sya-mã farha. Kpakibo dorhokyè a ka Syekoba tye ka a farha [1].

La mi na añi du ra Tõ ndugu ra, Tõ ka a kè karako só-fa-ru. Samori ka gyõ nzya-mã ta ka a di Tõ ñgũ-ndigi ma, a ka a fò Tõ ye : « Ar ni dyema : Nanzara bè tembè ra sira ra, ar marfa tyi ka Nanzara farha, ar gyõ-u mina ar buru ra. » Samori a ka a fò añi bè Nanzara ta gyõ. Tõ ar ka añi dimi dyugu-kè. La byè ar ka marfa tye : sorho-ma ar ka marfa tye, tere-ra ka marfa tye, ula-ra ka marfa tyi tugu. Tõ ar ka Gimini-ñga mina ar morhò wuru kele tembè, ar ka ara sigi ar-ta fè, ar ka ara fire dua gya-na.

Tarha-ma a ba-na, añi do na Kofi-dugu-ra [2]. Nanzara ar sigi-ra ta bõ mba ra. La mi na añi do na Kofi-dugu ra, Tõ ar ma añi dimi tugu, ar sira na Nanzara ñyã wolo. Nanzara kyè a ka Baule sigi a

1. Ce « jeune frère » du capitaine Marchand n'était autre que le capitaine, depuis commandant, Baratier.

2. Le 29 mars 1895.

torho Komãdã Nebu[1]; a morhò berè lo, a ko-ma te-le fò. Kpakibo ka añi ta ka añi sigi Komãdã Nebu buru ra; katigi ane Kulunèru ni soldasi byè ar tarha ra. A to-ra soldasi kyeme tara gbãnzã, ar sigi-ra Kofi-dugu la.

Fõudò tè añi fè, kõgo bè añi ra : Samori a ka fè mbyè ta añi fè; la mi na añi bò-ra Gimini ra, añi tarha-ma, añi dõ na Kofi-dugu ra, kari kele na, añi ka yiri fila-buru domũ; bi a bè dugu ma, añi ka a tigè ka a domũ. Bilã-koro ar ka tumbu mna, ar ka ñinã mina, añi ka a domũ. Añi byè a sige-ra dyugu-kè; kyè-morhò ar koro-ni bè ar ma se ka tarha-ma tugu, ar farha-ra, ar sya ra kõgo ka ara farha.

Añi ka ku ñyini ka a sã Tõ mvè, ar ka añi yeni, ar ka añi kiri Kãga : ye Tõ kã mvò, e ko-ma mi fò, Kãga, e gyõ mvò; Tõ-u ar Gyüla byè ni Bãmbara byè torho ye-le-ma Kãga.

La mi na ñ ga muso-ru ye ar si gya-ra, nono t'a ra, de ndorho-ni b'ar fè, de ndorho-ni bè farha-ra ar-ta na buru ra; ñ ga kyè-morhò ye sya-mã, Samori a ka ar dẽ-ñgyè-u farha, a ka ar dẽ-muso-ru mina, morhò dò t'ar fè a fila kè ka a di ara ma, morhò tè a ara dyema tarha-ma ra. Ar koro a diñga sorhò ar gbulo ra, ar sẽ-u gya-ra karako kolo-mã; ar bè la ra sira kã ar ma se ka uri, ar farha-ra ta.

Ni-le, la mi na n dõ na Kofi-dugu ra, ñi bè karako morhò a farha-ra; n-da muso a fatüo-ni ya; n-da dẽ muso-kele, a bè su-ñguru ñi-ma, kõgo b'a ra, a farha-ra.

La mi na ñ gono-gyate, fè mi byè ni a gyate ñ gono no, ñi bè kasi ra la byè, bi m bè kasi ra tugu; ni Alla dari a Samori tyã, a Samori de mbyè farha, a Samori morhò byè farha : Samori mi o a ko a-lele bè amirulmumenina, a morhò dyugu lo, a kya dyugu fakiruna byè ye.

Ni Alla dari dya-tigi bè Nanzara ta fè, Alla Bĩze kende to, a Kpakibo kende to, a Nebu kende to, a i-le kende to, ka ar byè kisi ka si di ara ma : Nanzara le-kè ar ka añi sigi karako ar dẽ-u, ar bè añi

1. C'est-à-dire : « Commandant Nebout » ; le mot « commandant » est ici synonyme d'administrateur ou commandant de cercle.

fa, ar bè añi na; ni-le m bè ñya na bi, n ze ka ko-ma kè bi, aluru Nanzara lomõ. Fè mi, n di ñina a kwo fyefyefye.

La dò ra Komãdã Nebu ka Kofi-dugu kũ-ndigi kiri, a torho bè Kwadyo-Kofi, a koro-ni bè kpa, a ka a fò a ye : « Morhò-ru mi ye ar bè bò-ra Gimini la : Samori, aluru ar a kiri Trosoko, a ka ar dugu ta, ar na na ya : ñi ara sigi e buru ra. Ar morhò mi kiri Kãga, ar kana ara kiri Kãga tugu : ar gyõ tè, ar bè kyè-morhò e, ar bè wóro karako e-lele; sisã ar a kiri kya ñi, ar torho kya ñi bè Gimini. Ar ñyini ka so ba kè e-ta so koro; ye kana ara dimi, ar bè n-da dẽ-u kato. Sisã kõgo b'are ra, sãni tè ar-ta fè ar fè sã ka domu-ni-kè; Samori ka ar fè mbyè ta ka soñya-li-kè. Ar tarha kõñgo, ar ku ta sya-mã, ar mosono-ñyõ nda sya-mã, ar baranda ta sya-mã ka a di ara ma ar domu-ni-kè. La dorho-ma gbugõ bè na ra, ar dugha yila are ra, ar a di ara ma; sã-ñgyè na na, ar sene kè ta.

« Ar añi kye kè, ar doni ta, añi ar-ta wari gyüru sara. Ar deüe dã, ar gyò kè, ar muru gbasi, ar darha lò, ar gyese dã, ar dawa gbasi, ar gyese do gara ra, ar se ka fè mbyè kè, ar se ka kye-kè a kya ñi hali. Ar safari-kè, ar korho soro, ar sãni soro, ar fè nzya-mã ndonõ soro. La mi na ar bè naforo-tigi ya, ku mi o aluru ara sõ a ra, fè mbyè mi o aluru ara sõ a ra ar domu-ni-kè, aru e aluru-ta gyüru sara. »

Kwadyo-Kofi morhò berè lo, a ko lõ kpa : a bè koro dyugu-kè tyã, a ka fè nzya-mã ye; a ko : « Naamõ ! ñ ga a me. » A ka Nzipuri byè kiri, a ka a fò ara ye : « Morhò mi ar bè bò-ra Gimini la, kõgo b'are ra dyugu-kè : ar tarha kõñgo ra ka ku ñyini, ka baranda ñyini, ar a ta an 'a na ya ka a di Gimini ma. »

Komãdã Nebu ka Dala kiri, a ka Kegyã ñgiri, Borombo a farhara wolo, a ka ara sõ wari-ba sya-mã, a ka ara sõ fãni sya-mã, a ka fò a ye : « Wari-ba mi ane fãni mi ar a tarã, ar Gimini-ñga byè kiri, ar Gyambala-ka byè kiri, ar a tarã are kye. »

Añi ka so ba lo Kofi-dugu ra. Komãdã Nebu ka Kitara Sara kiri, ane Latè, ane Tulusyõ, ane Bãmbara kũ-tigi byè, a byè na ra ; a ka a fò ara ye : « Morhò bè ya ar sya dyugu-kè, domu-ni a gbrè : aluru byè sigi ya, kõgo ara farha sisã ; ane Bãmbara-ru e tarha

Tumodi ra : Nanzara kyè dò bè ta, a morhò berè lo, a dya-tigi kè e ra, ya sigi a koro-ya. »

A ka a fò te, Kitara Sara ka Bãmbara ta sya-mã, ar bè wuru kele ni kyeme luri, a uri ra, a tarha ra Tumodi ra. E-lele sigi-ra ta-mvè, e ka Kitara Sara ta i a sigi ye fè-so ra, e ka kè-berè kè a ra, e ka sõñgo Tõ ra ar ti a dimi. Bãmbara morhò-ru ar ka so ba lo Tumodi ra, ar ka a kiri Sokola : Tõ le a kiri Kãga-kró.

La dò-gbrè na Kara-morhò Ali Watara a na na Kofi-dugu : ane Gyambala Gyüla byè a na na. La dorho-ma Kofi-dugu a bõ ya dyugu-kè, e bè so kũ na, e ti se ka a gyü ye.

La byè Tõ-u bè añi-ta morhò-ru mina na, ar bè muso mina na, ar bè dẽ mina na : Gimini-ñga kõgo b'are ra, ar bè tarha ra Tõ nda kõñgo ra, ar bè ku soñya ra, dò-bè sise soñya, dò-bè sarha soñya. Tõ-u bè ara mina na ka a kè are ra gyõ e.

Nanzara-ru ar bè sõñgo ra Tõ-u ra, ar ka a fò : « Ar kana fè mi kè : morhò mi o kõgo b'are ra, fè mi kato ar bè soñya-li-kè ra. La mi na ar ka sene kè bã, ku fale na, a bò-ñya-ra, a bõ ya ra, ar ti soñya-li-kè tugu. Morhò-mi ar ka a mina, ar a to a di Dala ma. » Tõ-u, la mi na kyè-morhò-ba farha-ra, ar gyõ mvarha : Nanzara ka sõñgo are ra ar ti gyõ mvarha tugu. Fè mi lomõ añi ndyèri-ni bè ane Nanzara.

Gimini-ñga ar sigi-ra Kofi-dugu la dorho-ma, sisã ar naforo-tigi ya, ar bè naforo-tigi Tõ-u ye. Ar ka doni ta la byè Nanzara buru ra, Nanzara e ar ka doni-ta-barha sõ wari-ba sya-ma na; ar ka añi sõ nighè ra añi dawa gbasi ka sene kè; añi ka dewè dã, ka fãni dã, añi ka korho sã Gyasale-ñga fè ; korho bè añi-ta fè, añ ka ku sã ka two domũ, añ ka dãgo mi sã a bè ñi-ma dyugu-kè, Lò ka a dã ; añ ka gyese sã, añi-le ka dãgo dã a kya ñi kpa ka a fire ; añ ka safari-kè dyugu-kè.

Añi-ta muso sya-mã, añi-ta dẽ nzya-mã, la mi na añi bè bori ra añi bè bò-ra Gimini la, Tõ ar ka ara mina, añ ka ara sã ndugu Tõ mvè.

Alhigyi la bè na ra, añi se ka sarha sya-mã farha, ka nisi sya-mã farha ; la mi na su-ñgari a ba na, mi-ñgari bè bò-ra, sike delege ñi-ma bè añi fè, añi b'a dõ na. Añi ka misiri lo, ar bè syeri-kè ra ta; kara-morhò sya-mã bè ya, kereni sya-mã bè ya, ar bè karani yila dẽ-u ra, ar bè seu-ri yila are ra, ar bè Arabu kã yila, ar bè Alkurana yila; morhò ar sya ar se ka kara-ñgè, ka seu-ri-kè, ka kardasi kè. Tabarakalla!

X. — *Samori kerè a bè ba-na.*

La mi na Kulunèru darha a uri ra Satama ra a tarha ra, Foruba Musa ka só-tigi tyi ar ka Nanzara darha gba ka a ferè ñi, ar dõ na Kofi-dugu koro. Soldasi byè a uri ra ar tarha gyemvye da ra, só-tigi-ru ar ka a ye, ar sye ra ar kwo, ar ka tarha ka a fò Foruba Musa ye : « Nanzara ar tarha ra. »

Sisã Foruba Musa ka Gyambala dugu byè mina. Morhò mi o ar ma Kpakibo ko-ma me, ar to-ra Gyambala, a ka ara mina ka ara di Samori ma, ar fire-ra.

Samori le fõndò t'a fè a a domũ; a bè gyõ mvire ra sya-mã Famafwe ye ni Warèbo ye, a ka gyõ mvire, a ka ku sã, ka sise sã, ka sarha sã. Ar ka a fò a ka sise woró sã, a ka gyõ ñgele gyuru sara; a ka ku doni mvila sã, a ka gyõ ñgele gyuru sara; a ka sarha kele sã, a ka gyõ nzaüa gyuru sara; a ka nisi kele sã, a ka gyõ tã ñgyuru sara : ni-le ka a me; a bè te wala a tè te, m ma a lõ; ni a gyate a bè te. Gyõ nzya-mã bè a-ta fè : a ka morhò sya-mã mina Gimini ra, a ka a mina Gyambala ra; a ma se ka ara so two ra : ñyõ byè a ka a sigi bo-ndo ra Sokola ni Dawakala, Nanzara ka a gyene.

A ka ñyini ka Baule mina, fè mi a di a ye kpa : Baule-ñga ar sãni domũ ka a bò dugu ma, ar naforo-tigi lo dyugu-kè; Samori ka a lõ; a sira na Baule-ñga ñyã, Tõ-u kerè-kè lõ kya ñi wolo, ar sya karako lolo-dẽ-u ar bè sa na, aru byè marfa bè ar buru ra, ar se ka marfa tyi kya ñi, ar buru a te-le kpa, ar se ka tarha-ma gyona-gyona, tu a bè ar dugu ra a gbrè dyugu-kè a fi-na. Fè mi kato Samori sira-na ar ñyã. A ka morhò dò kiri, a bè numu-kyè, a bè kye-kè ra Sarañgyè fè-so, a torho Daba, a ka a fò ko a tarha Gbwèke[1] so ra, a a fò a ye : « Ni ti ñyini ka kerè-kè Tõ ra, ñi e

1. Ce chef Baoulé, mort depuis, était le principal chef des Famafoué ou Faafoué,

dari ya ku bõ sya-mã, ya sorho ta sya-mã, i a di n-da morhò-ru ma ar a sã. » Daba mi e a sigi-ra Gbwèke so koro, a ka bõ nlo so mi na ar a kiri Kotyĩ-Kofi-dugu. Ar ka lorhò ba kè Kotyĩ-Kofi-dugu la : Samori morhò-ru ane Tõ-u ar fè nzya-mã ta ar tarha ta, ar ka a sã ka a fire.

La dò ra Alimama uri ra, a tarha ra Kũ na. Gale a ka a fò Kũ-ñga ye a ti ar so mina; sisã a ka a fò a ye : « Mune-kato ar ka sira di Kpakibo ma a du ar-ta so ra? » Fè mi kato, a ka so mina, a ka a tyã, a ka morhò sya-mã farha. Kũ-ñga ar kara-morhò lo, ar ma se ka kerè kè. Samori ka mori-ba byè ta, a ka alkurana-tigi sya-ma nda ar ka kardasi leyini Gyende na, ar bè Alkurana lõ na ka-rako de ndorho-ni a bè a na si lõ na; a ka ara ta ka ar byè kũ ndigè[1].

Fè mi lomõ Alla bò-ra Samori ra, a ka sira di Nanzara ra ko ar Samori mna la ñgberè na.

Katigi Samori ka Gã-ra mina, a ka kerè kè Kwamina-Gbwè fè-so; Kwamina-Gbwè a ka Tõ mi sigi ar are kiri Gbeyĩda ar sigi-ra tu ra. Gale Maraba na na Gbeyĩda-ra, ar ka so ba kè ar a kiri Mãgo; Samori ka so mi mina ñya-la-kã[2].

Burama Watara a borra ñyã, ane morhò sya-mã a tarha ra Bo-tugu ra. Samori ka a me, a ka Kumwezi tigè. Siñya kele, Burama ane Agyumani ar bò-ra Botugu ra, ar dugo-na tu ra : Burama morhò byè bè ta, Gamã-ñga bè ta, Abrõ-ñga bè ta, Gbeyĩda bè ta, ar bè sya ra dyugu-kè; ar ka marfa tye ka Samori morhò sya-mã farha; Samori sira na, a ka ba tigè tugu, a borra, a tarha ra dua gya-na a bè Kumwezi da ra, ar a kiri Kurunsa.

A ka Sarañgyè Mori kiri ka a fò a ye : « N di se ka dõ tu ra. E tarha Gbona, e bò-ra ta, e dõ Botugu ra. » Sarañgyè Mori a ka tarha, ka Gbona mina, ka kerè kè Kparhala ra ar sigi-ra Nasya na; n-da bare bè ta, a torho bè Osmana Kurubari, a kũ-ndigi bè Nasya na, Sarañgyè Mori ka a-ta dugu mina. A do na Botugu ra : tu tè ta.

tribu qui habite au nord du Baoulé. Son nom, déformé par nous et devenu Bouaké, a été donné au poste qui occupe l'emplacement de son ancien village.

1. En avril 1895.

2. En mai 1895.

Agyumani ane Burama borra, ar tarha ra tu ba ra ar a kiri Abrõ. Sarañgyè Mori du ra Botugu ra, a ka só-fa ru sigi so ra, a ka Bakari to Botugu ra, a ka a fò a ye a so ferè ñi, a tarha ra[1].

Katigi a tarha ra Bwale, katigi a tarha ra Wa, ane kũ-ndigi fila, a torho kele Baba To, a torho kele Isiaka, ar ka kerè kè, a ka dugu byè mina ka a tyã. Katigi a tarha ra Bobo dugu la, so bè ta ar a kiri Gyüla-so, Gyüla sya-mã bè ta ar bè safari-kè ra.

Gyüla dugu byè, Samori ka a mina ka a tyã.

XI. — *Nanzara ane Samori ar ko-ma kè.*

La mi na gyõ nzya-mã bè Samori ta fè : a se ka two sã Tõ mvè, a se ka só sã Gyüla-so morhò-ru fè. Mughu t'a fè sya-mã, marfa t'a fè sya-mã. A ka ñyini ka Nanzara ladegi ; a ka mughu kè, mughu mi ane Nanzara mughu a bè dana : Samori mughu a ma ñi ; e ka mughu mi do marfa ra ka marfa soso, e ka marfa tyi, marfa-dẽ a ma tarha dua gya-na. A ka marfa kè ñya-la-kã, a ka korosi ka Nanzara ladegi ; Samori numu-kyè a buru te-le kpa : ar ka nighè kuru ta ka a gbasi, ar se ka marfa-nighè kè, ka sise-wolo kè, ka foro kè ; ar ka sura ta wala deneñgu ta, ar ka tasã nda, ar ka doa-dẽ ñgè ; ta-kara t'are fè, ar ma se ka ta-kara kè. Samori a ma morhò tyi ar tarha Nanzara dugu ka safari-kè : a sira na Nanzara ñyã wolo ; Nanzara mi o ar sigi-ra Gyoriba kwo, a sira na are ñyã dyugu-kè.

La dò ra a ka baragi sewè ka a tyi Basami ra ka a fò Guvenè Bĩze ye : « Ni ñyini ka safari-kè e-ta dugu la ; ni ñyini safari-kè-barha ar bò-ra e-ta dugu la ar na n-da dugu la ar safari-kè. » A ka kardasi kè tugu ka a di Nebu ma.

La dò ra morhò saüa na na Kofi-dugu ra, ar bò-ra Samori fè-so, ar kardasi ta ka a di Nebu ma. Morhò kele kyè-morhò-ba lo, a torho Dyabi ; morhò fila kã-mbere lo, a torho kele bè Karfạla, a torho kele bè Daba. Daba mi o a bè numu-kyè, a bè lorhò-tigi

1. La prise de Bondoukou par le fils de Samori eut lieu en juillet 1895.

Kotyĩ-Kofi-dugu la. Alimama baragi bè ar buru ra[1]. Ar dõ na Kofi-dugu ra, ar ka a fò Nebu ye : « M va, ani-ya. » Nebu a ko : « Mba, ani-se. Muñgo bè? » Ar ko : « Dya-tigi bè. Anuru masa-kyè, a bè Alimama Amirulmumeniна, a ka a fò añi ye ko añi na ya ka ko-ma-kè, a ñyini ka ane ye ndyèri-ni bè. Añi bò-ra Kurunsa ra, añi na na ya. »

Nebu a ka a fò ara ye : « An 'ara n darha Basami ra, ni ara sigi Nanzara kũ-ndigi buru ra. Kũ-ndigi a sigi-ra Basami ra a se-ra na, a bõ ñi, an 'a ar ko-ma-kè. » Ar tarha ra Basami ra.

Nanzara kũ-ndigi a bè Basami ra a ka kyè dò kiri a torho Kapitènu Brolo[2], a ka a fò a ye a soldasi ta, a só ta, a tarha Samori fè-so ra ka ko-ma-kè. Kapitènu Brolo a uri ra Basami ra, ane Dyabi ni Karfala ni Daba ar tarha ra, ar dõ na Kofi-dugu ra[3].

Dyabi ka a fò a ye : « E kana tarha-ma tugu, sigi ya. Alimama ta dugu a gyu-tigè Gbwèke so ra; ane soldasi ye du ra Alimama ta dugu la, Alimama a ka a me, a a gyate e kerè ñyini, a-le a na ka kerè kè : fè mi a ma ñi. »

Kapitènu Brolo ka a fò : « N darha ka ara bila-sira an dõ-na Gbwèke so ra; ni dõ na ta, ni baragi di ara ma ar a ta ar tarha Alimama fè-so; ni kyè fila ta ni a di ara ma ya-la-kã, Kurubari ane Amadu Sura[4]. Kurubari se ka Mãnde-ñga kã mvò, Amadu Sura se ka Arabu kã mvò, a seu-ri-kè lõ : ar se ka ane Alimama ko-ma-kè. Ar tarha Kurunsa ra. Ni-le n zigi-ra Kofi-dugu ra, ni Alimama kardasi konõ. Ar kana myenè dyugu-kè. »

Samori ka Kurubari ni Amadu Sura ta ka ara sigi a fè-so ra kya ñi. Gale Nanzara a bè Ndenye-ra sigi ra[5] a ka soldasi fila tyi Alimama fè-so ra, Samori ka ara ta ka ara sigi a kya ñi, a ka ara sõ muso fila ra, soldasi kele muso kele na, soldasi kele muso kele na.

Samori ka kara-morhò dò kiri, a ka a fò a ye a Kapitènu Brolo baragi kara-ñgè; a ka kara-ñgè a ba-na, Samori a fò : « Mune-kato

1. C'est au commencement de l'année 1896 que les envoyés de Samori arrivèrent à Kofikro.

2. Capitaine Braulot.

3. Le 10 mai 1896.

4. François Couloubali et Ahmat Sour, interprètes sénégalais.

5. L'administrateur Bricard.

Nanzara kyè mi o a ka a fò a kardasi ra ñ ga Nanzara dari dugu dò ra n zigi ta? la mi na ñ ga dugu dò ñyini, n di a dari morhò dò fè, ñi a dari Alla fè, ñi a ta. Mune-kato Nanzara kyè mi a ka a fò ni ñyini Frãzu kyè dò a sigi-ra ñ goro-ya[1]? Ni ka baragi tyi ñyã Nebu fè, ñ ga a fò ni sira Nanzara ñyã; Nanzara kele bè ya, ni sira a ñyã. Mune-kato Nanzara kyè mi a bè na ra m vè-so, ane soldasi a bè na ra? Ni a gyate Frãzi ñyini ka n dawari; ar ka n-da sira tigè ñyã tere-be-ye, ar ñyini n-da sira tigè kini-moro-ye ñya-la-kã : a to-ra sira fila, numa-moro-ye kele, tere-bò-ye kele; Alla ta dugu-koro a gyã. »

A ka a fò te, a ka baragi di Kurubari ma, a ka a fò a ye : « Fè a bè kardasi mi na, n di a me; n di kardasi mi mna : a ta, i tarha ka a di Brolo ma tugu. »

Kurubari ka kardasi dò ta ka a di Samori ma; Nanzara kyè a yele-ma ra Bĩze ye Basami ra[2], a-ta ñyã a bè kardasi mi na, a ka ñyini Samori a-ta ñyã ye. Alimama ka kardasi mi ferè, a ka a fò : « Ni ma Nanzara mi lõ. » Ar ka a fò a ye : « Nanzara kyè mi a se-ra Basami ra. » Alimama ka ara ñyini-ñga, a ko : « Bĩze tè a se-ra Basami ra? » Kurubari lo a ra, a ko : « Bĩze a tarha ra Frãzi dugu ra, kũ-tigi a sigi-ra Senegale[3] a dugu byè sigi, a Basami sigi ñya-la-kã. »

Sisã Samori ka ara ñyini-ñga, a ko : « Aluru ar bò-ra mi? ar bò-ra Senegale? Senegale kũ-tigi a ka ar tyi ya? » Kurubari ko : « Yo. » Samori a urra sisã, a ka a fò : « N di ñyini ko-ma-kè tugu; n di ñyini ni Nanzara kyè mi lõ a ka ar tyi ya : kerè ni faniyã le-kè a bò-ra tere-be-ura. Ni ka Nanzara kyè ñgele lõ, a bè kele : Bĩze lo; a kele a ma fana. E ka a fò a tarha ra Frãzi dugu la, n di ñyini ka Nanzara ko-ma me tugu. Ar sigi-ra ar fè-so ra, ni-le n zigi-ra m vè-so. »

A ka kara-morhò dò kiri, a torho Osmana, a ka a fò a ye a baragi

1. Dans sa lettre à Samori, le capitaine Braulot avait fait allusion à des déclarations qu'avaient faites à Grand-Bassam les trois envoyés de l'imâm, disant que leur maître serait reconnaissant aux Français de lui accorder un pays pour y rester et d'installer auprès de lui un résident.

2. Feu le gouverneur Bertin.

3. Alors le gouverneur général Chaudié.

sewè; a ka seu-ri-kè, Samori ka baragi mi ta ka a di Kurubari ma. Kardasi mi na, a ka a fò Brolo ye a ti na.

Kurubari ane Amadu Sura ar tarha ra, ar dõ na Kofi-dugu ra[1], ar ka kardasi di Kapitènu Brolo ma. Sisã Kapitènu Brolo ka a soldasi ta, a ka tarha; soldasi byè ka Baule to, ar tembè ra gyemvye ra, ar tarha ra Senegale.

La dò ra Foruba Musa a bè Gimini ra, a ka a ye morhò tè ya sya-mã : morhò byè ar ma farha kerè na, Samori ka ara fire, wala ar borra ar ka tarha Gbeyĩda-ra, wala ar ka tarha Baule na. Morhò tè ya a sene kè : fè mi lomõ Samori morhò-ru kõgo b'are ra.

Foruba Musa a ka a ye, a ka baragi tyi Burama[2] fè, a ka a fò a ye : « Na e-ta dugu la tugu, ane e-ta morhò byè na ya; e kana sira ni ñyã : n di ye dimi; ane e-ta morhò-ru e so kura lo, a kya ñi. »

Burama a ka baragi tyi Foruba Musa ye, a ka a fò : « E bè gyõne? mune-kato i a fò ñi : na ya, a : tarha ta? e Samori ta wuru lo, e kõmbo e baba kwo; a ka koro dugo a be-na dugu ma, i a ta, i a tigè-tigè ka a domũ : m bè ya, dya-tigi bè ya, n zigi ya; la mi na e uri ra e tè Gimini ra, ñi tarha Gimini tugu. »

Sisã Foruba Musa ka kardasi dò-gbrè kè, a ka a tyi Dala ye, a ka a fò Samori le a ka seu-ri-kè. Samori a ma seu-ri-kè, morhò byè ka a lõ. A ka seu-ri-kè : « Ni bè Samori, amirulmumenina. » Samori ti a torho fò fyefyefye; a ko : « Ni bè Alimama, amirulmumenina. » A ka seu-ri-kè : « Kulunèru bè sira na, Kpakibo bè sira na, Nanzara byè bè sira na; Foruba Musa ka ara gbè a dõ na Baule na. » Morhò byè ka a lõ Foruba Musa a ka seu-ri-kè te, Samori ti kardasi kè a bè gyarha karako mi.

Dalà ka kardasi mi ta ka a di Nanzara kyè ma a bè Kofi-dugu ra[3], a ka a fò a ye : « I-lele se-ra añi ra, kardasi mi e-ta lo. » Nanzara kyè mi ka kardasi yil'e ra. Sisã ye ka Kitara Sara kiri, ane Bãmbara ni Gyüla byè ar bè Tumodi ra, ye ka ara kiri ka a fò : « Ar

1. Le 4 juillet 1896.
2. Il s'agit de Bourama Ouatara, qui était réfugié dans l'Abron.
3. M. du Paty de Clam. La lettre de Forouba Moussa arriva à Kofikro vers le mois d'octobre 1896.

ma a me? Samori bè ara kiri ra, a ka a fò ar tarha aluru-ta dugu ra tugu? ar ko di? »

Kitara Sara a urra sisã, a ka ko-ma gberè-ma, a ko : « Samori ka m va farha, a ka n na farha, a ka n dorho-kyè-u farha; m bè naforo-tigi ñyã, a ka ni kè m bè farha-ndẽ; m bè kũ-ndigi ñyã, a ka ni kè m bè de ndorho-ni. I-lele, la mi na n dõ na ya, kõgo bè na, ye ka two so na n domu-ni-kè; gye bè m varha ra, ye ka gbè so na m mi-li-kè; fãni tè m vè, ye ka delege so na ñi a dõ; ñi bè farha-ndẽ, ye ka wari-ba so na n zãni-tigi ya; ñi tè morhò e, ye ka ni kè m masa-kyè ya : n di morhò dò lõ, ni e kele lõ. La mi na i a fò ñi ye tarha Gimini, ni e n darha; ye sigi ya, ni e n zigi ya. »

Gyüla byè ni Bãmbara byè ar ka a me, ar ka a fò : « Alakoso! tya-lo ! » Morhò dò ma tarha.

La kele na[1], Añglezi ar bò-ra Dagbama ar ka ñyini ka Gbona ta Sarañgyè Mori fè, an 'a ar ka kerè kè. Añglezi ar ti se ka kerè kè, morhò byè ka a lõ; ar se ka safari-kè gbãnzã. Sarañgyè Mori ka Añglezi soldasi farha sya-mã, a ka gbelè fila ta ar fè, a ka Añglezi kyè kele mina[2], a ka a tyi a fa fè-so ra. Samori a gyüsu suma-na : a ma Nanzara dò mina ba, a ma se ka Frãzi dò mina fyefyefye. Frãzi-ru, ya dugo-na sira koro, ya se ka ara farha, ya ti se ka ara mna fyefyefye o; Añglezi-ru a tè kele.

Samori ka yere-kè Añglezi kyè mi ma dyugu-kè, a ka a fò a ye : « Ani-kye, anu-are. » Añglezi ka a fò : « Mune-kato? » Samori ko o : « Ye ka gbelè fila so na kato, ñ g'i fwo anu-are. » Dõ-ñgiri-la-barha byè ar bè ta ane kũ-ndigi byè ar bè ta ar ka yere-kè dyugu-kè. Añglezi kyè a yè ule ya karako a ku-nzigi.

Samori ka a fò a ye : « La bè sya-mã ñ ga ñyini ka muso mi fwo a se-r'are ra : ar ka a fò ñi kũ-ndigi a se-r'are ra muso lo. La byè ñ ga kyira ñyini, m ma a ye fyefyefye. Fè mi lomõ ñ gyüsu a sumã-ni bè, Alla ka ye tyi ya, e bè kyira. »

Samori ka kardasi kè a muso koro-ni fwo a se-ra Añglezi ra, a ka a di a ma; a ka fyè ba fila ta, sãni mugu b'a ra a fa-ra, a ka a

1. Au commencement de l'année 1897.

2. Le lieutenant anglais Henderson, qui fut fait prisonnier par le fils de Samori en mars 1897.

di a ma, a ka a fò a ye : « Sye-ko a kwo, tarha e dugu la, kardasi mi ta ni fyè mi ta ka a di kũ-ndigi muso ma. »

La kele na Nanzara kyè dò a bò-ra Ndenye-ra a du ra Botugu ra[1]. Só-fa-ru ar bè Botugu ra ar borra ar tarha ra Kurunsa ka a fò Samori ye : « Nanzara ar bè na ra. » Samori a sira na, a ka Kurunsa to, a ka tarha Dawakala, a sigi-ra yi an 'a muso Sarañgyè.

La kele na Frãzi-ru ar bè Gyoriba kwo ar ka a fò Samori ye Gbona aru-ta lo, a a fò a-ta morhò-ru ye ar Gbona to. Kyè ñgele bè Gbona na, a torho Suleymani, a só-fa-ru sigi. Samori ka Sarañgyè Mori kiri ka a fò a ye : « Tarha Gbona na ka a fò Suleymani e a bò-ra, a so to, ñ ga Frãzi sõ a ra; ñi koro-ni bè dyugu-kè, n di ñyini ka kerè-kè tugu. »

Sarañgyè Mori a tarha ra, a ka Kapitènu Brolo bè sira ra a bè tarha-ma ra a tarha Gbona. Fè mi a kè ra ta, m ma a lõ.

Samori a fò Brolo a do na Gbona te-le-na, a ka marfa tye, marfa-tigi ar bè Gbona na ar ka marfa tye tugu, Sarañgyè Mori a na na, a ka Suleymani dyema, ar ka Nanzara byè farha, ka soldasi farha.

Frãzi ar a fò Sarañgyè Mori yirra só kã, ane Brolo ar bè tarha-ma ra sira ra, ar do na Gbona te-le-na, Sarañgyè Mori ka Brolo farha, só-fa-ru ka Nanzara-ru mameni, ar ka ara byè farha[2].

Ni-le ñ ga ko-ma dò-gbrè me; morhò-ru ar bè bò-ra Gbona na, ar ka a fò te : Brolo ane Sarañgyè Mori ar bè-na sira ra, ar kè-ra ndyèri e, soldasi e ane só-fa ar kè-ra ndyèri e, ar byè bè tarha-ma ra darha kele na. Ar dyigi-ra so ra ane Gbona a surõ, ar sigi-ra darha-ra kele na. Só-fa dò ka soldasi dò ye muso b'a fè, a ka a fò soldasi ye : « Muso mi n-da lo, a to a di ma. » Muso mi gyõ-muso lo a borra só-fa buru ra, soldasi ka a mina. Soldasi ka a fò : « E fana, e-ta tè. » A ka só-fa yeni, a ka a fò : « Kutuyuma ! » Só-fa e a ka soldasi yeni ka a kiri : « Nanzara ta gyõ ! » A ka a fa yeni, ka a na yeni. Sisã soldasi barra só-fa ra, ar ka bundu-ri-kè.

1. L'administrateur Clozel, depuis secrétaire-général de la Côte d'Ivoire.

2. Outre le capitaine Braulot, les victimes de cette affaire furent le lieutenant Bunas et le sergent Myskiewicz ; ils furent tués le 20 août 1897.

Soldasi byè a urra a na na ka soldasi dyema, só-fa byè a urra a na na e, ar byè ka bundu-ri-kè.

Nanzara ar bè la ra bõ na, ar bè sündorho ra. Ar kunu-ra, ar bò-ra, Brolo ka koro-mã ta, a ka só-fa-ru bugo. Diüi do-na, morhò gbè-ma bè mi, morhò fi-ma bè mi, ar ma se ka a ye. Sisã só-fa kele, Brolo ka a bugo, a ka marfa tyi ka Brolo bõ; Nanzara dò-gbrè ka marfa tyi tugu, soldasi byè ane só-fa byè ar bè marfa tyi ra; só-fa o bè sya-mã soldasi ye, ar ka Nanzara farha, ar ka soldasi farha.

Alla kele ka tyĩ lõ.

La kele na[1] Nanzara kũ-tigi a sigi-ra Basami ra[2] a ka Komãdã Nebu kiri a ka a fò a ye a tarha Alimama fè-so an'a a ko-ma-kè. Komãdã Nebu ane Nanzara kyè dò-gbrè[3] ar tembè-ra Kumwezi tu ra, ar do na Satama ra. Samori a bè Dawakala. La mi na a ka a me Nanzara bè ñyini ra ka tarha ka a fwo, a só fila ta ka ara tyi Satama ra ka ara di Nanzara ma.

Sisã Nanzara fila do na Dawakala[4]. Samori ka a fò ara ye : « Ani-se, ani-se. » A ka ar buru mina. A ka a fò a-ta morhò ye ar nisi kele farha ka sorho di Nanzara ma ni soldasi ma ni doni-ta-barha ma. A ka a me ko sise kiri a di Nanzara ye, a ka fyè ba ta sise kiri b'a ra a fa-ra, a ka a di ara ma; a ka darha ba ta ñya-la-kã, a ka nisi nono ta, a ka a kè darha ra, a ka darha fa, a ka a di ara ma.

Katigi a ka gbène-mvyè-barha kiri, ka tigbenĩ-fò-barha kiri, ka muso kiri, ar ka dõ-ñgè. Katigi Samori dẽ-u, a bè kyeme tara, ar yirra só kã, a na na; suri gbulo kerege b'ar fè, wari kyemĩzi b'ar fè, sike delege b'ar fè, sike kursi b'ar fè, gbulo ule saura ba b'ar fè, sewè bè ar-ta bã-mvila kã a siri-ra sãni ra. Ar bè pã na gyona-gyona, sisã ar lo ra, katigi ar borra tugu. Ar bè kumbò ra, ar bè marfa tye ra sa na.

1. En juin 1897.
2. Gouverneur Mouttet.
3. La mission se composait d'abord de MM. Bonhoure, Nebout et Le Filliâtre. M. Bonhoure ayant été rappelé à la côte pour remplacer le gouverneur, MM. Nebout et Le Filliâtre se rendirent seuls chez Samori.
4. Le 2 octobre 1897.

Katigi marfa-tigi na na, só t'ar fè, ar bè wuru kele. Ar byè marfa b'ar fè karako Nanzara marfa a kya ñi : Samori numu-kyè ar ka marfa mi kè. Ar bè tarha-ma ra karako Nanzara soldasi. Ara ñyã morhó kele bè tarha-ma ra, a sura gbèni mvyè karako Nanzara.

Katigi só-fa ar na na ar yire só kã, ar bè wuru kele : ar byè só b'are fè.

Ar byè tembè ra Nanzara ñya na. La mi na ar ka tembè-ri bã, Alimama ka a fò Nanzara ye : « E ma a ye? n di se ka soldasi kè karako Nanzara e? »

Nebu ka a fò : « E tyĩ fò : e-ta soldasi kya ñi, e-ta marfa kya ñi. Anuru-ta soldasi o a kya ñi ye-ta ye, ar sya ye-ta ye; añi e, gbelè bè añi fè sya-mã. E kerè-kè tugu, a ma ñi : Frãzi ar sigi-ra numa-moro-ye, ar sigi-ra kini-moro-ye, ar sigi-ra tere-be-ye; Añglezi e ar sigi-ra tere-bò-ye : e ti se ka bori tugu. »

Sisã Samori ka yere-kè gberè-ma, a ko : « N di se ka bori ka tembè Frãzi darha ra, a bè te; sira mi a bè tere-bò-ye, a bè m vè la byè. Añglezi muni bè? ar ti se ka marfa mina ar buru ra. M bè sira na Frãzi ñyã; Añglezi e, ni ñyini ka mina farha, ni ñyini ka kerè kè Añglezi ra, a bè kele. » A ka a fò te, a ka da-gye syeri dugu ma.

Kũ-ndigi byè ar bè ta ar ka a fò : « Alimama ka tyĩ fò. »

Nebu ka a fò : « Mune-kato e ti ñyini ka ane ni e kardasi la? Nanzara ar dugu kele ta a bõ, ar i sõ a ra, dugu mi ye-ta lo, Nanzara ti tarha ta. » Alimama ko o : « Ni sigi-ra dugu kele na, ni a kè di? Konõ-u ar bè sigi-ra la byè yiri kele kã? » A ma ñyini ka kardasi la.

A ka a fò Nebu ye : « La mi na Nanzara ar ka marfa kyeme di ma, ka gbelè ñi-ma kele di ma, ñi a lõ ane ni ar dyèri-ni bè, ñi kardasi la. Tarha i a fò Guvenè ye. » A muso Sarañgyè a ko : « M va ka tyĩ fò. »

Alimama ka Dyabi kiri ka baragi di a ma ka a fò a ye : « E ka Basami sira lõ, ane Nanzara kyè mi tarha, e Guvenè fwo, e baragi mi di a ma. » Nanzara ar uri ra ar tarha ra; an 'ara Dyabi tarha ra.

Alimama ka nisi kyè mughã ni tã nda, a ka nisi muso mughã ni tã nda, a ka Nanzara so are ra, a ka a fò : « Sorho bè aluru-ta fè, nono bè aluru-ta fè sira ra. » A ka só fila ta ñya-la-kã ka ara di ara ma; a-lele ka Nanzara bila-sira, ar dõ na kwò ra a bè Dawakala kwo, a lo ra, a ka ar buru mina, a ka a fò ara ye : « Alla mãnzi i ra[1] ! »

XII. — *Nanzara Samori mina.*

La mi na Nanzara ar ka a me Samori ka marfa dari kyeme kele, a ka gbelè dari kele, ar ka a fò : « A ñyini ka kerè kè tugu ; a ma ñyini ka kerè kè, a ti marfa ñyini, a ti gbelè ñyini. » Ar ka a fò : « Arawan darha ka a mina ; añi ka a mina, kerè byè ba-na. »

Sisã Frãzi-ru bò-ra Guru-ñga dugu la, ar ka Kumwezi tigè, ar dõ na Kũ na[2]. Ar bè Nanzara kyè fila gbãnzã[3], soldasi t'are fè syamã. Samori ka a me, a ka marfa-tigi sya-mã ndyi, gbelè fila mi o a ka a ta Añglezi fè a b'are fè ; só-fa-ru dõ na Kũ ñgoro[4], ar ka so mameni, la byè ar ka marfa tyi, ar ka gbelè tyi, la tã ni nani ar ka marfa tyi. Gye tè Nanzara fè, ar ma se ka bò-ra Kũ na só-fa-ru a bè ya lomõ, gye b'ara farha ra gberè-ma.

Sarañgyè Mori ka a fò : « Ni ñyini ka Nanzara dawari. » Só-fa-ru delege b'a fè ane Nanzara soldasi ar-ta delege kele-ni bè. Sarañgyè Mori ka ara kiri ka a fò ara ye ar yire fara kã a bè ta a gyã ; ar yirra, ar ka ñgyõ-ñgyõ nda Frãzi ta ñgyõ-ñgyõ lo, ar ka a siri koro-ma na a gyã, ar ka koro-mã gbã dugu ma. Nanzara ar ka ñgyõ-ñgyõ ye, ar ka a gyate Nanzara dò-gbrè ar bè na ra, ar ka a fò soldasi ye : « Ar kana marfa tyi tugu. » Soldasi ka a fò : « Nanzara tè, só-fa lo ; Nanzara lo, Sarañgyè Mori a marfa tyi are ra. » Sisã Nanzara ka a fò : « Ar marfa tyi tugu. »

Ula ra, kondo na ra sya-mã, nènè bè fyè-na wolo. Nanzara soldasi ko : « Kondo bè na ra, Nanzara bè na ra e, ar bè kondo gbè ra. »

1. Le 22 octobre 1897.
2. En janvier 1898.
3. Les lieutenants Demars et Méchet.
4. Le 12 février 1898.

Nanzara bè na ra tyã, ar bè bò-ra tere-bò-ye[1], ar ka kerè kè dyugu-kè, ar ka só-fa byè gbè, ar ka Sarañgyè Mori gbè, ar du ra Kũ na. Nanzara mi e ar bè Kũ na, ane soldasi, ar byè kumbò ra, ar ka a fò : « Tabarakalla ! añi se ka gye mi ! »

Sarañgyè Mori a borra, a dõ na Dawakala, a ka a fò Samori ye : « Nanzara ar du ra Kũ na ar bè sya-mã, sisã ar na ya ar dõ Gimini ra. » Samori a uri ra sisã, a ka muso byè ta, a ka a fè mbyè ta, ka gbelè fila ta, ka a dẽ mbyè ta, ar byè bori ra Bani koro dua kele na ar a kiri Bando-ra. A dõ na ta, alimama ka a fò : « N di ñyini ka bori tugu, ni bè koro dyugu-kè, ni ñyini ka sigi ya : Nanzara na ya, añi ara konõ ka marfa tyi ; la mi na n-da mugu byè a ñgyenena, ni ñi-re farha. » Sisã a ka gyasa gbã, a ka danda lo, a ka a fò : « So mi n-da so lo, ñi a kiri Bori-ba-na, n di ñyini ka bori tugu wolo. »

Nanzara[2] a bò-ra Kũ na, a do na Gimini ra, a ka só-fa byè gbè ar bori ra ka tarha Bori-ba-na.

Só-fa-ru mi o ar sigi-ra Gbwèke so koro, ar borra ñya-la-kã. Tõ-u ar ma ñyini ka ara to ar tarha, ane só-fa-ru ar ka bundu-ri-kè[3]. Tõ nzya-mã bori ra, ar dona Kofi-dugu ra, ar dami-na, ar ka a fò Komãdã ye[4] : « E ma a ye ? Trosoko bè na ra ka kerè kè. » Kofi-dugu Nanzara ka a gyate Samori bè na ra Baule na, a ka kyira tyi sisã Tumodi ra a a fò Komãdã Nebu : « Samori bè na ra. » Nebu ka soldasi ta, a ka tarha-ma gyona-gyona, a dõ na Kofi-dugu ra, a ka a fò añi ye : « Yiri byè ar bè n-da bõ ñgoro, ar tarha ka a tigè ; Samori a na ya, ni ñyini ka n ze ka a ye, am marfa tyi. »

Soldasi dò bè ya a suru, a torho bè Baba Kamara. Nebu ka a kiri ka a fò a ye : « Tarha ka korosi ka a ferè. » Baba Kamara a tarha ra, a ferè-ri-kè kpa, a ma fõndò ye ; a dõ na Gbwèke so ra, morhò-ru ar ka a fò a ye : « Só-fa-ru byè a urra a tarha ra, Nan-

1. C'était la colonne du commandant Caudrelier, qui arriva à Kong le 27 février 1898.

2. Commandant, depuis lieutenant-colonel, Caudrelier.

3. Mars 1898.

4. M. Tellier.

zara lomõ ar du ra Gimini la. » A sye ra a kwo a na na Kofi-dugu, a ka a fò Nanzara ye.

Anuru le añi ka a me, Nanzara ka Samori gbè a bò-ra Gimini la, añi ka a me, añi gyüsu suma-na dyugu-kè. Morhò byè dõ-ñgiri la so ra, morhò byè dõ-ñgè, morhò byè a fò : « Tabarakalla ! » Alkurana-tigi dò ar a kiri Kara-morhò Mori-ba a ka a fò añi ye : « A byè arawan darha syeri-bolõ na ka syeri-kè. » Morhò byè tarha ra sisã, ar syeri ra, ar ka a fò : « Barika ! barika ! »

La ñgberè añi ka a me Nanzara[1] ar ka Sikaso mina, ar ka Babemba farha. Samori le a ka a me, a sira na dyugu-kè, a yire-yire dyugu-kè, a ka a fò : « Nanzara ka a kè di? Ni-le n zigi-ra sã ñgele Sikaso te-le-na, n zigi-ra ta kari woró-mvla ko fila ane la woró-mvla ko fila, m ma se ka so mina ; Nanzara sigi-ra la woró-mvla ko fila gbãzã, ar ka a mina. La mi na ar na ya, n ze ka a kè di? Danda ba saüa bè Sikaso ra, ar bè bãgo danda, ar bè gberè-ma : gyasa fitini bè ya, a bè kele. » Sisã a ka muso ta, ka sãni ta, ka mugu ta, ka fè mbyè ta, a ka a de-ñgyè-u kiri, a ka a fò : « Arawam bori ! » Sarañgyè Mori ka a fò : « M va, e ma a fò e ya kiri Bori-ba-na? » Samori ka a fò : « Uri, arawam bori ! »

Ar ka gbelè ñgele ta, ar ka a to ka a do ba ra, ar ma se ka an 'a tarha wolo. A byè bori ra tu ra a bè Wuro-dugu kwo ; morhò-u sigi-ra ta ar ara kiri Guro-Gyula, ar torho ñi-ma bè Koro, ar morhò domũ.

Samori ka Kyè-morhò Bilali kiri ka a fò a ye : « E to-ra kwo, la mi na Nanzara do na ya, i ara lo. » Kyè-morhò sigi-ra Bani koro, dua kele na ar a kiri Kyemu. La mi na a ka a me Nanzara kyè mi a ka Sikaso mina a bè na ra, a ka gyasa kyene a borra[2], a tarha ra dua gberè na, a ka gyasa dò-gbrè kè. A borra gyona-gyona, sófa-ru ar ma ar kũ nzoro ka two domũ. Diüi do-na, Kyè-morhò Bilali ka Nanzara me ar bè na ra ; a ka gyasa kyene sisã, a borra tugu ; Nanzara ar na na, ar ka muso sya-mã mina, ka só sya-mã mina.

1. Prise de Sikasso par la colonne du commandant, depuis lieutenant-colonel, Pineau, le 1er mai 1898.

2. Le 2 juin 1898.

Samori morhò-ru ar bè tu ra ar sige-ra dyugu-kè. Ar ma se ka ar-ta só-ru sigi, só byè ar fari è dimi, ar ma se ka kende-ra ; morhò-ru, fõndò tè yi ar a domũ. Ar bè borra sya-mã, ar ka tarha Nanzara soro na, Nanzara bè Mau-ñga dugu la[1]. Morhò byè ar to-ra kwo, Koro ar ka ara mina ka ara domũ.

La mi na Samori ka baragi la ka a tyi Nanzara kyè mi ye a bè Mau-ñga dugu la[2], a ka a fò a ñyini ka tarha Nanzara soro na. Nanzara[3] ka a fò a-ta dẽ Muktaro ane a-ta dẽ Sarañgyè Mori a ara ta ka ara di Nanzara ma. Samori ka a fò : « Fè mi ma di ñi. »

Sisã a ka ñyini ka bori tugu ka tarha tere-bò-ye Naswara fi-ma dugu la. Siñya kele, Nanzara bè bò-ra Koniã na[4] ; la mi na Samori morhò-ru ar ka gyü-tigè ka ba dò[5] tigè a bè yi, Nanzara na na, ar ka morhò mina a bè sya-mã a tembè ra wuru mughã na, ar ka marfa mina a bè sya-mã a tembè ra wuru tã na, ar ka mughu sya-mã mina ; ar ka Foruba Musa mina, ar ka Kyè-morhò Bilali farha[6].

La dò ra sorho-ma morhò kele a bè bò-ra Wuro-dugu la a dõ na Kofi-dugu, a ka a fò añi ye : « Nanzara ka Alimama mina. » Añi a gyate a tè te. A ka a fò : « A bè te ; Nanzara ar bò-ra Koniã na, ar dõ na Koro dugu la[7], ar ka Samori mina, ar ka Sarañgyè Mori mina, ar ka Muktaro mina, ar ka Mori Fima mina, ar ka Alimama muso byè mina, ar ka gbelè kele mina, ka marfa mina, ka mugu mina, ka só mina, ka nisi mina, ka sãni mina sya-mã nzya-mã. Marfa bè yi ar sya dyugu-kè, Nanzara ma se kȧ an 'ara tarha, ar ka a ñgyene[8]. »

Katigi añi ka a lõ, fè mi a bè te kya ñi ; morhò-ru ka a fò añi ye

1. A Touba.
2. Capitaine Ristori ; la lettre de Samori lui parvint le 1er mai 1898 et il la transmit au commandant de Lartigue.
3. Commandant de Lartigue.
4. Lieutenant Wœlffel.
5. L'un des bras supérieurs du Cavally.
6. Combat de Tiafesso, le 9 septembre 1898.
7. Colonne légère du capitaine Gouraud.
8. Samori fut pris le 29 septembre 1898 à Guélémou, dans le bassin de la Haute-Sassandra, par le sergent Bratières.

Nanzara ar ma Samori farha, ar ka a ta kà a sigi dua ra a gyã dyugu-kè, a bè gyemvye kwo ra[1].

Nanzara ka añi byè kiri ka a fò añi ye : « Sisã Samori tè ya tugu, Samori a ba-na. Ar se ka tarha Gimini tugu, ka so kura lo, ka sene kè : morhò dò ti kerè kè tugu. »

Añi ka a me, añi ka a lõ Nanzara ar gbrè morhò byè ye ; Alla kele a gbrè Nanzara ye.

Alimama Samori ko-ma a ba-na.

Al-hamdu lillâhi rabbi 'lâlamîna[2].

1. A Njolé, dans une île de l'Ogôoué, au Congo français, où Samori arriva en 1899 et où il mourut en 1900.

2. Cette dernière phrase est en arabe et veut dire : « Louange à Dieu, le Maître des mondes ! »

VOCABULAIRE DES MOTS CONTENUS DANS LE TEXTE [1]

Nota. — 1° Les noms propres ou les titres qui ne sont que des mots français déformés ne figurent pas dans ce vocabulaire.

2° La forme passive n'est donnée pour les verbes que lorsqu'elle est irrégulière ou qu'elle a un sens ne correspondant pas exactement à celui de la forme transitive.

3° Les mots commençant par *m*, *n* ou *ñ* qu'on ne trouverait pas à ces lettres devront être cherchés à la lettre qui suit l'*m*, l'*n* ou l'*ñ*.

4° Les mots dans lesquels se trouve un *l* et qu'on ne trouverait pas à leur place devront être cherchés avec un *r* et inversement.

5° Si on ne trouve pas un mot commençant :

par *d* ou *nd*, le chercher à *t* ;
— *g* ou *ñg*, — à *k* ;
— *v* ou *mv*, — à *f* ;
— *z* ou *nz*, — à *s* ;
— *ñy*, — à *y* (et inversement).

SIGNES ET ABRÉVIATIONS

* indique les mots empruntés à l'arabe.
(A.) — — — à l'agni.
(F.) — — — au français.
n. p. signifie « nom propre ».
p. l. — « pluriel ».
v. tr. — « verbe transitif ».
v. n. — « verbe neutre ».
pas. — « passif ».
pr. — « prétérit ».

1. Ce vocabulaire renferme *uniquement* les mots contenus dans le texte qui précède : ce n'est donc pas un dictionnaire dyoula-français.

A

a, il, lui, elle ; son, sa, ses ; — ou, ou bien.
a-le, lui-même.
a-lele, lui-même.
a-ta, son, le sien, à lui.
a-to, tout de suite, d'abord.
Aari (A.), nom d'une tribu du Baoulé.
Abrõ (A.), nom d'un pays situé au sud de Bondoukou.
Abrõ-ñga, habitant de l'Abron.
Agyumani, n. p. d'homme.
alakoso, à la bonne heure !
alarha (A.), caisse, boîte.
**algyine*, génie.
**alhigyi*, pèlerinage à La Mecque ; — fête des sacrifices (le 10 du mois de zoulhidja).
**Ali*, n. p. d'homme.
**aligyenna*, paradis.
**alimama*, imâm, grand-prêtre, chef religieux.
**Alkitabu*, le Livre, le Coran.
**Alkurana*, le Coran.
alkurana-tigi, prêtre, savant.
**Alla*, Dieu.
aluru, vous ; votre, vos.
aluru-le, vous-mêmes, vous autres.
aluru-ta, votre, le vôtre, à vous.
am (voyez *an*).
**Amadu*, n. p. d'homme (Ahmed .
**Amara*, n. p. d'homme (Ahmar).
**amirulmumenina*, prince des croyants.
an, nous, nous deux ; notre, nos.
an' (voyez *ane*).
ane, avec ; et.
ani, salut.
ani-kye, bravo, merci.
ani-se, bonjour (salut adressé par le visité au visiteur).
ani-ya, bonjour (salut adressé par le visiteur au visité).
anu (comme *ani*).
anu-are, merci.
anuru, nous ; notre, nos.
anuru-le, nous-mêmes, nous autres.
anuru-ta, notre, le nôtre, à nous.
añ (voyez *an*).
**Añglezi*, Anglais.
añi, nous ; notre, nos.
añi-le, nous-mêmes, nous autres.
añi-ta, notre, le nôtre, à nous.
ar, ils, eux, elles ; vous ; on ; leur, leurs ; votre, vos.
ar-ta, leur, le leur, à eux ; votre, le vôtre, à vous.
ara (comme *ar*).
**Arabu*, Arabe.
arawam (comme *arawan*).
arawan, nous, nous tous.
are (comme *ar*).
**aridyuma*, vendredi.
aru, eux, elles.
aru-le, eux-mêmes.
aru-ta, leur, le leur, à eux.
**asadu*, témoigner.

B

b' (voyez *bè*).
ba, père ; — chèvre ; — fleuve ; — grand ; — déjà, jusqu'à présent, (avec la négation : pas encore).
bã, feuille de raphia ; — (v. tr.), finir, achever (pas. *ba-na*).
bã-mvila, *bã-vla*, bonnet.
baba, maître ; — n. p. d'homme.
bãgo, terre à bâtir.

**Bakari*, n. p. d'homme.

bãma, caïmau.

Bãma-kwò, n. p. de ville (Bammako).

Bãma-na, nom d'une tribu mandé (Bamana ou Bambara).

bamba (voyez *bãma*).

Bãmbara, nom donné par les Dyoula aux Sénoufo et en général aux peuplades non musulmanes de la Boucle du Niger.

banda, bombax ou fromager (arbre).

Bando-ra, n. p. de village.

Bãndorho, nom d'une province du Guimini.

Bãndorho-ka, gens du Bandorho.

Bani, nom de plusieurs cours d'eau et en particulier du Bandama Blanc.

Baniã, n. p. de pays.

bañyã, gombo (légume).

**baragi*, lettre, missive.

baranda (A.), banane.

bare, oncle.

barha, suffixe indiquant les noms de métiers.

bari (v. n.), se jeter, se précipiter (prét. *barra* ou *bari ra*).

**barika*, merci.

Basami (F.), Grand-Bassam.

Baule (A.), n. p. de pays (Baoulé, pays agni au sud du Guiambala et du Takponin).

be (v. tr.), faire tomber (pass. *be-na*, tomber).

be-dua, *be* (v. n.), se coucher (en parlant d'un astre).

bè (v. tr.), rencontrer (pas. *bè-na*, se rencontrer); — (v. n.), être; — se rencontrer.

bè-ni (v. n.), être réuni.

bè-ñya-na, exister, vivre.

bèma, grand-père.

berè, bon, charitable.

bi, aujourd'hui; — (v. tr.), puiser.

bi̱, herbe, paille.

Bigyalã, nom d'une province du Guimini.

Bigyala-ñka, gens du Biguialan.

bila (v. tr.), laisser; — (v. n.), marcher.

bila-sira (v. tr.), accompagner.

bilã, pièce d'étoffe servant de vêtement aux jeunes garçons.

bilã-koro, jeune garçon.

**Bilali*, n. p. d'homme (Bilal).

bili (v. tr.), revêtir.

bimbri, petit mil.

Bisã-dugu, nom d'une ville du Ouassoulou.

Bitikyè-Swane, nom d'un ancien chef du Toron.

bla (comme *bila*).

bla-ñyã (v. n.), s'avancer.

bò (v. tr), ôter, faire sortir (pass. *bò-ra*, sortir, venir de); — (v. n.), sortir.

bò-dua, se lever (en parlant d'un astre).

bò-ñya (v. tr.), faire pousser (pass. *bò-ñya-ra*, pousser, croître, se développer).

bó, excrément.

bõ, maison; — (v. tr.), arracher, déterrer; atteindre, frapper (d'une balle); — (v. n.), être grand, être gros, être puissant.

bo-ndo, grenier.

bõ-ñgũ-na, toit.

bobo, muet; surnom donné par les Dyoula à la tribu des Boua.

Bodugu, n. p. de pays.

bori (v. n.), courir, fuir (prét. *borra* ou *bori ra*).
Bori-ba-na, « c'est fini de fuir », nom donné par Samori à sa dernière résidence, près du Bandama Blanc.
Borombo, n. p. d'homme (chez les Sénoufo).
Botugu, n. p. de ville (Bondoukou).
bugo (v. tr.), frapper.
bugu, terre (en tant que substance).
bundu (v. n.), se battre.
bundu-ri, bataille.
bundu-ri-kè, se battre.
**Burama*, n. p. d'homme (Ibrahim, Abraham).
buru, main, bras.
butu, tambour à deux peaux.
butu-fò, jouer du tambour.
butu-fò-barha, joueur de tambour.
Bwale, n. p. de ville (Boualé).
byã, flèche.
byè, tout, tous.
byĩ (voyez *byã*).

D

da, bouche; porte; bord.
da-gye, salive.
dã (v. tr.), tisser, tresser.
Daba, n. p. d'homme.
Dagbama, n. p. de pays (Dagomba).
dãgo, pagne.
Dala, n. p. d'homme.
dami (v. tr.), blesser (pas. *dami-na*).
dana, différent.
danda, mur, tata.
darha, poterie, cruche; — armée, colonne.
darha-ra, camp; nom d'une ville du Guimini.
dari (v. tr.), solliciter, demander.
dawa, houe.
Dawakala, nom d'une ville du Guimini (Dabakala).
dawari (v. tr.), tromper.
de (comme *dẽ*).
De-mba, n. p. d'homme.
de-ñyorhõ, frère aîné.
dẽ, enfant, fils, fille; fruit.
dẽ-muso, fille.
dẽ-ñgyè, fils.
delege, boubou, chemise; vêtement.
deneñgu, laiton.
deüe, deüè, dewè, natte, tapis.
di, quoi? comment? — (v. tr.), donner; — (v. n.), plaire; être bon.
dimi (v. tr.), faire mal à; — (v. n.), faire mal, être malade.
diñga, trou.
diüi, obscurité.
do (v. tr.), mettre.
dò, un, un certain.
dò-bè, les uns, les autres.
dò-gbrè, un autre.
dõ (v. tr.), enfoncer, enterrer; revêtir (pas. *dõ-na* et *do-na*, être enfoncé, entrer (v. n.), être arrivé); — (v. n.), arriver, atteindre; entrer (prét. *dõ na* et *do na*); — danse.
dõ-ñgè, danser.
dõ-ñgiri, chanson.
dõ-ñgiri-la, chanter.
dõ-ñgiri-la-barha, chanteur.
doa (A.), cartouchière.
doa-dẽ, cartouche.
domũ (v. tr.), manger; — extraire (de l'or, etc.).
domu-ni, action de manger; nourriture.
domu-ni-kè, manger (v. n.).

doni, charge, ballot.
doni-ta-barha, porteur.
dorho, jeune.
dorho-kyè, frère cadet, cousin.
dorho-ma, petit, de peu de durée; un peu.
dorho-muso, sœur cadette, cousine.
dorho-ni, jeune, petit.
doro, bière (de mil ou de maïs).
du, jour, lumière du jour; — (v. n.), entrer.
dua (voyez *dugha*).
dugo (v. tr.), laisser tomber.
dugõ (v. tr.), cacher (pas. *dugõ-na* et *dugo-na*).
dugu, terre, sol; pays; village.
dugu-koro, la Terre, le globe.
dugu-tigi, indigène; — chef du pays.
dya (pour *diyã*, nom verbal du verbe *di* « être bon »), bien.
dya-tigi, bien, bonheur.
Dyabi, n. p. d'homme.
**dyandama*, enfer.
dyema (v. tr.), aider.
dyèri (voyez *ndyèri*).
dyigi (v. tr.), déposer (pas. *dyigi-ra*, descendre).
dyugã, fou, imbécile.
dyugu, mal; — mauvais, méchant.
dyugu-kè, beaucoup, très, fort; trop.
Dyuma, n. p. de pays.

E

e, tu, toi, te; ton, ta, tes; — aussi; particule explétive; — (voyez aussi *ye*, « à »).
e-le, toi-même.
e-lele, toi-même.
e-ta, ton, le tien, à toi.
è, il, elle (voyez *a*).
ẽẽ, non.

F

fa, père; — (v. tr.), remplir.
fale (v. n.), pousser, lever (v. n.).
Famafwe (A.), nom d'une tribu agni du Baoulé (Faafoué, Famafoué).
fana (v. n.), mentir, se tromper.
faniyã, mensonge.
faniyã-ndigi, *faniyã-tigi*, menteur.
fãni, *fani*, tissu; pagne.
faniyã (voyez *fana*).
fãñga, graisse.
fara, rocher.
Fara-ba, n. p. de ville.
farã (v. tr.), déchirer (pas. *fara-na*).
farha (v. tr.), tuer; détruire (pas. *farha-ra*, être tué, mourir).
farha-ndẽ, pauvre, homme de peu.
farhama, roi, grand chef.
fari, corps; — (v. tr.), changer.
fata (v. tr.), faire éclater (pas. *fata-ra*, éclater).
fatüo, folie; — fou.
fatüo-ni, fou, aliéné.
fè, chose; chez.
fè-so, maison (home); — chez.
ferè (v. tr.), regarder, surveiller; chercher.
ferè-ri, attention.
ferè-ri-kè, faire attention.
fi, *fi̱*, noir; — (v. tr.), noircir.
fi-ma, noir.
fi-ni, noir.
fi-na (pas.), être noir.
fila, deux; — herbe; — médicament.

fila-buru, feuille.
fila-dyugu, poison.
fila-na, deuxième, deuxièmement.
Fila, Foulan, Peuhl.
Fila-Gya-le, Toucouleur.
fire (v. tr.), vendre (pas. *firra* et *fire-ra*).
firi (v. tr.), lancer.
fitini, petit.
fiyè (voyez *fyè*).
fò (v. tr.), dire; parler; — jouer (d'ûn instrument autre qu'un instrument à vent).
Fode, n. p. d'homme.
folo, commencement.
folo-na, premier, premièrement.
Folõ (voyez *Forõ*).
fõndò (pour *fè dò*), quelque chose.
foñyõ, air, vent.
foro, membre viril; gâchette de fusil; — vent violent.
foro-ñgyo, tornade.
Forõ, nom d'une tribu sénoufo (Foro).
Foro-na, pays des Foro (Follona).
Foruba, n. p. d'homme.
**Frãzi*, Français.
fri (voyez *firi*).
Furuba (voyez *Foruba*).
fwo (v. tr.), visiter; saluer; remercier; — en visite chez.
fye (v. tr.), aveugler (pas. *fye-na*, être aveugle); — (voyez aussi *fyè*).
fyè, *fye*, calebasse; — (v. tr.), souffler dans, jouer de (pas. *fyè-na*, souffler); — (v. n.), souffler.
fyefyefye, jamais; aucunement.

G

Gã, nom d'une tribu agni (Ngan ou Gan-né).
Gã-ra, pays des Ngan (Ngan-nou).
gale, auparavant, déjà, autrefois.
Gamã, nom d'une tribu agni-achanti habitant la région de Bondoukou.
Gamã-ñga (même sens).
gara, indigo.
gba (v. tr.), suivre.
gbã (v. tr.), faire chauffer; — planter; — (pas, *gba-na*, chauffer, être chaud).
Gbãndama (A.), n. p. de fleuve (Bandama).
gbãnzã, seulement.
gbasi (v. tr.), forger, frapper à coups de marteau, frapper.
gbãzã (voyez *gbãnzã*).
gbè, alcool, vin de palme; — blanc; — (v. tr.), blanchir; — chasser renvoyer; — (pass. *gbè-ra*, être blanc, blanchir (v. n.).
gbè-ma, blanc.
gbelè, canon; — (voyez aussi *gberè*).
gbelè-dẽ, obus.
gbèndige, clairière.
gbèndige-ra, savane.
gbène, corne d'appel, trompe; clairon.
gbène-mvyè, sonner de la trompe.
gbène-mvyè-barha, sonneur de trompe.
gbèni (voyez *gbène*).
gberè, *gbelè*, *ñgberè*, *gbrè*, *gbere*, *mbere*, fort; difficile; dur; — différent; — (v. n.), être fort, être difficile.

gberè-ma, *gbelè-ma*, force ; — fort ; — fortement.

Gbeyĩda, nom d'une tribu agni habitant la région de Mango (Binié).

Gbeyĩda-ra, pays des Binié (Anno).

Gbona, n. p. de ville (Bouna).

gbrè (voyez *gberè*).

gbugõ, époque des premières pluies.

gbulo, peau.

Gbwèke (A.), n. p. d'homme (chez les Agni).

Gimini, n. p. de pays (Djimini) ; nom de ses habitants.

Gimini-ñga, gens du Guimini.

Guro (A.), nom d'une tribu habitant entre le Bandama et la Sassandra.

Guro-Gyula, n. p. de tribu (Koro ou Dioula anthropophages).

Guru-ñga, habitant du Gourounsi.

gya (v. tr.), dessécher, faire sécher (pass. *gya-ra*, sécher, être sec ; maigrir).

gya-le, sec ; maigre.

gya-ni, sec.

gyã (v. n.), être long, être grand, être loin.

gya-na (pas.), (même sens).

gyãgyã (v. tr.), piller.

Gyale, n. p. de famille.

Gyalõ, n. p. de pays (Fouta-Diallon).

Gyalõ-ñga, Diallonké.

Gyambala, n. p. de pays (Diammala).

Gyambala-ka, gens du Guiambala.

gyamũ, nom de famille.

Gyamũ-kwò, n. p. de rivière.

Gyarawari, n. p. d'homme.

gyarha, mauvais, méchant.

gyasa, palissade, barrière, enceinte ; — fortin.

gyasa-konõ, cour.

Gyasale, n. p. de ville dans le bas Baoulé (Tiassalé).

Gyasale-ñga, gens de Tiassalé.

gyate (v. tr.), croire, penser.

gye, eau.

gyemvye (A.), mer.

Gyende, n. p. de ville (Dienné, en amont de Tombouctou ; Odienné, dans la haute Côte d'Ivoire).

gyese, coton filé, fil de coton.

gyo, génie ; idole, fétiche.

gyò, filet, hamac.

gyõ, particule interrogative ; — esclave, captif.

gyõ-muso, captive.

gyõ-ñgyè, captif.

gyo-ni, *gyõ-ne*, qui?

gyona, vite.

gyona-gyona, très vite.

Gyoriba, n. p. de fleuve (Niger).

gyu, *gyü*, bout, commencement, fin, pied (d'un objet).

gyu-koro, *gyü-koro*, sous.

gyu-tigè, *gyü-tigè*, commencer.

Gyüla, *Gyula*, Dyoula.

Gyüla-ka, *Gyüla-ñga* (même sens).

Gyüla-so, n. p. de ville (Bobo-Dioulassou).

gyuri, sang ; blessure ; — combien.

gyuru, *gyüru*, liane, lien, corde ; — gage, garantie ; — paiement.

gyuru-nã-digi, otage.

gyuru-sara, donner en garantie ; donner en paiement.

gyusu, *gyüsu*, cœur (au figuré).

H

hali, très, fort.

I

i (voyez *e*, « tu, toi, ton, etc. »).
ire, se, soi, soi-même.
**Isiaka*, n. p. d'homme (Ishaq).

K

ka, particule servant : 1° à exprimer le prétérit des verbes transitifs et des verbes neutres à forme active ; — 2° à joindre un infinitif à un verbe à un mode personnel ; — 3° (comme suffixe), à former les noms de nationalité.
kã, cou ; — langue, idiome ; — sur, au dessus de.
kã-mbere, jeune homme.
**kabila*, famille.
kafi-ñyorhõ, frère cadet.
**kafira*, pl. *kafiruna*, païen.
Kãga (A.), gens du Nord, esclaves (surnom donné par les Agni aux Dyoula et aux Sénoufo).
Kãga-kró (A), village des Kanga.
Kãkã, n. p. de ville.
Kãkã-ñga, gens de Kankan.
kala, *kalã*, arc.
Kamara, n. p. de famille.
kana, particule négative de l'impératif.
kãni, piment.
Kañgaba, n. p. de ville.
kañyã (v. tr. et v. n.), essayer.
kara (v. n.), décider (prét. *karra*).
**kara* (v. tr.), lire.
kara-morhò, lettré, savant ; n. p. d'homme.
kara-ni, lecture.
kara-ñgè, lire (v. n.).
karako, comme.
**kardasi*, papier.
Karfala, n. p. d'homme:
kari, lune, mois ; — (v. tr.), casser, écraser ; récolter (pas. *karra*).
Kari-Gyüla, nom d'une tribu mandé (Ligbi ou Ligoui).
kasami (v. tr.), compter (pas. *kasami-ra*, se monter à).
katigi, ensuite.
kato, pour, à cause de.
katorho, place publique.
kè (v. tr.), faire ; — verser.
kè-berè, bonne action.
kè-berè-kè, être bon, être juste.
Kegyã, n. p. d'homme (chez les Sénoufo).
kele, un, un seul, unique, le même.
kele-ni, unique, semblable.
kende (v. tr.), guérir ; — (v. n.), être bien portant ; — bien portant.
kende-ra (pas.), être bien portant.
kene-ma, dehors.
keñge, sable.
Keñge-dugu, n. p. de pays (Kéniédougou).
Keñge-ra, n. p. de ville (Kéniéra).
Keñge-ra-ñga, habitant de Kéniéra.
kerè, guerre.
kerè-kè, combattre, se battre.
kerè-tigi, guerrier ; ennemi.
**kerege*, selle.
kereni, maître d'école.
kèsu (F.), caisse.
kini, droite.
kini-mburu, main droite.
kini-moro-ye, sud.
kiri, œuf ; — (v. tr.), appeler.
kisi (v. tr.), protéger.
Kisi, nom d'une tribu habitant près des sources du Niger.

ko, fois; — (v.n.), dire; parler; — que.
ko-ma, parole; palabre; histoire; — parler.
ko-ma-kè, palabrer, juger un procès, régler un différend.
Kofi (A.), n. p. d'homme (chez les Agni).
Kofi-dugu, nom dyoula du village et du poste de Kofikro, dans le Baoulé.
kõgo, faim; — (voyez aussi *kõñgo*).
kolo (voyez *koro*).
kolomã (voyez *koro-mã*).
kombo, *kõmbo* (v. n.), crier.
kondo, sauterelle.
Koniã, n. p. de pays (Konian, au sud-ouest du Ouassoulou).
Konia-ñga, *Koniã-ñga*, habitant du Konian, Konianka.
kono (comme *konõ*).
kono-gyate, réfléchir.
konõ, ventre; — oiseau; — perle; — (v. tr. et v. n.), attendre.
konondo, neuf (nombre).
kõñgo, plantations, campagne.
kõñgoli, montagne.
korho, sel; — buste.
korho-ra, gilet.
koro, os; — bâton; — caurie (coquillage servant de monnaie); — vieux; — (v. tr.), rendre vieux, user (pas. *korra* ou *koro-ra*, être vieux, être âgé); — auprès de, à côté de.
koro-kyè, frère aîné; ascendant.
koro-mã, bois, tronc d'arbre, pieu, bâton.
koro-ni, vieux.
koro-ya, auprès de.
Koro, n. p. de tribu (Dioula anthropophages).
koromã (voyez *koro-mã*).
korosi (v. n.), tâcher.
Kosi, n. p. d'homme.
Kotyĩ-Kofi-dugu, nom d'un village dans le nord du Baoulé (Ko-Akyin-Kofi-kro).
kpa, bien, très.
kpã (v. n.), sauter; galoper.
Kpakibo (A.), surnom donné par les Agni au capitaine Marchand.
Kpanã, nom d'une province du Guimini.
Kpana-ñga, gens du Kpanan.
Kpakporesu, nom d'un village du Baoulé.
Kparhala, n. p. de tribu (Pakhalla ou Koulango).
ku, igname.
kũ, tête; — n. p. de ville (Kong).
kũ-ndigi, chef.
kũ-nzigi, cheveux.
Kũ ñga, habitant de Kong.
kũ-tigi (voyez *kũ-ndigi*).
kumbè (v. tr.), rassembler (pas. *kumbè-na*, être assemblé).
Kumbele, nom d'une province du Guimini.
Kumbele-ñga, gens du Koumbélé.
kumbò (v. n.), crier.
kumbu (v. n.), crier; — cri.
Kumwezi, n. p. de fleuve (Comoé).
kundo (v. tr.), allumer.
kunu (v. tr.), éveiller (pas. *kunu-ra*, s'éveiller).
kura, neuf, nouveau.
Kurã-kwo, n. p. de pays (Kouranko).
kuro, aubergine sauvage.
Kuro-dugu, n. p. de pays.
kursi, culotte.
kursi-tigi, jeune homme.
kuru, morceau.

Kurubari, n. p. de famille.
Kurubari-dugu, n. p. de pays.
Kurulamini, n. p. de pays.
Kurunsa, n. p. de ville (sur la haute Comoé).
kutru (voyez *kuturu*).
kuturu (v. tr.), courber (pas. *kuturu-ru* et *kuturra*, être courbé, se baisser ; ramper).
kutuyuma, insulte en usage chez les Sénégalais.
Kwadyo-Kofi (A.), nom d'un ancien chef du Baoulé (Kouadio-Kofi).
Kwamina-Gbwè (A.), nom d'un chef agni de Mango (Kouamna-Gbouè).
kwo, reins, dos ; derrière ; — après, derrière, en arrière.
kwo-morhò, homme de queue, dernier.
kwò, rivière.
kwó (v. tr.), laver (pas. *kwó-ra*, se laver).
kya, être.
kye, travail ; — parmi.
kye-kè, travailler.
kyè, homme, mari, mâle.
Kyè-ba (homme grand), n. p. d'homme (Tiéba).
kyè-morhò, homme mûr ; notable ; homme libre ; vieillard ; — n. p. d'homme.
kyè-morhò-ba, notable, noble.
kyeme, cent.
Kyeme, n. p. d'homme.
kyemĩzi, étrier.
Kyemu, n. p. de ville (Tiémou).
kyene (voyez *ñgyene*).
Kyepere, n. p. de tribu (Sénoufo du Guimini et du Guiambala).
kyira, envoyé, messager.

L

la, jour, temps ; — (v. tr.), faire ; — porter ; — (v. n.), se coucher, être couché ; — (voyez aussi *ra*).
la-bila, marcher en tête.
la-tõ, marcher en queue.
ladegi (v. tr.), imiter.
Lafia, n. p. d'homme.
Lafiboro, nom d'une ville du Guiambala.
lalabato (v. tr. et v. n.), obéir.
larha (voyez *alarha*).
Latè, n. p. d'homme (chez les Sénoufo).
Laye, n. p. d'homme.
le, même, lui-même ; seulement.
le-kè, seulement.
lè, bois (substance).
**leasara*, prière de 5 heures.
Leñgesoro, n. p. de pays.
leyini (v. tr.), étudier.
li (voyez *ri*).
liuri, chapeau.
lo (v. tr.), bâtir ; — arrêter (pas. *lo-ra*, être arrêté, s'arrêter, se tenir debout ; — répondre) : — (v. n.), être ; — se tenir debout, rester debout, s'arrêter ; — répondre.
lò (v. tr.), fabriquer.
Lò, nom donné par les Dyoula à la tribu des Kouéni ou Gouro.
lõ (v. tr.), connaître, savoir.
lolo, éclair.
lolo-dẽ, étoile.
lomõ, pour, à cause de.
londa, étranger.
lorhò, marché.
lorhò-tigi, chef du marché.
lòrhò, bois à brûler.

lu, maison (home).
luri, cinq.

M

m (voyez *n*).
ma, à ; dans; — particule négative du prétérit et du passif; — suffixe servant à former des noms de lieux, des noms verbaux et des adjectifs.
mã (comme *ma*).
mãdiga, arachide.
Mãgo, n. p. de ville (Mango ou Groumânia, sur la Comoé).
**Makka*, La Mecque.
Mali (voyez *Mãnde*).
Mali-ñga (pour *Mãnde-ñga*).
malo, riz.
mameni (v. tr.), entourer.
**Mamudu*, n. p. d'homme (Mahmoud).
mana, lumière ; — (v. tr.), éclairer (pas. *mana-na*, briller); — (v. n.), être lumineux.
Mãnde, *Mãndi*, *Mandi*, *Mani*, *Mali*, nom du pays d'origine des Mandé (Mali ou Melli).
Mandi-na, n. p. de ville.
Mãnde-ñga, n. p. de tribu (Malinké).
Maniã, n. p. de pays, dans le nord-ouest du Libéria.
Maniã-ñga, habitant du Manian (Manianka).
mãnzi (v. n.), garder, protéger.
Maraba, n. p. de peuple (Haoussa).
**marfa*, fusil.
marfa-dẽ, balle.
marfa-nighè, canon de fusil.
marfa-tigi, guerrier.
marhamarha (v. tr.), agiter ; ennuyer.
masa, chef.
masa-kyè, roi, grand chef.
Masorona, n. p. de femme.
Mau, n. p. de pays (Mahou).
Mau-ñga, habitant du Mahou.
mba, exclamation en réponse à un salut.
mbarha (v. n.), tonner.
me (v. tr.), entendre, entendre dire, apprendre, comprendre.
me-ni, intelligence.
me-ni-kè, bien comprendre, être intelligent.
**melege*, ange.
mi, ce, cette, ces, ceci ; — où ? — (v. tr.), boire.
mi-e, ce... ci.
mi-o, ce... là.
mi-li-kè, boire (v. n.).
mi-ñgari, mois de chaoual; fête qui termine le ramadan.
mina, *mna* (v. tr.), attraper, prendre, saisir ; — antilope.
**misiri*, mosquée.
mna (voyez *mina*).
mõ (v. tr.), faire cuire (pas. *mo-na* ou *mõ-na*, cuire, être cuit).
**Mohamadu*, Mohammed (Mahomet).
morhò, homme (homo), personne, gens.
mori, musulman ; — n. p. d'homme.
mori-ba, prêtre ; — n. p. d'homme.
moro, moitié du ciel; — horizon.
mosono-ñyõ, maïs.
mughã, vingt.
mughu, poudre ; farine.
mugu (voyez *mughu*).
**Muktaro*, n. p. d'homme (Mokhtar).
mune, *muni*, quoi ?
mune-kato, pourquoi ?

muñgo, quoi de nouveau?
munu (voyez *mune*).
muru, couteau, lame.
**Musa*, n. p. d'homme (Moussa, Moïse).
muso, femme, femelle.
muso-kãni, piment.
myenè (v. n.), être absent, rester absent; tarder.

N

n, je, moi, me; mon, ma, mes.
n-da, mon, le mien, à moi.
na, mère; — (v. n.), venir, arriver (prét. *na na* ou *na ra*); — (voyez aussi *ra*); — (quelquefois pour *n na* ou *ni ra*).
**naàmõ*, oui, compris! à la bonne heure!
**nabiu*, prophète.
Nafã, n. p. de tribu.
Nafa-na, pays des Nafan (Nafana).
Nafadye, n. p. de ville.
naforo, biens, richesse.
naforo-tigi, riche.
Namborhosye, n. p. d'homme (chez les Sénoufo).
nani, quatre.
**Nanzara*, Européen, Blanc.
Nanzara-ñyõ, blé.
**Naswara*, Chrétiens.
Nasyã, n. p. de ville (Nasian).
Ndenye, nom d'une tribu agni.
Ndenye-ra, pays des Ndénié (Ndénié-nou ou Indénié).
ndyèri, ami.
ndyèri-kyè, ami, camarade.
ndyèri-ni, ami.
nene, *nènè*, froid; harmattan.
nene-kiri, respirer, souffler, se reposer.
ni, âme, esprit; — je, moi, me; mon ma, mes; — et; — suffixe servant à former des adjectifs; — (voyez aussi *ri*).
ni-le, moi-même.
ni-ta, mon, le mien, à moi.
nighè, fer.
nisi, bœuf.
no, dans.
nono, lait.
numa, gauche.
numa-buru, main gauche.
numa-moro-ye, nord.
numu, forgeron.
numu-kyè, (même sens).
Nyagasora, n. p. de ville (Niagassola).
Nzi, nom d'un affluent du Bandama.
Nzipuri, nom d'une tribu agni du Baoulé.

Ñ

ñ (voyez *n*).
ñga (voyez *ka*).
ñgiri, chanson.
ñgyene (v. tr.), brûler.
ñgyõ-ñgyõ, drapeau.
ñi, je, moi, me; mon, ma, mes; — bon, beau; bien; — (v. n.), être bon.
ñi-le, moi-même.
ñi-re, me, moi-même.
ñi-ma, beau, bon; bien.
ñina (v. n.), oublier.
ñinã, rat.
ñya, je; — (voyez aussi *ñyã*).
ñyã, *ñya*, face, visage; surface; façade; vie; — devant, avant; d'abord, auparavant.
ñyã-dẽ, œil.
ñya-la-kã, en outre, aussi.

ñyã-morhò, homme de tête (dans une colonne), premier.

ñyini (v. tr. et v. n.), désirer, vouloir, avoir besoin de, aller chercher, être sur le point de.

ñyini-ñga (v. tr.), interroger, demander.

ñyõ, mil (en général); gros mil blanc.

ñyurhõ, affaires, bagages,

ñyurhõ-nã (même sens).

O

o, particule explétive; — quelquefois annonce le comparatif de supériorité; — toi.

**Omaru*, n. p. d'homme (Omar).

**Osmana*, n. p. d'homme (Osmân).

P

pã (voyez *kpã*).

papapapa, beaucoup.

Pemiñyã, n. p. d'homme (chez les Sénoufo).

R

r' (pour *ra*).

ra, dans, sur; à; — particule du prétérit dans les verbes neutres et du passif.

re, suffixe des pronoms réfléchis.

ri, suffixe servant à former les noms verbaux.

ru, suffixe du pluriel.

S

sã, ciel; année; — (v. tr.), acheter.

sã-ñgye, pluie.

safari, commerce.

safari-kè, commercer.

safari-kè-barha, commerçant, colporteur.

Sãkarã, n. p. de pays (Sankaran).

Sãkara-ñga, habitant du Sankaran.

sama (v. tr.), tirer, traîner.

Samori, n. p. d'homme.

Sanãkoro, n. p. de ville (Sanancoro, au sud-ouest du Ouassoulou).

Sanãkoro-ñga, habitant de Sanancoro.

Sãñgwola, n. p. d'homme.

sãni, or.

sãni-tigi, riche.

sara (v. tr.), payer; — (v. n.), avoir le temps; — prendre congé.

Sarana, n. p. de femme.

Sarañgyè, nom de la principale femme de Samori.

sarha, mouton; — temps.

sarha-byè, toujours.

Sarha-ra, n. p. de ville (Sakala).

Sarhandorho, n. p. de famille.

Satama, nom d'une ville du Guiambala.

**Satambulu*, Stamboul (Constantinople).

saura, chaussures.

saüa, trois.

saüa-na, troisième.

se (v. n.), pouvoir, savoir.

se-ra (pas.), commander, être à la tête, être vainqueur.

sẽ, pied; pas.

Segela, n. p. de ville (Séguéla).

seghelè, ver de Guinée.

Segu, n. p. de ville (Ségou).

**Seku*, n. p. de famille (Cheikh).

Sèndere, n. p. de tribu (Sénoufo du Kénédougou, Siène-ré).

sene, champ ; — (v. tr.), cultiver.

sene-kè, cultiver.

Senegale (F.), région du bas Sénégal, Saint-Louis.

seu-ri (voyez *sewè*).

sewè, talisman; papier ; — (v. tr.), écrire.

seu-ri (pour *sewè-ri*), écriture.

seu-ri-kè, écrire.

si, sein; — bien, bonheur.

si̱ (voyez *sẽ* et *si*).

sige (v. tr.), fatiguer.

sigi (v. tr.), poser, placer, garder, conserver ; — recevoir ; — administrer, régner sur ; (pas. *sigi-ra*, être posé, demeurer, être assis ; — être reçu) ; — (v. n.), s'asseoir ; rester.

Sigiri, n. p. de ville, sur le haut Niger.

Sikaso, capitale du Kénédougou.

Sikaso-ñga, habitant de Sikasso.

sike (A.), soie (du mot anglais « silk »).

sini, demain, lendemain.

siñya, fois, moment.

sira, chemin, rue ; — (voyez aussi *sirã*).

sirã, *sira* (v. n.), avoir peur (prét. *sira na* et *ka sira*).

sira-ma, peur.

sira-ma-tigi, lâche.

siri (v. tr.), attacher, lier.

sisã, aussitôt, bientôt, maintenant.

sise, poulet.

sise-woto, chien de fusil.

sisi, fumée.

**Silafa*, n. p. d'homme (Moustafa).

so, village, ville ; — (voyez aussi *sõ*).

so-tigi, chef de village.

só, cheval.

só-fa, guerrier à cheval, guerrier.

só-fele, âne.

só-tigi, cavalier.

sõ, *so* (v. tr.), gratifier, faire cadeau, donner à.

Sokola, nom d'une ville du Guimini.

**solatu*, prière.

**solatu-fitiri*, prière du crépuscule.

**solatu-gyawali*, prière de midi.

soldasi (F.), soldat, tirailleur.

sõñgo (v. tr.), réprimander ; — (v. n.), réprimander, blâmer ; interdire ; empêcher.

sõñgwara (contraction pour *sõñgo a ra*).

soñya (v. tr.), voler, dérober.

soñya-li, vol.

soñya-li-kè, voler (v. n.).

sori (v. tr.), percer.

Sori, n. p. d'homme.

sorho, viande ; animal.

sorho-ma, matin.

sorhò (v. tr.), percer.

soro (v. tr.), acquérir, obtenir, gagner ; — (voyez aussi *sorõ*).

a kũ nzoro, avoir le temps.

sorõ, pardon ; soumission ; — (v. n.), demander pardon, demander grâce, se soumettre (prét. *soro na*).

Soroñgi, métis de Dyoula et de Sénoufo.

soso (v. tr.), charger (un fusil).

Soso, n. p. de tribu (Soussou).

srã (voyez *sirã*).

srõ (voyez *surõ*).

su, nuit ; — cadavre ; — jeûne.

su-ñgari, ramadan.

su-ñguru, jeune fille.

Sularha, Maure.

Sularha-ba, Sénégal (fleuve).

**Suleymani*, n. p. d'homme (Souleïmân, Salomon).

sumã, fraicheur, ombre; — (v. tr.), faire froidir, rafraichir (pas. *suma-na*, froidir, être froid).

sumã-ni, froid, frais,

sündorho (v. n.), dormir.

sura, cuivre.

Sura, n. p. d'homme.

suri, panthère; — (v. tr.), percer.

süri (v. tr.), baisser (pas. *süri-la*, se baisser).

surõ (v. n.), être proche,

suru (v. n.), être petit (de taille).

surugu, hyène.

sya (v. n.), être nombreux.

sya-mã, grand nombre; — nombreux; beaucoup.

sye, loisir, — (v. n.), reculer, retourner.

sye-ko (v. n.), revenir, retourner sur ses pas, reculer.

syegi, huit.

Syekoba, n. p. d'homme (Sékouba).

syeri, prostration, prière; — (v. tr.), cracher; — (v. n.), prier.

syeri-bolõ, lieu de prière.

syeri-fa-ra, prière de 2 heures.

syeri-kè, faire la prière, prier.

T

t' (pour *tè* ou *ti*).

ta, feu; — là; — (v. tr.), prendre; porter; — particule indiquant la possession.

ta-kara, capsule; amorce; allumette.

ta-mvè, là-bas.

tã, dix.

**tabarakalla*, Dieu soit loué!

Tagbona, nom d'une tribu sénoufo (Takponin).

Tagbona-na, pays de Takponin (Tagbana, Tagouano).

Tagbona-ñga, Takponin.

tara, moitié.

tarã (v. tr.), partager, fendre.

Taraore, n. p. de famille.

tarha (v. n.), aller; s'en aller, partir.

tarha-ma, marche, voyage; — (v. n.), marcher.

tarya (v. n.), se hâter.

tasã (A.), plomb; étain.

**tasabia*, chapelet.

te, vrai; — ainsi.

te-le, droit; exact; — ainsi; — (v. n.), être exact, être sûr.

te-le-na, en face.

tè, ne pas être.

tembè (v. tr.), passer; surpasser (pas. *tembè-ra*, dépasser); — (v. n.), passer.

tembè-ri, passage.

Tenetu, n. p. de ville.

tere, soleil.

Tere-be-ñgyüla, Dyoula de l'ouest, Vaï.

tere-be-ura, ouest.

tere-be-ye, ouest.

tere-bò-ye, est.

tere-mana, saison sèche.

tere-ra, midi.

ti, particule négative du temps indéfini pour les verbes transitifs et les verbes neutres de forme active.

tibari, tambour de guerre, grosse caisse.

tibari-fò, jouer de la grosse caisse.
tibari-fò-barha, joueur de grosse caisse.
tigbenĩ, tambour.
tigbenĩ-fò, jouer du tambour.
tigbenĩ-fò-barha, joueur de tambour.
tigè (v. tr.), couper ; traverser.
tigè-tigè (v. tr.), ronger.
tigi, suffixe des noms de métier ou d'état.
to (v. tr.), laisser, lâcher (pas. *tora*, rester).
To, n. p. d'homme.
Tõ, nom donné par les Dyoula aux Agni.
Tõ-ra, pays des Agni, Baoulé.
Toma, n. p. de tribu (Loma ou Toma, nord du Libéria).
tonõ, bénéfice.
torho, *torhò*, nom.
Torõ, n. p. de pays.
Toro-ñga, habitant du Toron (Toronké).
tote (v. tr. et v. n.), cesser (pas. *totena*, suffire).
Trosoko (A.), surnom donné à Samori par les Baoulé.
tu, forêt ; — (quelquefois pour *two*).
Tu-koro, n. p. de village.
tugu, encore, de nouveau ; — (v. tr.), fermer.
Tulusyõ, n. p. d'homme (chez les Sénoufo).
tumbu, insecte.
Tumodi, nom d'un village et d'un poste du Baoulé (Tomédi).
tüo (voyez *two*).
Ture, n. p. de famille.
**Turgu*, Turcs.
tutututu, longtemps.
two, aliment farineux, pain ; aliment en général.
tyã (v. tr.), abîmer, détruire ; — en effet.
tya-lo (pour *tyĩ-lo*), c'est la vérité, certainement.
tye (v. tr.), blesser, atteindre (pas. *tye-na*) ; — (voyez aussi *tyi*).
tyi, *tye* (v. tr.), lâcher ; envoyer ; tirer (un coup de fusil).
tyĩ, vérité (pour *tiyã*, nom verbal de *te*, être vrai).
tyĩ-fò, dire la vérité, affirmer.

U

u (pour *ru*), marque du pluriel.
ula, soir.
ule, rouge ; — (v. tr.), rougir (pas. *ule-na*, rougir, être rouge).
uri (v. tr.), soulever ; faire partir ; quitter ; — (v. n.), se lever, partir (prét. *urra* et *uri-ra*).
uri-ra, *urra* (pas.), se lever, partir.
uro (v. tr.), enfanter, engendrer (pas. *uro-ra*, *uro-la* et *urra*, être enfanté, naître).

W

Wa, n. p. de ville (Oua).
**wala*, ou bien.
Wãdara-ma, nom d'une ville du Guimini.
wam, *wan*, *wañ*, nous (à l'impératif).
Warèbo, nom d'une tribu agni du Baoulé.
wari, argent,
wari-ba, pièce de cinq francs.
Wasuru, n. p. de pays (Ouassoulou).

Wasuru-ñga, habitant du Ouassoulou, Ouassoulounké.

Watara, n. p. de famille.

Wèñgye, n. p. d'homme (chez les Sénoufo).

wolo, parce que.

Wolô, nom d'une province du Guimini.

Wolo-ñga, gens du Ouolon.

woró, six.

woró-mvla, sept.

wóro, homme libre.

woto, cuisse.

wuro, noix de cola.

Wuro-dugu (pays des colas), nom du pays situé à l'ouest et au sud du Kourodougou.

Wuro-koro (derrière les colas), nom du pays situé à l'ouest du Ouorodougou.

Y

wuru, mille ; — chien.

wuru-tutututu, longtemps.

ya, ici : — tu, toi ; — (v. n.), devenir ; — (voyez aussi *yã*).

yã, *ya* (comme *ñyã*).

ya-la-kã, en outre, aussi.

yà-ñyini (v. n.), devoir, être forcé de.

yara (v. n.), se promener.

ye, tu, toi, te ; ton, ta, tes ; — à ; — plus que ; — particule explétive ou intensive ; — (v. tr.), voir, apercevoir, trouver, rencontrer ; — voici.

yè, joue.

yele-ma (v. tr.), changer (pas. *yele-ma-ra*, être changé, changer (v. n.), succéder) ; — (v. n.), succéder.

yeni (v. tr.), insulter.

yere, rire, jeu, amusement.

yere-kè, rire, s'amuser.

yi, là.

yila (v. tr.), montrer, enseigner.

yini (voyez *ñyini*).

yire, *yiri* (v. tr.), bander, tendre ; — (v. n.), monter (prét. *yirra*).

yire (comme *yere*).

yire-kè, rire (v. n.).

yire-kerè (v. n.), se moquer.

yire-yire (v. n.), trembler.

yirè (v. tr.), ouvrir.

yiri, arbre.

yirre, lentement, doucement.

yo, oui.

QUATRIÈME PARTIE

ESSAI D'ÉTUDE COMPARÉE DES PRINCIPAUX DIALECTES MANDÉ

AVERTISSEMENT

Tous les renseignements utilisés pour cette étude, en ce qui concerne les dialectes dyoula, malinké, bamana, khassonké, vaï, soninké et mouin, ont été récoltés directement par moi-même auprès des indigènes : j'ai étudié le dyoula et le vaï dans des contrées où chacun de ces dialectes est parlé couramment, le vaï à Monrovia, le dyoula dans le village de Kofidougou, créé dans le Baoulé par des Dyoula du Dyamala et du Djimini. Pour les dialectes que je n'ai pu étudier dans le pays même où ils se parlent, je me suis adressé toujours à des indigènes originaires de ce pays et jamais à des étrangers ni à des interprètes : c'est dire que j'ai étudié le malinké avec des Malinké, le bamana avec des Bamana, etc. Il m'a semblé qu'ainsi je supprimais le plus grand nombre de chances d'erreur possible.

J'avais également recueilli, durant mon séjour au Libéria, d'importants vocabulaires des dialectes manianka, ouassoulounké, loma et kpêlé (ou gbéressé), et durant mon premier séjour à la Côte d'Ivoire un vocabulaire kouéni (sous-dialectes gouro et souamlé). Les carnets contenant ces vocabulaires ont été détruits, avec beaucoup d'autres, lors de l'incendie du poste de Toumodi, en septembre 1899. C'est pourquoi je n'ai pu faire entrer dans cette étude comparée les dialectes manianka et kouéni, sur lesquels il n'a été publié aucun document sérieux. Pour les autres, j'ai pu compléter mes souvenirs en m'aidant, pour ce qui concerne le ouassoulounké, du vocabulaire de M. le colonel Péroz, et pour ce qui concerne le loma et le kpêlé, des vocabulaires de Koelle.

Je n'ai pas insisté sur le dialecte malinké, bien qu'il soit sans doute le plus important, car il existe de ce dialecte un excellent dictionnaire fait par les Pères du Saint-Esprit. Je n'ai donné que quelques comparaisons, en prenant comme base le dialecte du Diñguiray, le seul que j'aie étudié spécialement.

CHAPITRE I

Aperçu général sur la langue mandé

1° Du mot « mandé »

Du XIIIe au XVe siècle de notre ère fleurissait dans l'Afrique Occidentale un empire indigène qui embrassait à peu près tout le territoire compris entre le Niger inférieur à l'est, le Sahara au nord, et l'océan Atlantique à l'ouest. Cet empire était connu des Arabes sous le nom de royaume de *Melli* ou *Mali*, du nom de sa capitale, sur la situation de laquelle on n'est pas fixé encore : Ibn Batouta la place entre Tombouctou et le lac Débo, mais le Dr Barth et après lui le commandant Lartigue la placent dans le Kiñgui, près du village actuel de Diaoua, qui a donné son nom à la famille soninké des Diaouara. M. Binger croit que l'emplacement de Mali serait sur la rive gauche du Niger, près de Nyamina.

L'empire de Mali, à la fin du XVe siècle, fut le théâtre d'une lutte très vive pour la prédominance entre la race jusque-là maîtresse, dont la capitale était Mali, et la race jusque-là vassale des Songhaï, qui avait sa principale ville à Gao, près et en aval du coude du Niger.

Ali-Kolon, premier roi songhaï de la dynastie des Sonni, affranchit son pays de la tutelle de l'empire de Mali et le fondateur de la dynastie suivante, Askia Mohammed, au début du XVIe siècle, porta à son apogée l'empire de Gao au détriment de celui de Mali qui ne tarda pas à se démembrer.

C'est au démembrement de cet empire que doivent leur origine les différentes tribus que nous groupons sous le nom générique de

Mandé ou *Mandingues*, nom qui dérive lui-même de celui de *Mali*, leur ancienne capitale commune.

Suivant en effet les différences dialectales des diverses tribus, le nom de cette ville est prononcé *Mali*, *Mani*, *Mandi* ou encore *Male*, *Mane*, *Mande* ou *Mãnde*; avec la particule qui sert à former les noms de peuples et qui, suivant les dialectes, est *ké*, *kè*, *ka*, *ñké*, *ñkè*, *ñga*, *ka* ou même *mõ*, on a eu les différentes formes *Maliñké*, *Maniñkè*, *Mandiñkè*, *Maneñka*, *Mandeñga*, *Mãndeñga*, *Maniãka*, *Manimõ*, etc., qui toutes ont la même signification primitive : « les gens de Mali ».

Les diverses tribus mandé n'ont pas elles-mêmes de terme commun pour désigner l'ensemble de leur race, et les mots que je viens d'énumérer ne sont appliqués par ces tribus qu'à deux d'entre elles, celles que nous appelons généralement les Malinké et les Manianka[1]. Cependant c'est avec raison que les Européens ont généralisé cette dénomination de *Mandé* ou *Mandingues* en l'appliquant à toute la race, car elle convient tout aussi bien aux *Bãmana* et aux *Gyüla* qu'aux *Maneñka* et aux *Maniãka*, tous étant au même titre les représentants de la nation qui autrefois dominait à Mali[2].

2° Étendue et importance de la langue mandé.

La langue mandé est parlée, d'une façon générale, dans le vaste triangle déterminé par le méridien de Tómbouctou à l'est, par la limite du Sahara au nord et par l'océan Atlantique au sud-ouest. En général cependant, la zone où se parle le mandé n'atteint pas la mer, sauf dans la Guinée française, le Sierra-Leone et l'extrémité occidentale du Libéria.

1. Les sept expressions *Maliñke*, *Maliñkè*, *Maniñkè*, *Mandiñkè*, *Maneñka*, *Mandeñga* et *Mãndeñga* servent à désigner les Malinké, la première chez les Soninké, les trois suivantes chez les Khassonké et les Bamana, la cinquième chez les Malinké eux-mêmes, et les deux dernières chez les Dyoula. — Les deux expressions *Maniãka* et *Manimõ* servent à désigner les Manianka, la première chez eux-mêmes et la seconde chez les Vaï.

2. Les Songhaï appellent les Mandé *Wakore* ou *Wãkore*, les Haoussa les appellent *Wãgara*, les Foulans les appellent *Wãgarbe*, les Agni-Achanti les appellent *Nzoko* ou *Kãga*.

D'autre part les Mandé ne sont pas les seuls à peupler ces vastes territoires; à côté d'eux on rencontre d'autres races, des Toucouleurs notamment, répandus un peu partout, surtout dans le Bondou, le Bambouk, le Fouta-Diallon, le Ouassoulou et le Ségou, et un certain nombre de peuplades autochtones, surtout dans la région côtière et le long et dans la boucle du Niger, peuplades qui presque toutes tendent à entrer plus ou moins rapidement dans le sein de la grande famille mandé par voie d'assimilation.

On peut dire que, dans toute cette vaste région, le foulan ou langue des Toucouleurs et des Peuhls, a seul une certaine importance, et encore cette importance est-elle de beaucoup dépassée par celle du mandé : le foulan en effet, sauf peut-être dans le Fouta-Diallon et certains pays soninké, n'est parlé et compris que par les seuls Toucouleurs et Peuhls, tandis que le mandé est la langue usuelle que comprennent et parlent toutes les peuplades de la région et les Toucouleurs eux-mêmes lorsqu'ils ont à converser avec des étrangers.

Qu'on ajoute à cela l'esprit d'entreprise des Mandé, les qualités guerrières des tribus des Bamana, des Malinké, et des Ouassoulounké, qui nous fournissent la majorité de nos tirailleurs dits sénégalais, et les aptitudes commerciales des tribus des Soninké, des Dyoula, des Vaï et des Sosso, et l'on comprendra facilement quelle est l'importance d'une langue que les conquêtes et les caravanes pacifiques transportent chaque jour plus loin, dans toutes les directions, en Afrique occidentale. « Le voyageur, dit M. Binger, qui avec le mandé saurait parler le haoussa et l'arabe serait à même d'aller sans interprète du cap Vert en Égypte. »

3° Caractères généraux de la langue mandé.

Pour définir en quelques mots, d'une facon à peu près précise, les caractères généraux d'une langue quelconque, on peut dire que cette langue est :

1° *juxtaposante* ou *affixante*, c'est-à-dire formant ses mots composés soit par une simple juxtaposition de radicaux, soit par l'emploi de préfixes ou de suffixes;

2° *additive* ou *flexative*, c'est-à-dire exprimant les différences de nombre, de temps, de mode, etc., soit par l'addition de particules, soit par les flexions du mot primitif;

3° *asexuelle* ou *sexuelle*, c'est-à-dire ne distinguant pas les genres ou les distinguant.

Dans cet ordre d'idées on peut dire que *le mandé est une langue* :

1° *à la fois juxtaposante et affixante*;

2° *additive* (elle n'est flexative que dans le dialecte des Soninké, et encore les flexions y sont plutôt le résultat de règles euphoniques que des flexions réelles);

3° *asexuelle*.

4° Les deux grands groupes de la langue mandé; le groupe de « tan ».

Les divers dialectes mandé se répartissent en deux grandes familles ou groupes que j'appelle groupe de « tan » et groupe de « fou », parce que, dans le premier groupe, le nombre dix se dit *tã* ou s'exprime par un mot où l'on retrouve la racine *tã*, tandis que, dans le second groupe, le même nombre se dit *fu* (ou *pu*). A défaut d'autre, cette classification me semble avoir le mérite d'être simple et rationnelle.

Le premier groupe, ou groupe de « tan », est de beaucoup le plus important, tant au point de vue du nombre des gens qui parlent des dialectes de ce groupe, qu'à celui de l'étendue des territoires où il est répandu. Les dialectes de ce groupe sont même parlés en des pays dont le dialecte propre rentre dans le groupe de « fou ». C'est également le groupe de « tan » dans lequel les différents dialectes ont le plus de ressemblance les uns avec les autres.

Ce groupe de « tan » renferme *neuf* dialectes principaux, qui sont, par ordre d'importance :

1° Le *malinké* (se subdivisant lui-même en trois sous-dialectes, ceux de l'ouest, du nord et du sud) ;

2° Le *bamana* ou *bambara* ;

3° Le *dyoula* ;

4° Le *soninké* ou *sarakolé* ;

5° Le *manianka* ;

6° Le *ouassoulounké* ;

7° Le *sidianka* ;

8° Le *vaï*, qui ne fait qu'un avec le *ligbi* ou ligouy ;

9° Le *khassonké*.

Le soninké offre une assez grande différence avec les autres dialectes ; mais les différences que présentent les uns vis-à-vis des autres les huit autres dialectes sont très peu considérables : le bamana, le malinké, le ouassoulounké et le dyoula en particulier sont tellement voisins qu'un Bamana et un Dyoula par exemple, parlant chacun son dialecte, se comprennent sans difficulté.

Chaque dialecte renferme un certain nombre de sous-dialectes locaux dont les différences sont peu appréciables, sauf pour ce qui regarde les trois grands sous-dialectes malinké énumérés tout à l'heure.

5° Le groupe de « fou ».

Le groupe de « fou » est confiné en quelques régions voisines de la côte, et se divise en onze dialectes principaux, qui sont, par ordre d'importance :

1° Le *sosso* (Guinée française) ;

2° Le *diallonké* (Fouta-Diallon) ;

3° Le *kouéni* ou lo ou gouro (Côte d'Ivoire) ;

4° Le *kpèlé* ou gbéressé (Libéria) ;

5° Le *guio* ou dialecte des Dioula anthropophages (Côte d'Ivoire) ;

6° Le *mendé* ou kosso (Sierra-Leone) ;

7° Le *loma* ou toma (Libéria) ;

8° Le *loko* ou landorho (Sierra-Leone) ;

9° Le *manon* (haut Cavally) ;

10° Le *oueïma* (haut Saint-Paul et haut Sassandra) ;

11° Le *mouin* ou mona (haut Bandama).

Les données linguistiques que l'on possède sur ce groupe, sauf en ce qui concerne le *sosso* et le *mende*, sont encore très restreintes, et il est possible qu'il renferme encore d'autres dialectes, inconnus aujourd'hui.

Peut-être aussi pourrait-on rattacher à ce groupe un certain nombre de dialectes parlés le long de la côte, depuis la Gambie jusqu'au Sherbro, par des populations qui peu à peu sont absorbées par les Mandé et qui sans doute sont les restes des tribus autochtones aux dépens desquelles les Mandé se sont étendus vers l'ouest. Mais si le voisinage des Mandé a pu influer sur ces langues côtières, il semble bien, d'autre part, qu'elles appartiennent originairement à une famille différente, et d'ailleurs elles ont été encore trop peu étudiées pour qu'on puisse se prononcer d'une façon définitive à leur égard[1].

Ces langues côtières, que je mentionne ici simplement pour mémoire, et parce que la question est encore débattue de savoir si on doit ou non les rattacher à la famille mandé, sont :

Le *dyoba*, parlé dans la région de Portudal et Joal et à l'embouchure du Saloun;

Le *dyola*, à l'embouchure de la Gambie et dans la basse Casamance;

Le *feloup*, à l'embouchure de la Casamance;

Le *balante* et le *bagnoun*, entre la Casamance et le Rio-Cachéo

Le *bissao*, dans les îles Bissagos et à l'embouchure du Rio-Grande;

Le *biafare*, sur la rive gauche du Rio-Grande;

Le *koniagui*, au nord du haut Rio-Grande;

Le *landouman*, entre le Rio-Compony et le Rio-Nunez;

Le *nalou*, sur le Rio-Nunez :

Le *baga*, entre le Rio-Nunez et le Rio-Pongo;

Le *boulame* (ou *mampoua*), depuis Freetown jusqu'à Sherbro, sur la côte;

1. C'est ainsi qu'on a pu rattacher ces langues à celles de la Côte d'Or et de la Côte des Esclaves tandis que d'autres auteurs (G. de Guiraudon notamment) proposent de les rattacher aux langues bantou.

Le *timéné*, à l'est de Freetown, le long de la Roquelle ;

Le *limba*, dans le nord de la colonie de Sierra-Leone.

A ces langues, il convient d'ajouter :

le *gola* (au N.-E. de Monrovia) ;

et le *kissi* parlé par les autochtones du Kissidougou.

Bibliographie générale. — Parmi les ouvrages relatifs à la langue mandé, on peut citer les suivants comme traitant d'une façon générale ou comparative l'étude des principaux dialectes :

S.W. Koelle. — *Polyglotta africana.* — London, 1854, gr. in-folio. — (Renferme des vocabulaires de dix-neuf dialectes : mandé (malinké), kabounga, toronké, kankanké, bambara (bamana), kono, vaï, gadjaga (sarakolé) ; kissi, dyallonké, sosso-solima, sosso-kissikissi, téné, gbandi, loko, mendé, gbéressé, toma, manon, guio.)

Dr H. Steinthal. — *Die Mande-Neger Sprachen.* — Berlin, 1867, gr. in-8. — (A trait principalement aux dialectes malinké (de l'ouest), bamana, vaï et sosso.)

Dr Tautain. — *Notes sur les trois langues soninké, banmana, et mallinké ou mandingké.* — (*Revue de linguistique et de philologie comparées*, Paris, 1887.)

Cap. J.-B. Rambaud. — *La langue mandé.* — Paris, 1896, in-8. (Étude portant principalement sur les dialectes malinké (nord et sud), bamana, khassonké, ouassoulounké, et accidentellement sur les dialectes manianka, vaï, sarakolé, sosso, gbéressé et toma.)

CHAPITRE II

Le dialecte malinké[1]

Le dialecte malinké, ou plus exactement le *mane-ñka kã*, est parlé par l'ensemble des populations que nous désignons généralement sous le nom de Malinké et qui se donnent à elles-mêmes l'appellation de *Mane-ñka*, *Mandi-ñka*, *Mani-ñka*, ou *Mali-ñka* (gens de Mané, Mandi, Mani ou Mali).

Il semble que ce dialecte soit le plus ancien et le plus pur parmi tous les dialectes mandé. On en peut donner comme preuve que les noirs qui le parlent ont seuls (avec les Manianka toutefois) conservé le nom de Mali ou Mani, qui paraît avoir été à l'origine le nom de toute la nation mandé ou tout au moins du pays qu'elle occupait au moment de son apogée politique et guerrière.

C'est également celui des dialectes mandé qui occupe la plus grande superficie et qui est parlé par le plus grand nombre d'individus. En pays malinké, au moins dans l'est et le sud, les gens de race ou en tout cas de langue mandé sont beaucoup plus nombreux, par rapport aux gens de races étrangères qui habitent avec eux, qu'en pays dyoula par exemple.

Aussi ce dialecte, parlé par des individus habitant des climats variés et ayant des coutumes différentes, s'est-il subdivisé en trois sous-dialectes, dont chacun à son tour renferme un certain nombre de patois locaux plus ou moins importants.

Les trois sous-dialectes du malinké sont :

1. Pour la prononciation des mots indigènes, se reporter à ce qui a été dit dans le chapitre Ier de la première partie : l'alphabet adopté est le même.

1° Le sous-dialecte *occidental*, parlé d'une façon générale dans le bassin de la Basse-Gambie, dans la Casamance et dans la Guinée portugaise;

2° Le sous-dialecte *septentrional*, parlé dans le Ferlo, le Kalonkadougou, le Bondou, le Bambouk, le Gangaran et le Fouladougou, ou, d'une facon plus générale, dans le bassin de la Haute-Gambie et dans les bassins de la Falémé, du Bafing et du Bakhoy;

3° Le sous-dialecte *méridional*, parlé dans le Kouranko, le Sankaran, le Dinguiray, le Bouré, le Banian, l'ouest du pays Bobo, ou, d'une façon plus générale, le long du Haut-Niger en amont de Bammako, et dans la bande de territoire comprise entre le Niger à l'ouest et la Volta Noire à l'est, et entre le Mayel-Balével au nord et le Ouassoulou et le Kénédougou au sud.

De ces trois sous-dialectes, le plus pur semble être le dernier, car les Mandé de race pure forment une population plus compacte dans le haut Niger que dans les bassins de la Gambie et du Sénégal; leur langue a donc dû se modifier moins au contact des langues voisines.

Je prendrai comme sujet d'étude, dans ce chapitre et les suivants, le sous-dialecte méridional tel qu'il est parlé dans le Dinguiray, c'est-à-dire dans la région intermédiaire entre les pays du haut Bafing ou haut Sénégal et ceux du haut Niger. Je ferai suivre les mots malinké des mots correspondants en dyoula, pour permettre les comparaisons.

I. — NUMÉRATION

	Malinké	Dyoula		Malinké	Dyoula
1	*kile*	*kele*	11	*tã ni kile*	*tã ni kele*
2	*fula*	*fila*	12	*tã ni fula*	*tã ni fila*, etc.
3	*saba*	*saüa*	20	*muhã*	*mughã*
4	*nani*	*nani*	30	*tã saba*	*mughã ni tã*
5	*lulu*	*luri*	40	*tã nani*	*morhò fila*
6	*woro*	*woró*	50	*tã lulu*	*kyeme-tara*
7	*woro-vla*	*woró-mvla*	60	*tã woro*	*morhò saüa*
	segi	*syegi*	80	*tã segi*	*morhò nani*
9	*kononto*	*konondo*	100	*kyeme*	*kyeme*
10	*tã*	*tã*	1000	*ba*	*wuru*

Remarques. — La numération de 1 à 20 est la même dans les deux dialectes, sauf de légères différences de prononciation. Après 20, les Malinké comptent par 10, au lieu que les Dyoula comptent par 20. Chaque dialecte a un mot spécial pour 1.000.

II. — PARTIES DU CORPS

	Malinké	Dyoula
tête	*kũ*	*kũ*
face	*ñya*	*ñyã*
œil	*ñya-do*	*ñyã-dẽ*
nez	*nu*	*nu*
dent	*ñi*	*ñi*
bouche	*da*	*da*
langue	*ne*	*nène*
oreille	*tulo*	*toro*
cou	*kã*	*kã*
poitrine	*siso*	*sisi*
ventre	*konõ*	*konõ*
main	*bulo, bulu*	*buru*
dos	*ko*	*kwo*
pied	*si̱*	*sẽ*
genou	*kumbale*	*kumbri*
os	*kulo*	*koro*
protubérance, boule, morceau	*kulo*	*kuru*

Remarques. — On aperçoit déjà les différences principales entre les deux dialectes : les Malinké emploient de préférence l'*l*, les Dyoula l'*r*; les Malinké affectionnent la voyelle *o*, les Dyoula la voyelle *a* et la voyelle *u*; les Malinké mettent deux voyelles différentes (*siso*, *bulo*, *kulo*), là où les Dyoula répètent la même voyelle (*sisi, buru*, *koro*, *kuru*).

III. — NOMS D'HOMMES

	Malinké	Dyoula
père	*fa*	*fa*
mère	*na*	*na*
fils, enfant	*do, di̱*	*dẽ*
homme (homo)	*moko, mbari*	*morhò*
— (vir)	*kè*	*kyè*
femme	*muso*	*muso*

Remarques. — Les prononciations *moko* et *morhò* nous montrent que le *rh* (*r* gras) des Dyoula n'existe pas en malinké et y est remplacé par un *k*. — Les prononciations *kè* et *kyè* (comme *gi* et *gye* que nous verrons plus loin) nous montrent que les consonnes mouillées *ky* et *gy*, qui sont fréquentes en dyoula, n'existent pas ou sont rares en malinké.

IV. — NOMS D'ANIMAUX.

	Malinké	Dyoula		Malinké	Dyoula
	—	—		—	—
animal	*subo*	*sorho*	chien	*wulo*	*wuru*
viande	id.	id.	poulet	*susè, sise*	*sise*
bœuf	*niso*	*nisi*	cheval	*suo, su*	*só*
mouton	*sa*	*sarha*	poisson	*ñyèke*	*yeghè*
bélier	*sa-gi*	*sarha-gyigi*	mâle	*kè*	*kyè*
chèvre	*ba*	*ba*	femelle	*muso*	*muso*

Mêmes remarques que précédemment. — On voit par *ñyèke* (ou *ñyè*) au lieu de *yeghè* (et *muhã* « vingt » au lieu de *mughã*) que l'articulation *gh* n'existe pas en malinké : ou bien elle se supprime avec la voyelle qui l'accompagne, ou bien elle est remplacée par un *h*, un *k* ou un *g*.

V. — NOMS DIVERS.

	Malinké	Dyoula		Malinké	Dyoula
	—	—		—	—
pays	*dugu*	*dugu*	eau	*gi*	*gye*
terre (sol)	id.	id.	arbre	*yiro*	*yiri*
terre (matière)	*bãku*	*bãgo, bugu*	pierre	*bele*	*gberè*
village	*sate, su*	*so*	montagne	*kõ-ko,kõ*	*kõ-ñgoli*
maison	*bõ*	*bõ*	sel	*koko*	*korho*
ciel	*sã*	*sã*	huile	*tulu*	*turu*
soleil	*tile*	*tere*	couteau	*muro*	*muru*
lune	*kalo*	*kari*	poudre	*muñgo*	*mughu, mugu*

VI. — SUFFIXES SERVANT A LA COMPOSITION DES SUBSTANTIFS.

La formation des substantifs composés est la même en malinké qu'en dyoula : on opère en juxtaposant deux radicaux ou en se servant de suffixes, et les suffixes sont analogues; mais la forme de ces suffixes diffère parfois légèrement.

Le suffixe *ra*, *la* ou *na* prend très souvent en malinké les formes *ro*, *no*, *to* ou *nda*. Ainsi on dit : *su-ro* « pendant la nuit » au lieu de *su-ra*; — *kũ-no* « le haut de quelque chose » au lieu de *kũ-na*; —

sã-to « en l'air » au lieu de *sa-na*; — *tigè-nda* « gué » au lieu de *tigè-ra*, etc.

Le suffixe *tigi* s'abrège souvent en *ti* qui, d'ailleurs, est le radical du mot, *gi* (pour *kè* ou *kyè*) ajoutant simplement le sens de virilité (comparez *sa-gi*, *sarha-gyigi* « bélier »). Ainsi on dit : *sate-ti* « le chef du village ».

Le suffixe *barha* s'abrège en *ba* et très souvent se change en *la*. Exemples : *suñya-ba* ou *suñya-li-la*, au lieu de *soñya-li-kè-barha* « voleur » ; — *doni-ta-la*, au lieu de *doni-ta-barha* « porteur », etc.

Le suffixe du pluriel (*ru* ou *u* en dyoula) est en malinké *lu*; le suffixe de nationalité (*ka* ou *ñga* en dyoula) est *ka* ou *ñka* ou *ñga*.

VII. — PRONOMS.

Les pronoms sont à peu près les mêmes en dyoula et en malinké, mais en malinké le pronom de la 1re personne du sing. (*n*, *m* ou *ñ*) ne cause pas l'adoucissement de la consonne forte qui suit, comme cela a lieu en dyoula. Ainsi : « mon père » se dit *m fa* (au lieu de *m va*); « mon cheval » *n suo* (au lieu de *n zó*); « mon ventre » *ñ konõ* (au lieu de *ñ gonõ*).

Cette remarque s'étend d'une façon générale à tous les cas où la consonne *n*, *m* ou *ñ* est placée devant une consonne forte ; ainsi on dit : *Mane-ñka*; « Malinké », alors que les Dyoula disent *Mãnde-ñga*; — *gara-ñkè* « teinturier », au lieu de *gara-ñgyè* ; — *n ta* « je vais », au lieu de *n darha*; — *ñ ka domo-ni-kè* « j'ai mangé », au lieu de *ñ ga domu-ni-kè*, etc.

Le pronom de la 2e pers. du sing. est *i* (au lieu de *e*, *ye* ou *i* en dyoula), et celui de la 2e et de la 3e pers. du pluriel est prononcé généralement *alu*, *ale* ou *al* (au lieu de *are* ou *ar*) :

que dis-tu? *i ko di?*

quel est ton nom? *i toko di?*

va les appeler, *ta ka ale kile.*

VIII. — VERBES.

	Malinké	Dyoula		Malinké	Dyoula
aller	*ta*	*tarha*	boire	*mi*	*mi*
venir	*na*	*na*	ouvrir	*yele*	*yirè*
venir de	*bo-ra, bo-to*	*bò-ra*	fermer	*bidi, tugu*	*tugu*
s'asseoir	*sihi*	*sigi*	parler	*fo*	*fò*
se lever	*uli*	*uri*	dire	*ko*	*ko*
courir	*bori*	*bori*	appeler	*kile*	*kiri*
s'arrêter	*lo*	*lo*	entendre	*me*	*me*
se coucher	*la*	*la*	comprendre	id.	id.
dormir	*sinõ*	*sündorho*	finir	*ba, bã*	*bã*
manger :			tuer	*fa, faka*	*farha*
(avec rég.)	*domõ*	*domũ*	faire	*kè, la*	*kè, la*
(sans rég.)	*domo-ni-kè*	*domu-ni-kè*			

Le verbe « être » attributif s'exprime en malinké par *ye* au lieu de *bè* : *a ye fi-ma* « il est noir ». — Signifiant « se trouver » le verbe « être » s'exprime par *bè* en malinké comme en dyoula : *a bè yã* « il est ici ». — Enfin, toutes les fois qu'on emploie *lo* en dyoula pour exprimer le verbe « être », on emploie *le* en malinké : *n ta le* (pour *n da lo*) « c'est à moi ».

Le verbe négatif « ne pas être » se dit *tè* comme en dyoula.

IX. — CONJUGAISON.

La conjugaison est la même en malinké qu'en dyoula, sauf que, en malinké :

1° La particule *ka* ne sert pas seulement à rendre le prétérit des verbes actifs mais peut s'employer aussi devant l'impératif : *añ ka ta* « allons » (au lieu de *an darha*) ;

2° La particule du prétérit des verbes neutres et du passif est souvent *ta* ou *to* au lieu de *ra* et *nta* ou *nto* au lieu de *na* : *a na ta* « il est venu », *a ba-nta* « c'est fini », *a bo-to* « il est sorti » ;

3° La particule négative du temps indéfini se prononce *te* au lieu de *ti* : *a te ta* « il n'ira pas » (au lieu de *a ti tarha*) ;

4° La particule négative du prétérit et du passif se prononce souvent *mã* au lieu de *ma* : *a mã ba* « ce n'est pas fini ».

X. — PRONONCIATION.

On a vu déjà, par les remarques faites à propos des vocabulaires, quelles sont les principales différences de prononciation entre le malinké et le dyoula. Je les résume ici. Les caractéristiques de la prononciation malinké sont :

1° L'absence des articulations *rh* et *gh*, qui sont, soit supprimées avec la voyelle qui les suit, soit remplacées, la première par *k*, la seconde par *k*, *g* ou *h* ;

2° La préférence marquée du son *l* sur le son *r* ;

3° La fréquence de la voyelle *o*, qui se présente dans beaucoup de cas où on aurait en dyoula *a*, *u* ou bien *i* ;

4° La rareté des gutturales mouillées *ky* et *gy* ;

5° La tendance à ne pas répéter la même voyelle dans les deux syllabes d'un mot ;

6° Le rôle peu important joué par les consonnes ou voyelles nasales dans la prononciation des consonnes qui suivent. (On a vu *ñ ka ta* au lieu de *ñ ga tarha*, *m fa* au lieu de *m va* ; de même on dit : *Mane-ñka kã fo* au lieu de *Mãnde-ñga kã mvò* « parler le malinké » ; *balã fo* ou *bala fo* (d'où nous avons fait le mot « balafon ») au lieu de *bala mvò* « jouer du xylophone », etc.)

CHAPITRE III

Le dialecte ouassoulounké.

Le dialecte ouassoulounké, ou plus exactement le *wasalu-ñka kã*, est parlé par l'ensemble des populations mandé répandues dans le Ouassoulou proprement dit (*Wasulu-ñka*), le Toron (*Toro-ñka*(et dans quelques parties du Kouranko et du Sankaran, où le ouassoulounké s'emploie concurremment avec le malinké méridional.

Ces populations, d'après M. Binger et le capitaine Rambaud, ne seraient pas de pure race mandé : elles seraient le résultat d'un croisement d'éléments mandé avec des éléments d'origine foulane (Peuhls ou Toucouleurs). Mais, quelle que soit leur origine, elles parlent le mandé. Leur dialecte est très voisin du malinké méridional et ne s'en distingue guère que par des différences de prononciation très minimes.

I. — NUMÉRATION.

	Ouassoulounké	Malinké	Dyoula
1	*kili*	*kile*	*kele*
2	*fula*	*fula*	*fila*
3	*saba*	*saba*	*saüa*
4	*nani*	*nani*	*nani*
5	*lulu*	*lulu*	*luri*
6	*woro*	*woro*	*woró*

	Ouassoulounké	Malinké	Dyoula
	—	—	—
7	*woro-ula*	*woro-vla*	*woró-mvla*
8	*segi*	*segi*	*syegi*
9	*kononto*	*kononto*	*konondo*
10	*tã*	*tã*	*tã*
11	*tã i kili*	*tã ni kile*	*tã ni kele*
12	*tã i fula*	*tã ni fula*	*tã ni fila*, etc.
20	*mokã, morhã*	*muhã*	*mughã*
30	*tã saba*	*tã saba*	*mughã ni tã*, etc.
100	*keme*	*kyeme*	*kyeme*
101	*keme ni kili*	*kyeme ni kile*	*kyeme ni kele, etc.*
1000	*ba*	*ba*	*wuru*

Remarques. — Après 20, les Ouassoulounké comme les Malinké comptent par 10, tandis que les Dyoula comptent par 20. — Après *tã* les Ouassoulounké prononcent *i* au lieu de *ni* : à part cela, la numération est identique en ouassoulounké et en malinké.

II. — PARTIES DU CORPS.

	Ouassoulounké	Malinké	Dyoula
	—	—	—
tête	*kũ*	*kũ*	*kũ*
face	*ñya*	*ñya*	*ñyã*
œil	*ñya-di̠*	*ñya-do*	*ñyã-dẽ*
nez	*nũ*	*nu*	*nu*
dent	*ñi*	*ñi*	*ñi*
bouche	*da*	*da*	*da*
langue	*nẽ*	*ne*	*nène*
oreille	*tulu*	*tulo*	*toro*
cou	*kã*	*kã*	*kã*
poitrine	*gisi*	*siso*	*sisi*
ventre	*kono*	*konõ*	*konõ*
main	*bulu*	*bulo*	*buru*
dos	*ko*	*ko*	*kwo*
pied	*sẽ*	*si̠*	*sẽ*
os	*kulu*	*kulo*	*koro*
morceau	*kulũ*	*kulo*	*kuru*

Remarques. — On voit déjà que le vocabulaire ouassoulounké est presque identique au malinké et offre avec le dyoula les mêmes différences que ce dernier. Toutefois il est à noter que les Ouassoulounké semblent affectionner les voyelles nasales plus que les Malinké (*nũ*, *nẽ*, *kulũ*, et en malinké *nu*, *ne*, *kulu*), et qu'ils aiment comme les Dyoula à répéter la même voyelle dans les deux syllabes d'un mot (*tulu, gisi, bulu*, *kulu*, et en malinké *tulo*, *siso*, *bulo*, *kulo*). — De plus les Ouassoulounké affectionnent la voyelle *u*, tandis que les Malinké aiment davantage la voyelle *o*.

III. — NOMS D'HOMMES.

	Ouassoulounké	Malinké	Dyoula
	—	—	—
père	*fa*	*fa*	*fa*
mère	*ba*	*na*	*na*
fils	*di̲*	*do, di̲*	*dẽ*
homme (homo)	*morho*	*moko*	*morhò*
— (vir)	*ke, tye*	*kè*	*kyè*
femme	*musu*	*muso*	*muso*

Remarques. — On voit que le *rh* du dyoula, qui est supprimé ou remplacé par *k* chez les Malinké, se retrouve en ouassoulounké (*morho*); d'autres fois d'ailleurs il est également remplacé par un *k* (*mokã* et *morhã* « vingt »).

Les prononciations *ke* et *tye* (comme *gi* et *dyi* « eau » que nous verrons plus loin) montrent que les consonnes gutturales mouillées *ky* et *gy* du dyoula se changent en ouassoulounké soit en consonnes simples (*k* et *g*), soit en dentales mouillées (*ty* et *dy*).

IV. — NOMS D'ANIMAUX.

	Ouassoulounké	Malinké	Dyoula
	—	—	—
animal, viande	*subu*	*subo*	*sorho*
bœuf	*misi*	*niso*	*nisi*
mouton	*sarha*	*sa*	*sarha*
bélier	*sarha-dyigi*	*sa-gi*	*sarha-gyigi*
chèvre	*ba*	*ba*	*ba*
chien	*wulu*	*wulo*	*wuru*
poulet	*sise*	*susè*	*sise*
cheval	*su*	*suo, su*	*sò*
poisson	*yege*	*ñyèke*	*yeghè*
mâle	*ke*	*kè*	*kyè*
femelle	*musu*	*muso*	*muso*

Mêmes remarques que précédemment. — On voit par *yeye* (*yeghè* en dyoula) et précédemment *mokã* ou *morhã* (*mughã* en dyoula) que l'articulation *gh* n'existe pas en ouassoulounké. — On voit aussi par *ke* (*kè* en malinké, *kyè* en dyoula) que l'*e* est presque toujours fermé en ouassoulounké.

V. — NOMS DIVERS.

	Ouassoulounké	Malinké	Dyoula
	—	—	—
pays	*dugu*	*dugu*	*dugu*
terre (sol)	id.	id.	id.
terre (matière)	*bãko*	*bãku*	*bãgo*, *bugu*
village	*su*	*sate*, *su*	*so*
maison	*bũ*	*bõ*	*bõ*
ciel	*sã*	*sã*	*sã*
soleil	*tili*	*tile*	*tere*
lune	*kalu*, *katu*	*kalo*	*kari*
eau	*gi*, *dyi*	*gi*	*gye*
arbre	*iri*	*yiro*	*yiri*
pierre	*bele*	*bele*	*gberè*
montagne	*kõ*	*kõ-ko*	*kõ-ñgoli*
sel	*koko*, *korho*	*koko*	*korho*
huile	*tulu*	*tulu*	*turu*
couteau	*muru*	*muro*	*muru*
poudre	*mugu*	*muñgo*	*mughu*

VI. — SUFFIXES SERVANT A LA COMPOSITION DES SUBSTANTIFS.

La formation des substantifs composés est la même en ouassoulounké qu'en malinké et en dyoula, soit qu'on opère par juxtaposition, soit qu'on se serve de suffixes.

Comme en malinké, le suffixe *ra*, *la* ou *na* prend souvent les formes *ro* (ou *lo*), *no*, *to* ou *nda* : la forme *to* surtout est fréquente. Ainsi on dit : *sã-ko-to* « le haut de quelque chose, en l'air »(*sa-na* en dyoula, *sã-to* en malinké); — *koto* (pour *koro*) « à côté de, derrière ».

Le suffixe *tigi* demeure tel qu'il est en dyoula au lieu de s'abréger en *ti* comme cela a souvent lieu en malinké ; on a ainsi : *su-tigi* « chef de village » et « cavalier ».

Le suffixe *barha* s'abrège en *ba* ou se change en *la* comme en malinké. Exemples : *domo-li-ba* « gourmand », *suñya-li-ke-ba* ou *suñya-li-la* « voleur », *doni-ta-la* « porteur », *tulõ-ke-la* « joueur » (en dyoula : *domu-ni-kè-barha*, *soñya-li-kè-barha*, *doni-ta-barha*, *tolo-ñgè-barha*). On supprime souvent *ke* « faire » en ouassoulounké dans la formation de ces sortes de mots, comme en malinké, ou bien on le remplace par *la*, qui a le même sens : *domo-li-ba* ou *domo-li-la-ba* « gourmand ».

VII. — PRONOMS.

Les pronoms sont à peu près les mêmes qu'en malinké et en dyoula, sauf les différences signalées ci-après.

Comme en malinké, le pronom *n*, *m* ou *ñ* de la 1re pers. du sing. ne modifie pas la consonne forte qui suit, et, comme en malinké encore, cette remarque s'étend d'une façon générale à tous les cas où les consonnes *n*, *m* et *ñ*, ou des voyelles nasales, se trouvent devant une consonne forte.

Le pronom de la 1re personne est *n* (*m*, *ñ*) ou *ne* au singulier, *ne-lu* au pluriel ; le pronom de la 2e personne est *i* au singulier, *i-lu*, *i-le* ou *il* au pluriel : il a donc au pluriel une forme distincte de celui de la 3e personne, qui est, comme en malinké, *a* au singulier, *alu*, *a-le* ou *al* au pluriel.

Le pronom *wan* ou *an* de l'impératif (1re pers. du plur.) est remplacé en ouassoulounké par *un*.

VIII. — VERBES.

	Ouassoulounké	Malinké	Dyoula
	—	—	—
aller	*tarha, taka*	*ta*	*tarha*
venir	*na*	*na*	*na*
venir de	*bo-ta*	*bo-to*	*bò-ra*
s'asseoir	*sigi*	*sihi*	*sigi*
se lever	*uli*	*uli*	*uri*
courir	*bori*	*bori*	*bori*

	Ouassoulounké	Malinké	Dyoula
	—	—	—
s'arrêter	*lo*	*lo*	*lo*
se coucher	*la*	*la*	*la*
dormir	*sinorho*	*sinõ*	*sündorho*
manger (avec rég.)	*domo*	*domõ*	*domũ*
— (sans rég.)	*domo-li-ke*	*domo-ni-kè*	*domu-ni-kè*
boire	*mi*	*mi̥*	*mi*
ouvrir	*yele*	*ycle*	*yirè*
fermer	*tugu*	*bidi, tugu*	*tugu*
parler	*fo*	*fo*	*fò*
dire	*ko, ku*	*ko*	*ko*
appeler	*kili*	*kile*	*kiri*
finir	*bã*	*ba, bã*	*bã*
tuer	*farha, faka*	*fa, faka*	*farha*
faire	*ke, la*	*kè, la*	*kè, la*

Le verbe « être », qu'il soit attributif ou qu'il signifie « se trouver » ou « appartenir », s'exprime en général par *be* ou *bè* en ouassoulounké ; les formes *ye* et *le* du malinké, et la forme *lo* du dyoula sont employées rarement. « Ne pas être » se dit *te* ou *tè*. — Exemples : *a be fi̥* « il est noir », *a be yã* « il est ici », *n-ta be* « c'est à moi », *morho te* « ce n'est pas un homme ».

IX. — CONJUGAISON.

Elle est la même qu'en malinké, c'est-à-dire que :

1° *ka* peut s'employer devant l'impératif;

2° La particule *ra* ou *na* devient souvent *ta* ou *nta* ;

3° La particule négative *ti* se prononce *te* ;

4° La particule négative *ma* se prononce souvent *mã*.

X. — PRONONCIATION.

Je résume ici les caractérisques de la prononciation ouassoulounké. Elles sont :

1° La présence de l'articulation *rh*, qui d'ailleurs est souvent remplacée par *k* ;

2° L'absence de l'articulation *gh*, qui est remplacée soit par *g*, soit par *k*, soit par *rh* ;

3° La préférence du son *l* sur le son *r* ;

4° La fréquence des voyelles *u* et *i*, qui se présentent dans beaucoup de cas où on aurait *o* en malinké, *u* ou *e* ou *o* en dyoula ;

5° Le changement des gutturales mouillées *ky* et *gy* en gutturales simples (*k* et *g*) ou en dentales mouillées (*ty* et *dy*) ;

6° La tendance à répéter deux fois la même voyelle dans un mot ;

7° Le rôle peu important joué par les consonnes ou voyelles nasales dans la prononciation des consonnes qui suivent.

CHAPITRE IV

Le dialecte bamana.

Le bamana, ou plus exactement le *Bãmana ko-ma* (langue des Ban-mana ou Bamana), est parlé par l'ensemble des populations mandé qui se donnent à elles-mêmes le nom de *Bãmana-ñkè* ou *Bãmana-ñke* et qui sont appelées en général Bambara par les peuplades voisines (Toucouleurs et Sarakolé). C'est cette appellation étrangère de Bambara qui a prévalu parmi nous, bien qu'elle soit défectueuse à plus d'un titre, en particulier à cause des confusions qu'elle amène dans la désignation des tribus Sénoufo et Mandé qui vivent côte à côte dans la Boucle du Niger : à cause de leur analogie avec les Bamana, on désigne souvent les Mandé de la Boucle, qui sont des Dyoula, par le nom de Bambara, alors qu'eux-mêmes réservent ce nom aux populations *non mandé* qui les entourent, et plus spécialement aux Sénoufo. Pour éviter cette confusion, j'ai adopté l'appellation de Bamana pour désigner les Mandé du haut Sénégal et du pays de Ségou et leur langue.

Le bamana est parlé, avec des différences locales peu sensibles, dans le Kaarta, le Bélédougou, le Kalari, le Mourdiadougou, le Kouroumadougou; sur la rive nord du haut Sénégal depuis Médine jusqu'à Badoumbé environ, et le long du Niger, depuis Bammako jusqu'à la région du lac Débo, où il déborde assez loin à l'est du fleuve.

On trouve en outre des colonies bamana souvent fort importantes en pays malinké, dans le Fouladougou et le Gangaran notamment;

en pays toucouleur et songhaï, dans le Massina par exemple et la région des lacs; et surtout en pays sarakolé, dans le Kaarta-Bine, le Guémou, le Diagounté, le Kingui (région de Nioro), le Kolon (région de Goumbou), etc.

Contrairement aux autres tribus mandé, les Bamana sont en général tatoués : leur tatouage consiste en trois cicatrices verticales sur chaque joue.

Le pays des Bamana a été le théâtre de luttes nombreuses : guerres civiles entre familles bamana (Kouloubali et Diara), guerres avec les Sarakolé, les Toucouleurs et les Foulans. C'est là la cause de la dispersion actuelle des Bamana dans un grand nombre de pays où ils se trouvent environnés d'étrangers et c'est là également l'une des raisons qui ont favorisé la propagation de leur dialecte.

Les principales familles bamana sont : celle des Kouloubali (qui comprend les Massassi, les Kalari, les Daniba, les Mana, les Moussiré, les Sira, les Bakari), celle des Diara ou Guiara (qui comprend les Kounté), celle des Konaré ou Konaté, celle des Taraoré ou Taraouré. Il faut citer en outre les familles de race moins pure ou moins noble, qui sont celles des Dambélé, des Dansira, des Soko, des Fofana, des Béléri, des Kangorota, des Soumana ou Soumaré, des Koyaté, des Keïta, des Sissé, des Kamara, des Sidibé, des Diakaté, etc. Presque tous ces noms de famille se retrouvent, plus ou moins modifiés, chez les Malinké [1].

Les Bamana ne sont qu'en partie musulmans et l'islamisme ne s'est introduit chez eux qu'à une date relativement récente. Ce serait là la raison de l'appellation de Bambara qu'ils ont reçue des Sarakolé musulmans leurs voisins, appellation qui équivaudrait chez les Mandé à celle de Kafir (païen) chez les Arabes. Il est remarquable en tout cas que la même appellation ait été donnée, d'une part aux Bamana, tribu mandé, qui sont tatoués et en général païens (ou du moins qui étaient sans doute presque tous

1. Voici, d'après les Pères du Saint-Esprit, les noms de famille Malinké : Sankaré, Tounkara, Kamisoko, Taraolé, Dembélé, Konté, Kourouman, Kamara, Doumbouya, Sidibé, Konaté, Diara, Kouloubali, Keïta, Mansari, Diakité, Sissé. Il faut placer les Keïta au premier rang.

païens lorsqu'ils ont reçu ce surnom), et d'autre part aux Sénoufo, tribu de race bien différente, mais qui sont également tatoués et sont en majorité païens. Il est remarquable également que les Bamana comme les Sénoufo, appelés Bambara par les tribus qui les entourent, ont fini par accepter presque eux-mêmes cette désignation comme nom de tribu.

Le dialecte bamana est très voisin du dyoula; il n'offre avec le malinké que des différences peu considérables. Pour ne pas me répéter, je ne ferai pas figurer les mots malinké dans les vocabulaires de comparaison.

I. — NUMÉRATION.

	Bamana	Dyoula		Bamana	Dyoula
1	*kele, kelĕ*	*kele*	30	*mughã ni tã*	*mughã ni tã*
2	*fla*	*fila*	40	*debe*	*morhò fila*
3	*saba*	*saüa*	50	*debe ni tã*	*kyeme-tara*
4	*nani*	*nani*	60	*debe ni mughã*	*morhò saüa*
5	*lulu*	*luri*	70	*debe ni mughã ni tã* (40 + 20 + 10)	*morhò saüa ni tã* (20 × 3 + 10)
6	*wuro*	*woró*	80	*debe fla* (40 × 2) ou *meni-keme*	*morhò nani*
7	*wuro-ñgla*	*woró-mvla*	90	*meni-keme ni tã*	*morhò nani ni tã*
8	*segi*	*syegi*	100	*keme*	*kyeme*
9	*konondo*	*konondo*	1.000	*ñyõ* ou *ba*	*wuru*
10	*tã*	*tã*			
11	*tã ni kele*	*tã ni kele*, etc.			
20	*mughã*	*mughã*			

Remarque. — On voit que les Bamana comptent par 20 comme les Dyoula jusqu'à 40, mais qu'ils ont un mot spécial pour 40 et comptent ensuite par 40 jusqu'à 100. Il est inexact de dire, comme on peut le lire dans plusieurs ouvrages, que les Bamana disent *keme* pour exprimer 80 : le mot *keme* veut dire 100 en bamana comme dans les autres dialectes. Il arrive qu'on désigne par le mot *keme* un paquet de 100 cauries, mais il est à remarquer que, dans la manière d'exprimer les valeurs en cauries, le nombre exact des cauries représentant une certaine valeur ne correspond pas toujours au nombre prononcé, d'autant plus que le cours des cauries est variable, tandis que l'expression qui désigne une valeur en cauries ne change pas. De plus, s'il s'agit de toute autre chose que de cauries, on dit en bamana *debe fla* (deux quarante) ou *meni-keme* (presque cent) pour exprimer le nombre 80 et *keme* pour exprimer le nombre 100 : « quatre-vingts porteurs », *doni-ta-barha meni-keme* ; « cent porteurs », *doni-ta-barha keme*.

II. — PARTIES DU CORPS.

	Bamana	Dyoula		Bamana	Dyoula
	—	—		—	—
tête	*kũ*	*kũ*	poitrine	*disi*	*sisi*
face	*nyè, nyã*	*ñyã*	ventre	*kono*	*konõ*
œil	*nyè-de*	*ñyã-dẽ*	main	*blo, bolo*	*buru*
nez	*ne*	*nu*	dos	*ko, kwo*	*kwo*
dent	*ñi*	*ñi*	pied	*sẽ, si̱*	*sẽ*
bouche	*da*	*da*	genou	*kumbele*	*kumbri*
langue	*nne*	*nène*	os	*kolo, klo*	*koro*
oreille	*tlo*	*toro*	morceau	*kulu, klu*	*kuru*
cou	*kã*	*kã*	protubérance	id.	id.

Remarques. — On voit déjà que les Bamana emploient souvent la consonne *l* de préférence à la consonne *r*; qu'ils affectionnent la voyelle *o* (*bolo* « main ») ; qu'ils aiment comme les Dyoula à répéter la même voyelle dans les deux syllabes d'un mot (*kolo*, *kulu*), mais que souvent ils élident la première voyelle (*fla*, *nne*, *tlo*, *blo*, *klo*, *klu*) ; qu'enfin ils suppriment souvent la nasalisation (*nyè* ou *nyã* pour *ñyã*, *kono* pour *konõ*).

III. — NOMS D'HOMMES.

	Bamana	Dyoula		Bamana	Dyoula
	—	—		—	—
père	*fa*	*fa*	homme (homo)	*morho, ma*	*morhò*
mère	*ba*	*na*	— (vir)	*kye*	*kyè*
fils	*de*	*dẽ*	femme	*moso*	*muso*

Remarques. — La prononciation *morho* nous fait voir : 1° que l'articulation *rh* existe en bamana comme en dyoula ; 2° que l'*ò* grave est rare en bamana. (Le mot *ma*, synonyme de *morho*, a le même radical que l'expression malinké équivalente : *mba-ri*).

La prononciation *kye* nous fait voir : 1° que les gutturales mouillées *ky* et *gy* existent en bamana comme en dyoula ; 2° que l'*è* ouvert est très souvent remplacé en bamana par un *e* fermé.

IV. — NOMS D'ANIMAUX.

	Bamana	Dyoula		Bamana	Dyoula
animal	*sogo, sobo*	*sorho*	lion	*gyara, wara-ba*	*gyara*
viande	id.	id.	panthère	*wara, wara-ni*	*suri*
bœuf	*nsi, misi*	*nisi*	caïman	*bãma*	*bamba, bãma*
mouton	*sarha*	*sarha*			
chèvre	*ba*	*ba*	serpent	*sa*	*sa*
chien	*wulu*	*wuru*	hippopotame	*mali*	*mèri*
poulet	*sye, sise*	*sise*	oiseau	*konõ*	*konõ*
cheval	*só*	*só*	mâle	*kye*	*kyè*
poisson	*dyege*	*yeghè*	femelle	*moso*	*muso*
éléphant	*sama*	*samã*			

Mêmes remarques que précédemment. — On voit par *sogo* que le *rh*, bien qu'existant en bamana, peut aussi s'y transformer en *g* ; — on voit par *dyege* que l'articulation *gh*, bien qu'existant en bamana (*mughã* « vingt »), peut aussi s'y transformer en *g*.

V. — NOMS DIVERS.

	Bamana	Dyoula		Bamana	Dyoula
pays	*dugu, dughu, du; bugu*	*dugu*	eau	*gi, gyi*	*gye*
			feu	*ta*	*ta*
			rivière	*kwo*	*kwò*
terre (sol)	id.	id.	fleuve	*ba*	*ba*
terre (matière)	*bãko*	*bãgo, bugu*	arbre	*yiri*	*yiri*
			pierre	*berè*	*gberè*
village	*so, su*	*so*	montagne	*kõ, kõñkulu*	*kõ-ñgoli*
maison	*bõ*	*bõ*			
ciel	*sã*	*sã*	sel	*ko, kogo, korho*	*korho*
soleil	*tle*	*tere*			
lune	*kalo*	*kari*	huile	*tulu, tlu*	*turu*

	Bamana	Dyoula
couteau	*muru*	*muru*
poudre	*mugu*	*mughu, mugu*
bâton	*bere, bre*[1]	*kolo-mã*
natte	*gla, gela*[2]	*deüe*
calebasse	*fye*	*fyè*
cruche	*darha*	*darha*
assiette	*nafye*	*gbelè*
tissu	*fani*	*fãni*
boubou	*dloki*	*delege*
culotte	*kursi*	*kursi*
feuille	*fra-bru, fura-buru*	*fila-buru*
médicament	*fra, fla*	*fila*
liane	*gyuru*	*gyuru*
lien en écorce de ficus	*fu*	*fu*
plantation	*foro*[3]	*sene, kõñ-go*

	Bamana	Dyoula
igname	*ku*	*ku*
riz	*malo*	*malo*
mil	*ñyõ*	*ñyõ*
maïs	*kaba*[4]	*mosono-ñyõ*
pain de mil ou d'igname	*to*[5]	*two, tüo*
cola	*wuro*	*wuro*
arbre à beurre	*si*[6]	*sye, koro*
beurre de karité	*si-tulu*	*sye-turu, koro-turu*
raphia (branche de —)	*bã*	*bã*
blanc	*gbe, gbwe*[7]	*gbè*
noir	*fi*	*fi*
rouge	*ule*	*ule*

Note. — La salutation en bamana est généralement *ini* ou *inu* au lieu de *ani* ou *anu* en malinké et en dyoula. On dira donc *ini-se* au lieu de *ani-se*. En outre on dit généralement *ini-sorhoma* au lieu de *kye-na* (salut du matin, en malinké *ani-sokoma*) et *ini-sege* au lieu de *ani-sene*.

VI. — SUFFIXES SERVANT A LA COMPOSITION DES SUBSTANTIFS.

La formation des substantifs composés est la même en bamana qu'en dyoula, et les suffixes sont également les mêmes, sauf qu'on

1. En malinké : *bele* ou *koro*.
2. En malinké : *dela*.
3. En malinké : *furu*; en ouassoulounké, *sene*.
4. En malinké : *kaba*.
5. En malinké : *tu*.
6. En malinké : *se* (d'où l'expression européenne « cé, beurre de cé ».
7. En malinké : *ge* ou *gwe*.

entend *la* plus souvent que *ra* et que quelquefois ce suffixe est remplacé par *to* ou *no*, comme en malinké. Exemples :

	Bamana	Dyoula
	—	—
nuit	*su*	*su*
ombre	*su-ma*	*su-ma*
endroit ombragé	*su-ma-la*	*su-ma-ra*
s'asseoir	*sigi*	*sigi*
siège	*sigi-la* (ou *wurhani*)	*sigi-ra* (ou mieux *wurhande*)
pays	*dugu*	*dugu*
chef du pays	*dugu-tigi*	*dugu-tigi*
porter une charge	*doni-ta*	*doni-ta*
porteur (par métier)	*doni ta-barha*	*doni ta-barha*
— (par occasion)	*doni-tigi*	*doni-tigi*

Quelquefois cependant la syllabe *rha* du suffixe *barha* disparaît en bamana comme en malinké, ou bien encore *barha* se remplace par *la*, comme en malinké également. Exemples : « possédé », *su-ba* (en bamana), *su-barha* (en dyoula, possédé de l'esprit d'un mort); — *keñye-la-la* (en dyoula *keñge la-barha*), celui qui dit la bonne aventure sur le sable (littéralement : faiseur de sable).

Enfin le suffixe de nationalité *ka* (*ñga*, *ñka*) devient en bamana *ke* ou *ñke*, ou bien *kè* ou *ñkè*. C'est de là que proviennent les prononciations Malinké, Ouassoulounké, etc., qui se sont généralisées parmi nous.

VII. — PRONOMS.

Les pronoms sont les suivants :

	Bamana	Dyoula
	—	—
Sing. 1re pers.	*n* (*m*, *ñ*); *ni*	*n* (*m*, *ñ*); *ni*, *ñi*
2e pers.	*i*, *e*	*e*, *ye*, *i*
3e pers.	*a*	*a*, *è*
Plur. 1re pers.	*anu*, *an* (*am*, *añ*)	*añi*, *an* (*am*, *añ*)
2e pers.	*ilu*, *il*	*aluru*, *ar*
3e pers.	*alu*, *al*	*aru*, *ar*

Le pronom de la 1re personne (*n*, *an*) devient *m* (ou *am* au pluriel) devant une labiale et ñ (ou *añ*) devant une gutturale, comme en dyoula et en malinké, mais la consonne forte qui suit ne s'adoucit pas comme cela a lieu en dyoula. On a ainsi : *m fa* « mon père », *am fa* « notre père », *n-ta kursi* « mon pantalon », etc.

VIII. — VERBES.

	Bamana	Dyoula		Bamana	Dyoula
aller	*tarha*	*tarha*	finir	*bã*	*bã*
venir	*na*	*na*	tuer	*farha*	*farha*
venir de	*bo, bo-ra*	*bò-ra*	faire	*ke, la*	*kè, la*
s'asseoir	*sigi*	*sigi*	entrer	*do*	*du, dô*
se lever	*uli*	*uri*	prendre	*ta*	*ta*
courir	*bori*	*bori*	porter	*ta*	*ta*
s'arrêter	*gyo, do, lo*	*lo*	attraper	*mna*	*mina, mna*
se coucher	*da*	*la*	couper	*tige*	*tigè*
dormir	*sinorho*	*sündorho*	travailler	*kye-ke, bara-ke*	*kye-kè*
manger	*dõ, domõ*	*domũ*			
— (sans rég.)	*domo-ni-ke*	*domu-ni-kè*	allumer	*mana*	*kundo*
			faire chauffer	*gbã*	*gbã*
boire	*mi*	*mi*	donner	*di*	*di*
ouvrir	*ele*	*yirè*	plaire	*di*	*di*
fermer	*tugu*	*tugu*	perdre	*kunu; fli*	*firi*
parler	*fo*	*fò*	voir	*ye*	*ye*
dire	*ko, kó*	*ko*	trouver	id.	id.
appeler	*kili, kli*	*kiri*	regarder	*fele, fle*	*ferè*

Le verbe « être » s'exprime en bamana comme en dyoula par *bè* s'il est attributif ou signifie « se trouver » — (on rencontre aussi la forme *ye* pour exprimer le verbe attributif, comme en malinké) — et par *lo* ou *do* s'il signifie « appartenir » ou s'il sert à désigner l'attribut de façon précise ; — « ne pas être » se dit *tè*. — Exemples :

il est rouge, *a bè ule* ;
as-tu de l'argent? *wari bè i fe?* (en dyoula : *wari b'e fè?*);
je n'ai pas d'argent, *wari tè m fe* (en dyoula : *wari tè m vè*) ;
c'est à moi, *n-ta lo* ou *n-ta do* ;

c'est un Malinké, ce n'est pas un Bamana, *Mali-ñke do, Bãmana-ñke tè.*

IX. — CONJUGAISON.

La conjugaison est la même en bamana qu'en dyoula, sauf que :

1° Au présent absolu on n'emploie pas en général la particule *ra*;

2° Au prétérit des verbes neutres et au passif, *ra* peut se remplacer par *ta* et *na* par *nta*; (on emploie *ta* et *nta* surtout chez les Bamana établis dans le Kingui et les pays du Nord);

3° La particule négative *ti* se remplace par *tè* et la même forme sert, à la voix négative, pour le temps indéfini et le présent absolu.

Voici, à titre de comparaison, un tableau des formes de la conjugaison ordinaire en bamana, en dyoula et en malinké.

1° Verbe transitif. — *FARHA* « tuer ».

	Bamana	Dyoula	Malinké
Temps indéfini	*m farha*	*m varha*	*m faka*
	i farha	*e farha*	*i faka*
	a farha	*a farha*	*a faka*
	am farha	*añi farha*	*am faka*
	il farha	*ar farha*	*al faka*
	al farha	*ar farha*	*al faka*
id. (négatif)	*a tè farha*	*a ti farha*	*a te faka*
Présent absolu	*a bè farha*	*a bè farha ra*	*a bè faka la*
id. (négatif)	*a tè farha*	*a tè farha ra*	*a tè faka la*
Prétérit	*a ka farha*	*a ka farha*	*a ka faka* [1]
id. (négatif)	*a ma farha*	*a ma farha*	*a mã faka*
Impératif	*farha*	*farha*	*i faka* ou *i ka faka*
id. (négatif)	*kana farha*	*kana farha*	*i kana faka*
Nom verbal	*farha-li*	*farha-li*	*faka-li*

1. On rencontre quelquefois en malinké la forme *a ti faka* (pour *a ka faka*) et la forme *a ye faka la* (pour *a bè faka la*).

2° Verbe neutre. — *TARHA* « aller ».

	Bamana	Dyoula	Malinké
	—	—	—
Temps indéfini	*a tarha*	*a tarha*	*a ta*
id. (négatif)	*a tè tarha*	*a ti tarha*	*a te ta*
Présent absolu	*a bè tarha*	*a bè tarha ra*	*a bè ta la*
id. (négatif)	*a tè tarha*	*a tè tarha ra*	*a tè ta la*
Prétérit. 1re forme	*a ka tarha*	*a ka tarha*	*a ka ta*
2e forme	*a tarhara* ou *a tarha la*	*a tarha ra*	*a ta ra* ou *a ta la*
id. (négatif)	*a ma tarha*	*a ma tarha*	*a mã ta*
Impératif	*i tarha*	*tarha*	*i ta* ou *i ka ta*
id. (négatif)	*kana tarha*	*kana tarha*	*i kana ta*
Nom verbal : 1re forme	*tarha-ma*	*tarha-ma*	*ta-ma*
2e forme	*tarhiya*	*tarhiyã*	*tia, tiya*

3° Verbe passif. — *BA-NA* « être fini ».

	Bamana	Dyoula	Malinké
	—	—	—
Temps indéfini et prétérit	*a ba-na* ou *a ba-nta*	*a ba-na*	*a ba-nta* ou *a ba-na*
id. (négatif)	*a ma bã*	*a ma bã*	*a mã ba* ou *a mã bã*[1]

X. — PRONONCIATION.

Je résume ici les principaux caractères qui distinguent la prononciation des Bamana de celle des Dyoula et de celle des Malinké. Ces caractères sont :

1° La présence en bamana comme en dyoula des articulations *rh* et *gh*, qui n'existent pas en malinké (bien que ces articulations se transforment parfois en *g* dans le dialecte bamana);

2° La préférence marquée du son *l* sur le son *r* en bamana comme en malinké, alors que les Dyoula donnent la préférence au son *r* ;

1. Si l'on compare ce tableau avec la conjugaison des verbes en bamana telle qu'elle a été exposée par le Père Montel (*Éléments de la grammaire bambara*, 1887) et par Mgr Toulotte (*Essai de grammaire bambara*, 1897), on trouvera quelques différences, et on remarquera que je donne au verbe bamana beaucoup moins de temps qu'il ne s'en trouve dans les deux ouvrages précités. Cependant je suis à peu près certain de l'exactitude des formes que je donne ci-dessus, et quant aux temps supplémentaires indiqués par le Père Montel et par Mgr Toulotte, je doute, sans rien affirmer, qu'ils soient d'un usage courant parmi les indigènes.

3° La fréquence de la voyelle *o*, qui se rencontre en bamana et en malinké plus souvent qu'en dyoula;

4° La rareté en bamana de l'*ò* grave et de l'*è* ouvert, sons fréquents en dyoula, moins fréquents en malinké;

5° La fréquence en bamana comme en dyoula des gutturales mouillées *ky* et *gy*, qui sont rares en malinké;

6° La tendance commune des Bamana et des Dyoula à répéter la même voyelle dans les deux syllabes d'un mot, alors que les Malinké évitent en général cette répétition;

7° La facilité avec laquelle les Bamana, plus que les Dyoula et les Malinké, suppriment la voyelle de la première syllabe des mots;

8° Le rôle peu important joué en bamana et en malinké par les consonnes ou voyelle nasales dans la prononciation des consonnes qui suivent, alors que ce rôle est considérable en dyoula et constitue la caractéristique de ce dernier dialecte.

CHAPITRE V

Le dialecte khassonké.

Le khassonké, ou plus exactement le *Khaso ñkè koma* ou langue des *Khaso-ñkè*, est parlé par les habitants du Khasso, région peu étendue située sur la rive gauche du Sénégal, de Kayes à Bafoulabé, et sur la rive gauche du bas Bafing en amont de Bafoulabé. Cette région comprend le Khasso proprement dit, le Logo et le Natiaga, et est limitée au sud et à l'ouest par le Bambouk. En outre on rencontre des Khassonké, formant la majorité de la population, dans un certain nombre de villages du cercle de Nioro, notamment dans le Sanga ou Lankamané. Il semble même que les Khassonké habitaient cette région depuis fort longtemps et que ce n'est que vers le commencement du XIXe siècle qu'ils auraient émigré en grand nombre dans le Khasso.

Ils sont en général musulmans, mais peu fervents. D'après M. Binger, ils ne seraient pas de race mandé pure et proviendraient d'un mélange d'éléments mandé proprement dits avec des éléments foulans ou toucouleurs. M. le capitaine Rambaud partage cette opinion.

Quoi qu'il en soit, le dialecte khasssonké est un dialecte franchement mandé et la langue foulane semble n'avoir exercé sur lui aucune influence; la seule chose par laquelle il se distingue nettement des autres (bamana, dyoula, ouassoulounké, malinké), est la présence de l'articulation *kh* (خ des Arabes ou *jota* des Espagnols), qui vient souvent remplacer le *k* des autres dialectes.

Il est à noter d'ailleurs que cette articulation s'est introduite également chez les Malinké du nord qui sont les voisins des Khassonké, notamment dans le Bambouk, et qu'elle existe chez les Sarakolé. Peut-être a-t-elle été importée par les Ouolofs, ou provient-elle de l'idiome aujourd'hui disparu d'anciens autochtones qui auraient été absorbés par les migrations mandé. Pour ce qui est du dialecte khassonké, l'articulation *kh* y a été très probablement introduite par les Sarakolé, les deux tribus ayant vécu longtemps côte à côte.

I. — NUMÉRATION.

	Khassonké	Dyoula		Khassonké	Dyoula
1	*khele*	*kele*	11	*tã ni ñkhele*	*tã ni kele*
2	*fila, fula*	*fila*	12	*tã ni fila*	*tã ni fila*, etc.
3	*saba*	*saüa*	20	*murhã*	*mughã*
4	*nani*	*nani*	30	*tã saba*	*mughã ni tã*
5	*luli*	*luri*	40	*tãnani*	*morhò fila*
6	*woro*	*worò*	50	*tã luli*	*kyeme-tara*
7	*woro-vila*	*worò-mvla*	100	*keme*	*kyeme*
8	*segi*	*syegi*	1.000	*wulo*	*wuru*
9	*khononto*	*konondo*	10.000	*wugyüne*	*wuru tã*
10	*tã*	*tã*			

Remarques. — On voit que les Khassonké comptent par 10 comme les Malinké, et non par 20 comme les Dyoula et les Bamana. De plus ils ont pour 10.000 un mot spécial qui, chose à noter, veut dire 1.000 en sarakolé et est en foulan (peuhl) la forme plurielle du nombre 1.000[1]. Ce mot doit être d'origine foulane, à moins que le mot mandé *wulo* ou *wuru* et le mot foulan *wugyune* proviennent d'une racine commune, ce qui est encore possible.

Comme remarques concernant la prononciation, on peut noter déjà, à la simple inspection des noms de nombre, la présence du

1. En foulan, 1.000 se dit *wugyunere* ou *u lyunere* au singulier et *wugyune* ou *ndyune* au pluriel.

kh qui vient souvent remplacer, non pas le *rh* des Dyoula et des Bamana, mais le *k* des autres dialectes mandé (*khele* pour *kele*, *khononto* pour *kononto*), bien que les Khassonké possèdent aussi la lettre *k*.

On voit encore que les Khassonké ont également l'articulation *rh*, qui dans certains cas remplace le *gh* des Dyoula (*murhã*), bien qu'ils possèdent aussi le *gh*, comme on le verra plus loin.

II. — PARTIES DU CORPS.

	Khassonké	Dyoula		Khassonké	Dyoula
	—	—		—	—
tête	*kuñu*	*kũ*	poitrine	*karo*[1]	*sisi*
face	*ña*	*ñyã*	ventre	*khono*	*konõ*
œil	*ña-di̤*	*ñyã-dẽ*	main	*bulo*	*buru*
nez	*nughu*	*nu*	avant-bras	*bulo-khalo*	*buru-kala*
dent	*ñi*	*ñi*	dos	*kho*	*kwo*
bouche	*da*	*da*	pied	*sigho*	*sẽ*
langue	*neghõ*	*nène*	os	*kholo*	*koro*
oreille	*tulo*	*toro*	morceau	*khulo*	*kuru*

Remarques. — Ce tableau nous montre :

1° Que les Khassonké affectionnent la voyelle *o* plus encore peut-être que les Bamana;

2° Qu'ils ajoutent quelquefois au radical une syllabe qui n'a d'ailleurs qu'une valeur euphonique (*ñu*, *ghu*, *gho*, *ghõ*), comme *ku ñu* (pour *kũ*), *nu-ghu* (pour *nu*), *ne-ghõ* (pour *ne*), *si-gho* (pour *si̤*), etc.

III. — NOMS D'HOMMES.

	Khassonké	Dyoula		Khassonké	Dyoula
	—	—		—	—
père	*fa*	*fa*	homme (homo)	*morho*	*morhò*
mère	*na*	*na*	— (vir)	*kyè*	*kyè*
fils	*di̤*	*dẽ*	jeune homme	*kha-mari*	*kã-mbere*
petit enfant	*di-ndiñu*	*de-ni*	femme	*muso*	*muso*

1. En malinké : *siso* ou *kara*.

Remarques. — On a quelquefois la prononciation *mokho* en khassonké, mais la prononciation ordinaire et régulière est *morho* : comme je le disais plus haut, le *kh* en khassonké tient lieu du *k*, et ce n'est qu'exceptionnellement qu'on remplace le *rh* par un *kh*.

On retrouve dans *di-ndiñu* (*di-ndi* en malinké) cette addition de syllabe euphonique dont j'ai parlé précédemment.

IV. — NOMS D'ANIMAUX.

	Khassonké	Dyoula		Khassonké	Dyoula
	—	—		—	—
animal	*sobo*	*sorho*	chien	*wulo*	*wuru*
viande	id.	id.	poulet	*sise*	*sise*
bœuf	*niso*	*nisi*	cheval	*suo*	*sô*
veau	*niso-rimõ* ou *niso-diñu*	*nisi-dè*	poisson	*ñyego*	*yeghè*
			éléphant	*samõ*	*samã*
vache	*niso-muso* ou *fãñgo*	*nisi-muso*	caïman	*fatama*	*bãma*
			serpent	*sa*	*sa*
mouton	*sarho*	*sarha*	oiseau	*khonõ*	*konõ*
chèvre	*ba*	*ba*			

Mêmes remarques que précédemment. — On notera que le mot *rimõ*, qui sert en khassonké concurremment avec *diñu* à désigner les petits des animaux, est à comparer avec le mot sarakolé *remme* ou *lemme*, qui a le même sens.

V. — NOMS DIVERS.

	Khassonké	Dyoula		Khassonké	Dyoula
	—	—		—	—
pays	*dugo, du*	*dugu*	terre (matière)	*bãko*	*bãgo, bugu*
terre (sol)	id.	id.	village	*gallo*	*so*
maison	*bũ, buñu*	*bô*	natte	*la-fĩ*	*deüe*
eau	*gyi*	*gye*	chose	*fĩ*	*fè*
chemin	*silo*	*sira*	blanc	*khoe, khoi*	*gbê*

Remarques. — Le mot khassonké *gallo* « village » est à rapprocher des mots foulans *gure* (pluriel de *wuro* « village ») et *gelure* « ville ».

Le mo *la-fĩ*, qui semble d'abord être un mot étranger, est en réalité composé de *la* « se coucher » et de *fĩ* (en malinké *fẽ*, en dyoula *fẽ*) « chose », d'où *la-fĩ* « chose pour se coucher ».

VI. — SUFFIXES SERVANT A LA COMPOSITION DES SUBSTANTIFS.

Ces suffixes sont les mêmes qu'en bamana : *sigi-la* ou *sigi-lã* « siège », *dugo-tigi* « chef du pays », *Khaso-ñkè* « les gens du Khasso ». Voici d'ailleurs le tableau de ces différents suffixes en khassonké, en malinké, en ouassoulounké, en bamana et en dyoula.

Kh.	M.	O.	B.	D.
la, lo	*la, rä, to, ro*	*la, to, ro*	*la, ra*	*ra, la*
na, no	*no, nda, na*	*nä, no, nda*	*nä, nda*	*na*
ma	*ma*	*ma*	*ma*	*ma*
la, lã	*la, lã*	*la*	*la*	*lã, nã*
khoro	*koto, koro*	*koro, koto*	*koro*	*koro*
tigi	*tigi, ti*	*tigi*	*tigi*	*tigi*
barha	*ba, la*	*ba, la*	*barha, ba, la*	*barha*
kè, ñkè	*ka, ñka*	*ka, ñka*	*ke, ñke, ñkè*	*ka, ñga*
lu	*lu*	*lu*	*lu, u*	*ru, u*

Pour la valeur de ces suffixes, voir Iʳᵉ Partie, Chapitre II.

VII. — PRONOMS.

Les pronoms prennent en général en khassonké les mêmes formes qu'en bamana : 1ʳᵉ pers. *n* (*m, ñ*) ou *ni* ; 2ᵉ pers. *i* ; 3ᵉ pers. *a* ; au pluriel *anu* ou *an* (*am, añ*), *ilu* ou *il*, *alu* ou *al*.

Cependant il faut noter que les pronoms emphatiques intercalent la syllabe *te* entre le pronom simple et le suffixe *lè* (*le* en dyoula) ; on a ainsi : *n-te-lè* « moi-même » (en dyoula *ni-le*), *i-te-lè* « toi-même » (en dyoula *i-le* ou *i-lele*), etc.

Les possessifs formés avec *ta* peuvent prendre la forme simple (*n-ta, i-ta*, etc.) ou la forme emphatique (*ntelè-ta, itelè-ta*, etc.) : c'est à moi, *ntelè-ta* ; ce n'est pas à moi, *n-ta ntè*.

Comme on le voit par les formes *ntelè* et *nta*, l'*n*, en khassonké comme en malinké, en ouassoulounké et en bamana, tout en se changeant en *m* devant une labiale et en *ñ* devant une gutturale, ne modifie pas la consonne qui suit, comme cela a lieu en dyoula. Ainsi on dit : *m fa* « mon père » *ñ kuñu* « ma tête », etc.

Le démonstratif est en général *o* en khassonké, au lieu de *mi* en dyoula et en ouassoulounké, *mi*, *ñi* ou *o* en malinké, *mi* ou *ñi* en bamana : *gyi o di ma* « donne-moi cette eau ». Quelquefois on emploie *ti* au lieu de *o* : *ntelè-ta muru ti*, ce couteau est à moi (à-moi couteau ce).

VIII. — VERBES.

	Khassonké	Dyoula		Khassonké	Dyoula
aller	*tarha*	*tarha*	se coucher	*la*	*la*
venir	*na*	*na*	manger	*domo*	*domũ*
venir de	*bo*	*bò-ra*	— (sans rég.)	*domo-la*	*domu-ni-kè*
s'asseoir	*sigi*	*sigi*	boire	*mi*	*mi*
se lever	*uli*	*uri*	finir	*bã*	*bã*
courir	*bori*	*bori*	être fini	*ba nta*	*ba-na*
s'arrêter	*lo*	*lo*	faire	*khè, la*	*kè, la*

Le verbe « être » s'exprime en khassonké par *be* s'il est attributif ou signifie « se trouver » et par *lo* ou *do* s'il signifie « appartenir » ou s'il sert à désigner l'attribut de façon précise ; « ne pas être » se dit *tè* ou *n'è*.

IX. — CONJUGAISON.

La conjugaison khassonké est légèrement différente de la conjugaison dyoula ou malinké. En voici le tableau :

1° Verbe transitif. — *FARHA* « tuer ».

	Voix positive	Voix négative
Temps indéfini	*a farha*	*a tè farha*
Présent absolu	*a be farha la* ou *a be farha*	*a tè farha la*
Prétérit	*a khe farha*	*a mã farha* [1]
Subjonctif	*a kha farha* [2]	*a mè farha*
Impératif	*farha*	*mè farha*

1. Lorsque la négation *mã* est suivie du pronom régime *a*, elle se contracte avec lui pour donner la forme *mã* : il s'est sauvé, je ne l'ai pas vu, *a khe bori, m mã yi*.

2. Ce temps, le subjonctif, n'existe pas dans les autres dialectes mandé, bien

Le nom verbal se forme comme en dyoula et en malinké, mais il est moins employé. Ainsi on dira *domo-la* « manger » plutôt que *domo-li-la*.

On remarquera que c'est le verbe *la* plutôt que le verbe *khè* (*kè* en dyoula et en malinké, *ke* en bamana), que les Khassonké emploient pour former les verbes transitifs sans régime.

2° **Verbe neutre.** — *TARHA* « aller ».

	Voix positive	Voix négative
	—	—
Temps indéfini	*a tarha*	*a tè tarha*
Présent absolu	*a be tarha la* ou *a be tarha*	*a tè tarha la*
Prétérit 1re forme	*a khe tarha*	*a mã tarha*
— 2e forme	*a tarha ta*	id.
Subjonctif	*a kha tarha*	*a mè tarha*
Impératif	*tarha*	*mè tarha* [1]

3° **Verbe passif.** — *BA-NTA* « être fini ».

	Voix positive	Voix négative
	—	—
Temps indéfini et prétérit	*a ba-nta*	*a mã bã*

X. — PRONONCIATION.

Je résume ici les principaux caractères qui distinguent la prononciation khassonké de celle des autres dialectes mandé étudiés jusqu'ici. Ces caractères sont :

1° La présence de l'articulation *kh*, venant remplacer dans la plupart des cas le *k* des autres dialectes ;

2° La présence des articulations *rh* et *gh*, qui n'existent pas en malinké ;

qu'en malinké et en ouassoulounké on en trouve trace dans l'emploi facultatif de la particule *ka* à l'impératif; mais on remarquera qu'en khassonké la particule *kha* du subjonctif se distingue de la particule *khe* du prétérit, et que le subjonctif négatif emploie une négation spéciale : *mè*, qui sert également pour l'impératif.

1. La préposition « à, dans » se rend en khassonké, soit par *lo* ou *to* (correspondant au *ra* des Dyoula), soit par *khonõ* (correspondant au *kono no* des Malinké, « dans le ventre, dans l'intérieur de ») : il est sur le chemin, *a be silo lo* ou *a be silo to*; je vais au village, *m be tarha la gallo khonõ*.

3° La rareté du son *r*, qui est remplacé soit par *l* soit par *l*, en général ;

4° La fréquence remarquable de la voyelle *o* ;

5° L'absence de l'*ò* grave ;

6° La présence de l'*è* ouvert ;

7° La présence des gutturales mouillées *ky* et *gy*, qui sont rares en malinké ;

8° Le rôle peu important joué par les consonnes ou voyelles nasales dans la prononciation des consonnes qui suivent, caractère que le khassonké partage avec les autres dialectes, le dyoula et le soninké exceptés.

CHAPITRE VI

Le dialecte Vaï.

Le vaï, ou, pour parler comme les indigènes, le *vèu*, est parlé par la tribu mandé qui se donne à elle-même le nom de *Vaï* ou *Vèi* et que les Dyoula connaissent sous l'appellation de *Terebeñgyüla* (Dyoula de l'Ouest).

Le pays des Vaï est peu étendu : il se trouve à cheval sur la frontière de la République de Libéria et de la colonie anglaise de Sierra-Leone et est limité, à l'est par le fleuve Lofa (ou Half-Cape-Mount-River), à l'ouest par la rivière Soulima qu'il déborde en certains points pour atteindre la rivière Gallinas, au sud par la mer et au nord par une ligne parallèle à la mer et distante de celle-ci de 100 à 120 kilomètres environ.

On rencontre d'ailleurs des Vaï en un certain nombre de points situés en dehors de leurs pays, notamment autour de Monrovia et des établissements libériens du Saint-Paul et du Mesurado, où ils ont fondé d'assez gros villages, ainsi que dans la région de Gallinas.

Au point de vue de la distribution géographique des tribus mandé, les Vaï présentent cette caractéristique d'être le seul peuple mandé du groupe de « tan » dont l'habitat propre soit situé sur le bord de la mer.

Au point de vue linguistique, ils présentent cette caractéristique bien plus remarquable que seuls, non seulement de tous les Mandé, mais encore de tous les Nègres, — au moins autant que l'état actuel de nos connaissances permet de l'affirmer, — ils écrivent leur langue au moyen d'un alphabet qui leur est propre, qu'ils ont eux-même créé de toutes pièces et qui n'a aucun lien de parenté avec les alphabets usités soit autrefois, soit aujourd'hui en Afrique, c'est-à-dire les alphabets égyptien (hiéroglyphique et démotique), phénicien, grec, copte, latin, hébreu, éthiopien, berbère et arabe.

L'alphabet vaï est syllabique et comprend environ 220 caractères usuels; il s'écrit de gauche à droite. Il est d'un usage courant chez les Vaï parmi toutes les classes de la société; un certain nombre de femmes même savent ecrire.

Je n'insiste pas davantage sur cet alphabet, dont la connaissance offre peu d'utilité au point de vue de l'étude de la langue mandé et ne peut être intéressante dans la pratique que pour les Européens qui auraient à habiter le Libéria ou la partie orientale du Sierra-Leone[1].

Les noms de famille qu'on rencontre le plus souvent chez les Vaï sont les suivants : *Sando*, *Masari*, *Mosire*, *Sira*, *Bakari*, *Wono* ou *Wolo*, *Kamana*, *Bese*.

1. — NUMÉRATION.

	Vaï	Dyoula		Vaï	Dyoula
	—	—		—	—
1	*dondo*[2]	*kele*	11	*tãn dondo*	*tãni kele*
2	*fera*	*fila*	12	*tãn fera*	*tãni fila*, etc.
3	*sakpa*	*saïia*	20	*mugbãndi*	*mughã*
4	*nani*	*nani*	30	*mugbãndi ko tãn*	*mughã ni tã*
5	*suru*	*luri*	40	*mõ fera*[3]	*morhò fila*
6	*su-n-dondo*	*woró*	50	*mõ fera ko tãn*	*kyeme-tara*
7	*su-n-fera*	*woró-mvla*	60	*mõ sakpa*	*morhò saïia*
8	*su-n-sakpa*	*syegi*	80	*mõ nani*	*morhò nani*
9	*su-n-nani*	*konondo*	100	*mõ suru* ou *kyeme*	*kyeme*
10	*tãn*	*tã*	1.000	*wuru*	*wuru*

1. Ceux qui seraient curieux de connaître cet alphabet le trouveront reproduit, tel qu'il m'a été enseigné par les Vaï eux-mêmes, dans un mémoire intitulé : *Les Vaï, leur langue et leur système d'écriture*, mémoire que j'ai publié dans *L'Anthropologie* (tome X, 1899). — Masson, éditeur.

2. Comparez *dondo* avec le mot dyoula *dò* qui veut dire « un » lorsqu'on n'insiste pas sur l'idée d'unité : *morhò dò na na*, « un homme est venu ».

3. On dit aussi *mugbãndi sina fera* (deux fois vingt) et encore *mu fera gbãndi*.

Remarques. — 1° On voit que les Vaï comptent par cinq comme les Mandé du groupe de « fou », tandis que tous les autres Mandé du groupe de « tan » comptent par dix.

2° A part cela, la numération des Vaï est identique à celle des Dyoula ; comme ces derniers, ils comptent par 20 de 20 à 100 et non par 10 comme les Malinké. On remarquera l'analogie des expressions *mugbãndi* et *mughã*, *mõ* et *morhò* ; ces deux derniers mots, qui s'emploient comme pluriel de « vingt », le premier chez les Vaï, le deuxième chez les Dyoula, veulent tous les deux dire « homme » ; cela amène à penser que les Vaï et les Dyoula ont choisi le nom de l'homme pour désigner le nombre vingt, à cause du nombre des doigts que possède un homme : la main correspond à cinq, les deux mains réunies à dix, les deux mains et les deux pieds réunis, c'est-à-dire l'homme, à vingt.

L'expression *gbãndi* (dans *mu-gbãndi*) est à rapprocher du mot *mbãndẽ* ou *gbãnde* qui veut dire « doigt » en dyoula : *mu-gbãndi* pourrait vouloir dire « les doigts d'un homme » ; *mu-gbãndi sina fera*, « deux fois les doigts d'un homme » ; *mu fera gbãndi*, « les doigts de deux hommes », etc.

II. — PARTIES DU CORPS.

	Vaï	Dyoula		Vaï	Dyoula
tête	*kũ*	*kũ*	poitrine	*dulo*	*sisi*
face	*ñgya, ñya-ro*	*ñyã*	ventre	*kolo*	*konõ*
œil	*ñgya, gya*	*ñyã-dẽ*	main	*gburu*	*buru*
bouche	*nda, da*	*da*	dos	*ko, ñko*	*kwo*
dent	*ñi*	*ñi*	pied	*teñ*	*sẽ*
oreille	*toro*	*toro*	os	*koro*	*koro*
cou	*ñkã, kã*	*kã*	peau	*kpólo*	*gbulo*

Remarques. — Ces quelques mots nous montrent déjà la grande ressemblance du vocabulaire vaï avec les vocabulaires dyoula et malinké et surtout avec le premier. Nous voyons seulement une tendance à employer les articulations *gb* et *kp* au lieu de *b* (*sakpa* « trois », *gburu* « main ») et une tendance à commencer les mots par une nasale (*nda, ñkã, ñko*).

III. — NOMS D'HOMMES.

	Vaï	Dyoula		Vaï	Dyoula
père	*fa*	*fa*	homme (vir)	*kai*	*kyè*
mère	*ba* [1]	*na*	femme	*musu*	*muso*
fils	*dẽ, deñ*	*dẽ*	frère	*ñyõ, ñyõ-mõ*	*ñyorhõ*
homme (homo)	*mõ, mo*	*morhò*	esclave	*gyõ*	*gyõ*

Remarque. — On voit que l'articulation *rh* n'existe pas en vaï ; généralement on supprime non seulement cette articulation, mais aussi la voyelle qui la suit en dyoula. C'est ainsi qu'on a *mõ* pour *morhò*, *ñyõ* pour *ñyorhõ*. (On a d'autre part *daa* pour *darha* « cruche ».)

IV. — NOMS D'ANIMAUX.

	Vaï	Dyoula		Vaï	Dyoula
animal	*suyè, süyè* [2]	*sorho*	caïman	*bamba*	*bamba*
viande	id.	id.	mâle	*kai-ma*	*kyè*
bœuf	*nihi*	*nisi*	femelle	*musu-ma*	*muso*
chèvre	*ñba*	*ba*	petit	*de-ma, deñ*	*dẽ*
poulet	*tie*	*sise*			

Remarques. — Le mot *tie* (*sye* en bamana) et le mot *tẽ* « pied », que nous avons vu plus haut, nous montrent que les Vaï prononcent souvent un *t* là où les autres Mandé prononcent un *s*. — La particule *ma* dans *kai-ma*, *musu-ma*, *de-ma*, n'est autre que le suffixe *ma* servant à former des adjectifs (en dyoula *gbè-ma* « blanc », *fi-ma* « noir », *ñi-ma* « beau », etc.)

V. — NOMS DIVERS.

	Vaï	Dyoula		Vaï	Dyoula
terre (sol)	*du*	*dugu*	siège	*kpua*	*murhande*
— (matière)	*gboru*	*bugu*	cruche	*daa*	*darha*
pays	*gboru-lo*	*dugu*	paille	*biñ*	*bi*
village	*sañgya*	*so*	huile	*tulu*	*turu*
maison	*kẽ, keñ*	*bõ*	poudre	*fu, fñ*	*mughu*

1. En ouassoulounké et en bamana on a également *ba*.
2. En malinké *subo*.

	Vaï	Dyoula		Vaï	Dyoula
	—	—		—	—
palissade	*gya*	*gyasa*	tabac	*tawa*	*taba*
cour	*gya-kolo*[1]	*gyasa-ko-nõ*	sable	*keñyè*[2]	*keñge*
			sang	*wuli*[3]	*gyuri*
eau	*gyi*	*gye*	faim	*kõ*	*kõgo*
champ	*sene*	*sene*	hier	*kunu*	*kunu*
chose	*fè, fẽ, fi, fiñ*	*fè*	demain	*sina*	*sini*
			chemin	*kila*	*sira*
feu	*ta*	*ta*	blanc	*kpè-ma*	*gbè-ma*
pierre	*si, siñ*	*sende*	noir	*fi-ma*	*fi-ma*
rocher	*fara*	*fara*	rouge	*ñgya-ri*	*ule-ni*

Remarques. — 1° Les mots *du* (pour *dugu*), *fu* (pour *mughu* ou *mugu*) nous montrent que les sons *g* et *gh* n'existent pas en vaï ; on rencontre bien la lettre g en vaï, mais elle est toujours ou mouillée (*gy*) ou suivie d'un b (*gb*).

2° Les mots *kila* (pour *sila*, *sira*), comme *tê* (pour *sè* « pied ») et *tie* (pour *sye* ou *sise* « poulet ») montrent que le son *s*, bien que se rencontrant en vaï, y est moins fréquent que dans les autres dialectes, et que souvent il est remplacé par un *t* ou un *k*.

3° Enfin les mots *keñ*, *fiñ*, *siñ*, *biñ*, comme *tãn* « dix » que nous avons vu précédemment, indiquent que la nasalisation est plus forte chez les Vaï que chez les autres Mandé et les amène parfois à prononcer distinctement un *n* ou un *ñ* à la fin d'un mot, contrairement à la règle générale qui veut que dans les dialectes mandé tous les mots soient terminés par une voyelle. Cette exception à la règle ne se rencontre d'ailleurs que lorsqu'il s'agit d'une consonne nasale (*n*, *ñ*, quelquefois *m*)[4].

1. Le mot *gya-kolo* désigne en vaï non seulement une cour, mais aussi les différentes cases comprises dans une même cour, et par suite, il veut dire « habitation » (home), en dyoula *lu* ou *lu-koñõ*.

2. En malinké *keñye*.

3. En malinké *wuli* ou *guli*.

4. La salutation en vaï est généralement *akunè* ou *i akunè*.

VI. — SUFFIXES SERVANT A LA COMPOSITION DES SUBSTANTIFS.

Le suffixe *ra*, *la* ou *na* du dyoula, *la*, *ra*, *to*, *ro*, *no* ou *nda* du malinké, se retrouve en vaï avec la même valeur sous les formes *lo*, *ro*, *ndo* et quelquefois simplement *o*, les formes en *a* ne se rencontrant que rarement. On a ainsi : *ñgya-ro* « visage » (place des yeux), *sene-ro* ou *so-ndo* « plantation », *tyè-da-o* « rivage », etc.

Le suffixe *ma* existe en vaï comme dans les autres dialectes mandé et s'emploie même dans des cas où l'on emploierait *la* ou *ra* en malinké et en dyoula : *du-ma* « sol » (en dyoula *dugu-ma*), *fara-ma* « chute d'eau » (en dyoula *fara-la*), *keñye ma* « plage, endroit sablonneux » (en dyoula *keñge-ra*), etc.

Le suffixe *lã* ou *la* désignant l'instrument se retrouve en vaï sous les formes *la*, *ra*, *da*, *na*, *nda* ou même simplement *a* : *tawa-la* « pipe » (instrument du tabac), *bi-nda* « cuiller » (instrument pour puiser), etc.

Le suffixe *koro* est fréquent en vaï : *nda-koro* « menton », *Dulu-koro* (Monrovia), *Wa-koro* (Grand-Cape-Mount), etc.

Les suffixes *tigi* (noms d'état), *barha*, *ba* ou *la* (noms d'agent), *ka* ou *kè* (noms de nationalité), sont remplacés tous les trois en vaï par le mot *mõ* ou *mo* qui veut dire « homme » (*morhò* des Dyoula, *moko* des Malinké). On dira ainsi : *fani-a-mõ* « menteur » (*faniyã-digi* en dyoula), *kã-a-kè-mõ* « voleur » (*soñya-li-kè-barha* en dyoula), *Vai-mõ* (Vaï), *Mani-mõ* (Manianka ou Malinké), etc.

Le suffixe du pluriel est le même en vaï que dans les autres dialectes mandé, mais il se prononce *nu* ou *u* plus souvent que *ru* ou *lu* : *mõ-nu* « des hommes », *a-nu* « eux ».

VII. — PRONOMS.

Les pronoms sont les mêmes en vaï que dans les autres dialectes au singulier, mais à la 1re et à la 2e pers. du pluriel, on a des formes différentes; de plus on rencontre la forme *me* à la 1re pers. du singulier concurremment avec la forme *n*.

Sing. 1re pers.	*me* ; *n* (*m*, *n*) ; *ña*	Plur. *mu*
2e —	*i*	*wo*
3e —	*a*	*a-nu*

Les formes combinées avec la particule *na* ou *ra* sont en vaï *nda* (1re pers.), *ya* (2e pers.), *a-ra* (3e pers.) : j'ai faim, *kõ bè nda* ; tu as faim, *kõ bè ya*; il a faim, *kõ bè a-ra*.

Le démonstratif est *mi*, plur. *mi-nu* : cet homme, *kai mi*; ces choses, *fiñ mi-nu*.

VIII. — VERBES.

	Vaï	Dyoula		Vaï	Dyoula
aller	*ta*	*tarha*	boire (sans régime)	*mi-kè*	*mi-li-kè*
venir	*na*	*na*	faire	*kè*	*kè*
venir de	*bo-a*	*bò-ra*	donner	*ko*	*sõ*, *so*
ôter	*bo*	*bò*	faire chauffer	*kpã*	*gbã*
s'asseoir	*si*	*sigi*	allumer	*fè*	*kundo* [1]
poser	id.	id.	parler	*fo*	*fò*
demeurer	*si-a*	*sigi-ra*	voler, dérober	*kã*	*soñya*
manger	*do*	*domũ*	dormir	*ki-kè*	*sündorho* [2]
manger (sans régime)	*do-ñkè*	*domu ni-kè*			
boire	*mi*	*mi*			

Le verbe « être » attributif ne s'exprime pas en vaï : il est grand, *a ba*; c'est bon, *a ñi*. A la voix négative on emploie *ma* : *a ma ba*, *a ma ñi*.

Lorsqu'il signifie « se trouver », il s'exprime par *bè* et à la voix négative par *tè* comme en dyoula : *a bè*, il est présent; *a bè nie*, il est ici ; *a tè sañgya ro*, il n'est pas au village; *miyè bè m fè*, j'ai un couteau (couteau est chez moi).

Lorsque le verbe « être » signifie « appartenir » ou sert à désigner l'attribut de façon précise, on le traduit par *mu* (au lieu de *lo* en dyoula, *le* en malinké); ce mot *mu* se construit de la façon suivante :

1. « Attiser le feu » se dit en dyoula *ta fundo* ; comparez *fè* et *fundo* (racine *fu*).

2. En malinké *sinõ* (racine *si*); comparez *ki* et *si*, *ko* et *so* « donner », *kila* et *sila* « chemin ».

cet esclave est à moi, *na fè mu gyõ mi na* (ma chose est dans cet esclave) ;

c'est à moi, *na fè mu a-ra* (ma chose est dans lui) ;

je suis Vaï, *Vaï-mõ mu nda* (un Vaï est dans moi) ;

es-tu le chef du village? *sañgya mañgya mu ya?* (village-chef est dans toi?).

IX. — CONJUGAISON.

La conjugaison semble être simplifiée dans le dialecte vaï. Voici le tableau des formes habituellement employées :

Verbe *TA* « aller ».

	Voix positive	Voix négative
Temps indéfini et prétérit	*me ta, na ta*[1]	*m ma ta*
	i ta	*i ma ta*
	a ta	*a ma ta*
	mu ta	*mu ma ta*
	wo ta	*wo ma ta*
	a-mu ta	*a-mu ma ta*
Présent absolu	*m bè ta*[2]	*n tè ta*
Impératif	*ta*	*ma ta*

Le nom verbal ne prend guère la forme en *le* (au lieu de *li* ou *ri*) que lorsqu'on a affaire à un verbe en *kè*, comme : *ki-kè-le* « sommeil » *mi-kè-le* « action de boire » ; il est à noter que dans les autres dialectes mandé les verbes en *kè* n'ont pas de nom verbal, et qu'on forme ces verbes en donnant comme régime à *kè* le nom verbal du verbe primitif, au lieu qu'en vaï on place souvent devant *kè* le verbe primitif lui-même (*ki-kè*, *mi-kè*).

Pour les verbes ordinaires, en vaï, c'est la forme du type *tarhiyã* qu'on emploie comme nom verbal, mais la finale se résume en un simple *a*, mouillé ou non. Exemples : *fani-a* « mensonge » (de

1. *Me* sert plutôt pour le présent et le passé, *na* pour le futur.

2. On rencontre aussi *bè* devant un verbe avec un sens passé ou un sens futur, lorsque le contexte ne laisse pas de doute sur le temps auquel s'est accomplie ou s'accomplira l'action.

fani « mentir ») ; *dya* ou *di-a* « bien » (de *di* « être bon »)[1] ; *kã-a* « vol », de *kã* « voler », etc. C'est à l'aide de ces noms verbaux, suivis ou non du verbe *kè* « faire », et à l'aide du mot *mõ* « homme », qu'on forme beaucoup de noms d'agents : *fani-a-mõ* « menteur », *dya mõ* « ami » (en dyoula *dyè-ri*), *kã-a-kè-mõ* « voleur », etc.

Le passif se forme en ajoutant simplement un *a* au verbe transitif ; cet *a* se supprime à la voix négative : *a bo* « il ôte », *a bo-a* « il sort » ou « il est sorti », *a ma bo* « il n'est pas sorti » ; — *kpã* « faire chauffer », *kpã-a* « être chaud », *ma kpã* « n'être pas chaud », etc.

La particule *ka*, servant à unir un infinitif à un verbe à un mode personnel, ne se rencontre pas habituellement en vaï ; ainsi on dit : *m bè ta na bè biro*, je vais me promener (je vais je me promènerai) ; *me ta fin do*, je vais manger quelque chose, etc.

X. — PRONONCIATION.

Je résume ici les principales caractéristiques de la prononciation vaï ; elles sont :

1° L'absence du *g* simple et du *gh*, généralement supprimés avec la voyelle qui les accompagne ;

2° L'absence de l'articulation *rh*, dont la disparition entraîne généralement aussi celle de la voyelle qui suit cette articulation en dyoula ou en bamana ;

3° La fréquence des articulations *gb* et *kp* remplaçant les consonnes simples *b* ou *w* ;

4° Le changement fréquent de *s* en *t* ou en *k* ;

5° La fréquence de l'*r*, comme en dyoula ;

6° La fréquence des articulations nasales au commencement des mots devant une dentale ou une gutturale et à la fin des mots après un *e* ou un *i* ;

7° La fréquence des gutturales mouillées *gy* et *ky* ;

8° Le peu d'importance joué par les voyelles ou les consonnes nasales relativement à la prononciation des consonnes qui suivent.

1. On a également la forme *dya* en dyoula et en malinké.

Note sur les Ligbi.

Entre le Gaman ou pays de Bondoukou et le Koranza, et au sud de la région de Boualé, habite, à cheval sur la Volta Noire, une tribu mandé désignée en général sur les cartes sous le nom de Ligouy, que les Dyoula appellent *Kari-Gyüla* (Dyoula de la Lune) et qui se donne à elle-même le nom de *Ligbi*. Ces Ligbi se sont répandus un peu partout dans les pays où l'on rencontre des Dyoula, notamment dans le Guimini, le Guiambala et la région de Kong.

Je n'ai pu réussir à me procurer un vocabulaire de leur dialecte. J'ai bien rencontré quelques Ligbi, mais ils habitaient depuis leur enfance des pays dyoula et ils m'ont dit avoir complètement oublié leur idiome propre. Ceci tendrait à prouver déjà qu'il y a peu de différence entre le ligbi et le dyoula.

M. Binger, qui a visité le pays des Ligbi, dit que leur dialecte est presque exactement semblable à celui des Vaï et que, d'après leurs propres traditions, ils seraient venus de l'ouest dans le pays qu'ils habitent actuellement. A l'appui de la déclaration de M. Binger, je dois dire que plusieurs Dyoula que j'ai interrogés à cet égard avaient conscience de l'origine commune des Vaï et des Ligbi et donnaient à ces deux tribus le même nom de *Kari-Gyüla*, réservant toutefois aux Vaï l'appellation plus spéciale de *Terebe-ñgyüla* (Dyoula de l'Ouest), lorsqu'ils voulaient les distinguer des Ligbi.

D'autre part, durant mon séjour au Libéria, j'ai entendu dire à tous les Vaï qu'ils sont venus de l'est dans leur pays actuel et qu'une partie d'entre eux étaient restés « de l'autre côté du pays des Mahou ».

Or le capitaine Blondiaux a rencontré, entre le Oualaradougou et le Ouorodougou, ou, si l'on préfère, entre le haut Sassandra et le Bandama Rouge, au nord de Séguéla, une tribu mandé à laquelle il donne le nom de « Nigoui ».

Si l'on rapproche ce nom de celui des Ligouy ou Ligbi, si l'on remarque que le pays où le capitaine Blondiaux place les Nigoui est précisément, par rapport au pays des Vaï, « de l'autre côté du pays des Mahou » (ou région de Touba), et si l'on compare les traditions des Ligbi et celles des Vaï, faisant venir les premiers de l'ouest et les seconds de l'est, on est amené à croire que c'est du pays de ces Nigoui que seraient parties, à des époques inconnues, deux migrations en sens inverses, ayant donné lieu à la tribu des Vaï et à celle des Ligbi.

Cela expliquerait comment les Vaï et les Ligbi, bien qu'habitant à environ mille kilomètres les uns des autres, se trouvent parler le même dialecte.

CHAPITRE VII

Les dialectes sidianka et manianka.

I. — LE SIDIANKA

Les Sidianka ou Sidianké forment une tribu mandé du même groupe que les Malinké, tribu qui, sous la conduite de Karamoko Alfa, a conquis le Fouta-Dyalon au XVIIIe siècle sur les Dyalonké ou Diallonké autochtones; ces derniers sont aussi des Mandé, mais appartiennent au groupe de « fou », comme leurs voisins les Sosso.

Le Dr Maclaud, dans son rapport sur son exploration au Fouta-Dyalon, a établi que c'était à tort que le général Faidherbe avait considéré les Sidianka comme des Foulans ou Peuhls; des Foulans étaient établis au Fouta-Dyalon bien avant le XVIIIe siècle, mais ils n'y ont jamais exercé la prépondérance : conquis en même temps que les Dyalonké par les envahisseurs sidianka, ils subissent depuis ce temps la domination politique de ces derniers.

Mais ceux d'entre les Sidianka qui se sont établis dans la région de Timbo et de Labé se sont mélangés aux Toucouleurs et aux Foulans et beaucoup ont adopté la langue foulane, ce qui les a fait prendre pour des Peuhls.

Quant aux Sidianka qui babitent le Pakessi (sud-est de la Guinée Portugaise) et le Rio-Grande, ce seraient des Mandé à peu près purs et leur dialecte offrirait peu de différence avec le malinké. C'est d'ailleurs ce que tendent à prouver les vocabulaires sidianka, d'ailleurs fort imparfaits, publiés par J. Clarke dans ses *Specimens of dialects* et par S. W. Koelle dans son *Polyglotta Africana*.

II. — LE MANIANKA

Je désigne sous le nom de « dialecte manianka » le dialecte parlé par les Manianka proprement dits, par les Konianka et par les Guiomandé.

Les *Maniã-ka* (gens du Manian ou de Mani), appelés *Mani-mõ* par les Vaï et *Mandingoes* par les Libériens, sont venus du Konian ou région de Beyla à une époque relativement récente, et se sont établis au nord des Vaï, dans la région connue sous le nom de Boouporo ou Boporo, habitée par des Kpêlé ou Gbéressé et par des Gola. Ils avaient d'ailleurs laissé des colonies dans toute la contrée comprise entre Beyla et Boouporo et dont les indigènes sont des Loma ou Toma. Depuis, ils se sont infiltrés jusqu'à la mer à travers les Vaï, les Gola et les Dé.

Les *Koniã-ka* sont établis dans le Konian, c'est-à-dire dans la région située au sud du Ouassoulou et dont le centre est Beyla, région qui s'étend jusqu'à Kérouané et Sanankoro. Les Mandé établis à Odienné sont aussi probablement des Konianka.

Quant aux Guiomandé (*Gyo-Mande* ou *Gyo-Mani*, c'est-à-dire « Mandé de Guio »), ils se sont établis dans le Guio ou pays des Mahou et y sont devenus les maîtres (région de Touba).

Ces trois tribus n'en constituent réellement qu'une seule et parlent le même dialecte. J'appelle ce dialecte le manianka, mais on pourrait aussi bien l'appeler le konianka ou le guiomandé.

Il est à noter que ces trois tribus ne forment en réalité que la minorité de la population dans les pays qu'elles habitent, et qu'elles sont environnées de tribus autochtones de langues diverses (Mahou, Oueïma, Loma, Gbéressé, Gola, etc.), qui appartiennent en majorité au groupe de « fou » de la famille mandé et sur lesquelles les Guiomandé, les Konianka et les Manianka exercent plus ou moins la suprématie politique.

Les noms de famille les plus répandus parmi les Manianka sont : *Masari*, *Sarifu*, *Gyara*, *Kone*, *Taraore*, *Gyaüate*, *Dukure*, *Kane*,

Durhunu, *Bere*, *Daõ*, *Balula*, *Kamara*, *Kyele*, *Sise*, *Dole*, *Fila*, *Baora*, *Noã*, *Farika*, *Sano*, *Sañyõ* et enfin *Gyomani*, qui est plutôt le nom de tribu des Guiomandé ou Guiomani[1].

Le dialecte manianka est très voisin du malinké et surtout du malinké du sud ; on y rencontre très rarement l'articulation *rh*, qui, généralement est supprimée avec la voyelle qui l'accompagne. Ainsi on dit *mo* (pour *morhò* ou *moko*) « homme », *ta* (pour *tarha*) « aller », *sündo* ou *sino* (pour *sündorho*) « dormir », etc.

Par contre l'articulation *gh* y est très fréquente : *mughã* « vingt », *dughu* « pays », etc.

Comme les Vaï, les Manianka suppriment souvent le *g* simple et la voyelle qui l'accompagne, disant *kõ* pour *kõgo* « faim » : *kõ bè na*, j'ai faim ; *kõ bè ya ra*, tu as faim ; *kõ b'a ra*, il a faim.

J'avais recueilli au Libéria un vocabulaire manianka assez complet ; il a malheureusement été détruit, et mes souvenirs sont trop imprécis pour me permettre une comparaison plus détaillée de ce dialecte avec les autres dialectes mandé.

1. Je donne autant que possible, pour chaque tribu, les noms de famille les plus répandus, ces noms étant, comme l'ont fait remarquer le Dr Tautain et le capitaine Rambaud, un moyen de reconnaître à quelle tribu appartiennent les gens. Cependant il ne faudrait pas regarder ce moyen comme infaillible, car très souvent les esclaves prennent les noms de famille de leurs maîtres et les tribus vivant sous la domination morale ou politique des Mandé adoptent souvent aussi les noms de famille mandé : j'ai pu le constater en particulier chez les Sénoufo.

CHAPITRE VIII

Le dialecte soninké ou sarakolé.

Le dialecte soninké ou sarakolé est parlé par une très importante fraction du peuple mandé, fraction dont le territoire propre comprend aujourd'hui :

1° Les deux rives du Sénégal de Matam à Kayes et surtout la rive gauche (région de Bakel) ;

2° Le nord du Kaarta-Bine, le Kingui ou région de Nioro et le Bakhounou ;

3° La majeure partie du Ouagadou et une partie des cercles de Gombou ou Goumbou et de Sokolo ;

4° Le grand Markadougou (à l'est de Sansanding et au sud de Djenné), qui serait, dit-on, le pays d'origine des Soninké[1].

En outre, la famille soninké des Diaouara forme la majorité de la population dans un certain nombre de villages de la région de Ségou.

On rencontre encore des Soninké : à Sinder (sur le Niger), où les Foulans les appellent *Wagobe* ; entre Lamordé et Say (sur le Niger également), où les Foulans les appellent *Sillabe*[2] ; entre Si-

1. On donne aussi le nom de Markadougou à une région plus petite située au nord-ouest de Sansanding, entre cette ville et Ségala. Ce pays était autrefois peuplé de Soninké ; ils y ont encore des villages, mais la majorité de la population y est composée de Bamana.

2. Je note en passant que les *Zaberma*, tribu encore peu connue qui habite à l'est du Niger entre ce fleuve et le Dallol Maouri, se disent originaires d'un pays qu'ils placent à l'ouest et qu'ils appellent Malé ou Mali.

kasso et le Bagoé, où on les appelle *Sa-morho*; et un peu partout dans le pays des Dyoula, où on les appelle *Marka* ou *Malarha-Gyale*[1].

Dans la région de Bammako, on trouve des métis de Maures et de Sarakolé qu'on appelle *Nyare* et qui parlent le dialecte soninké. — Enfin il existe à Tichit, dans le Sahara occidental, une colonie de Soninké qui a en partie conservé sa langue primitive.

Les Soninké forment, comme les Dyoula, une population essentiellement commerçante, et on les retrouve avec ces derniers dans tous les pays du Soudan Occidental, faisant le commerce de caravanes. Pour ma part, j'ai rencontré à la Côte d'Ivoire des Sarakolé venant de Ségou et même de Nioro qui se rendaient à Grand-Lahou ou à Grand-Bassam pour retourner ensuite dans leur pays en passant par Maraba-dyassa et Sikasso.

Malgré l'étendue de son domaine, le dialecte soninké est partout le même, sauf bien entendu pour ce qui concerne les très petites colonies isolées en pays étranger, comme celles de la région de Say, où les langues voisines (foulan, songhaï ou haoussa) ont nécessairement influé sur le dialecte primitif[2].

Les Soninké se donnent à eux-mêmes le nom de *Soni-ñke*[3] ou celui de *Marka-ñke* ou simplement *Marka*.

1. Les Dyoula donnent souvent le même nom (*Malarha*) aux Haoussa et aux Soninké, qu'ils voient exercer parmi eux les mêmes métiers (colporteurs, tisserands, teinturiers, vanniers). Pour les distinguer les uns des autres, ils appellent plus spécialement les Soninké *Malarha-Gyale* (les Malarha maigres), les Soninké étant en effet en général de formes plus élancées et plus grêles que les Haoussa. Les Dyoula ont en outre une appellation propre pour chacun de ces peuples : *Marka* pour les Soninké (parce qu'ils viennent du Markadougou), et *Maraba* ou *Malaba* pour les Haoussa (à cause sans doute du mot arabe *mar'haba*, que les Haoussa emploient souvent comme formule de salutation).

2. Ainsi, d'après le lieutenant de vaisseau Hourst, les Ouagobé de Sinder auraient adopté la langue songhaï, mais les Sillabé parleraient encore le soninké.

3. *Soni-ñke* (les gens de Soni) viendrait, d'après M. Binger et le capitaine Rambaud, du nom des *Sonni* ou princes de la IIe dynastie songhaï. Le dernier d'entre eux, Sonni Ali, mourut en 1492 ou 1493. Après sa mort, son fils, Sonni Abou-Bekr-Dâou, fut vaincu et mis en fuite, le 3 mars 1493, par un des généraux de son père, qui fut proclamé roi sous le nom d'Askia Mohammed et fonda la IIIe dynastie songhaï, celle des Askia. (Voir le *Tarikh-es-Soudân*, d'Abderrahmân Es-Saadi le Tombouctien, traduit de l'arabe par M. O. Houdas, Publications de l'École des Langues orien-

Quant à l'appellation de Sarakolé, le général Faidherbe et plusieurs auteurs après lui disent qu'elle signifie « hommes blancs » (Faidherbe) ou « hommes rouges » (Pietri, Rambaud). Pour cela il faudrait orthographier et prononcer *Sere-khulle* (comme le fait d'ailleurs Faidherbe) ou *Soro-khulle*, ce qui signifie en effet en soninké « homme blanc[1] ». Mais, si les Soninké sont de teinte moins foncée en général que les Ouolofs, ils ne se distinguent pas suffisamment par la couleur des peuples nègres qui les entourent pour qu'il ait pu leur venir à l'idée de s'appeler eux-mêmes « les Hommes Blancs », d'autant plus qu'ils ont à côté d'eux des Maures dont beaucoup sont certainement d'un teint bien plus clair. D'autre part, tous les Soninké que j'ai interrogés à ce sujet m'ont dit que cette appellation leur était donnée par les Toucouleurs et les Ouolofs, qui, en effet, désignent toujours les Soninké sous ce nom, prononcé d'ailleurs distinctement *Sarakule* ou *Sarakulle* (sans *kh*) ; il serait bien étrange que les Ouolofs et les Toucouleurs aient choisi pour désigner les Soninké un mot emprunté au dialecte de ces derniers, et je préfère croire, comme les Soninké eux-mêmes, que Sarakolé ou mieux *Sarakule* est une appellation étrangère.

Les principales familles soninké sont celles des Diaouara (*Gyawara* ou *Dyawara*), des *Sarho*, des *Dukure*, des *Sise*, des *Bakari*, des *Sisorho*, des *Dyariso*, des *Tofana*, des *Kagoro*, des *Kulubali*, des *Kamara*, des *Kumba*, des *Sumare*, etc.

Le dialecte soninké, bien que se rattachant au même groupe que les dialectes étudiés jusqu'ici, en diffère de façon assez notable. Un Bamana, un Dyoula, un Ouassoulounké, un Malinké et

tales vivantes, IVe série, vol. XIII, 1900). Les partisans des Sonni se seraient enfuis à l'ouest et seraient devenus les *Soni-ñke*. — On a fait venir aussi ce nom de *soni* « lamantin », disant que cet animal était l'animal sacré, le « tenné » des Soninké (du verbe *tene* ou *tana*, en dyoula *tanã*, « refuser de manger », l'animal qu'on ne mange pas). On pourrait de même faire venir le nom de la ville et du pays de Mali (*Mali*, *Mani*, *Mandi*, *Mane* ou *Mande*), qui a donné leur nom aux Malinké et aux Manianka, du mot *mali*, *mani*, *mandi*, *mane* ou *meri* qui veut dire « hippopotame » et le nom des Bamana de *bama* ou *bãma* « caïman ». Toutes ces étymologies sont acceptables, bien qu'actuellement la croyance au « tenné » semble peu généralement répandue parmi les Mandé, peut-être à cause de leur conversion à l'Islam.

1. Mais non « homme rouge », qui se dirait *Sere-dumbe* ou *Soro-dumbe*.

même un Khassonké, parlant chacun son dialecte, se comprendraient sans beaucoup de difficulté; un Vaï et un Dyoula auraient quelque peine à se comprendre; un Soninké et un Malinké ou un Dyoula ne se comprendraient pas.

Par contre, certains radicaux soninké, différents des radicaux malinké correspondants, présentent une affinité au moins curieuse avec des radicaux sosso, bien qu'en réalité le soninké se rapproche plus du malinké que du sosso. Mais il semble que le vaï et surtout le soninké forment la transition entre le groupe de « tan » et le groupe de « fou », le vaï par sa numération quinaire et certaines de ses formes, le soninké par un certain nombre de ses radicaux.

Il est à noter aussi que le soninké est, avec le khassonké, le seul dialecte du groupe de « tan » où l'on trouve l'articulation *kh* — et le khassonké a reçu probablement cette articulation du soninké — et que le sosso est, avec le dyalonké, le seul dialecte du groupe de « fou » où l'on trouve la même articulation — et les Dyalonké appartiennent certainement au même rameau que les Sosso.

Ces quelques remarques m'amènent à penser qu'il a dû exister autrefois, avant le démembrement de l'empire de Mali et la dispersion des tribus mandé, des liens assez étroits entre les Sosso et les Soninké[1].

Le capitaine Rambaud pense que les Soninké sont des Mandé croisés de Peuhls et de Maures. Il semblerait aussi, s'ils descendent comme il le dit des partisans des Sonni, qu'ils dussent avoir fait des emprunts au peuple songhaï. Cependant une étude, incomplète certainement, mais attentive, du dialecte soninké, m'a fait voir qu'on n'y trouve aucune trace d'influence soit foulane, soit songhaï, soit maure : le système grammatical et la syntaxe du soninké sont identiques au système grammatical et à la syntaxe des autres dialectes mandé; on n'y rencontre ni le génitif exprimé par

1. Je n'ajoute pas « et entre les Sosso et les Vaï », car il est possible que ce soit le voisinage des tribus du groupe de « fou » qui ait introduit chez les Vaï les analogies qu'on constate aujourd'hui entre leur dialecte et les dialectes du groupe de « fou ».

simple apposition (au lieu de l'inversion) comme cela a lieu en foulan, ni le régime direct du verbe placé après ce dernier comme cela a lieu en songhaï, ni enfin les formes de conjugaison si caractéristiques de l'arabe ou du berbère-zénaga, les deux langues parlées par les Maures.

Si l'on examine le vocabulaire, on ne trouve qu'un nombre insignifiant de mots soninké empruntés au songhaï et au foulan, et encore ces mots désignent en général des objets empruntés eux-mêmes aux Songhaï et aux Foulans, et ce ne sont jamais des radicaux[1]. Les emprunts faits à l'arabe par les Soninké sont les mêmes que ceux faits par les autres Mandé : ce sont les termes de religion et quelques noms d'objets importés par les Arabes. Enfin on trouve en soninké quelques mots zénaga, mais là encore ce ne sont que des emprunts, qui n'ont exercé sur la langue aucune influence.

Il me semble par contre que l'influence du ouolof — ou peut-être d'une langue aujourd'hui éteinte appartenant à la même famille que le ouolof — a été plus considérable, et je ne serais pas éloigné de regarder le dialecte soninké comme une langue d'anciens autochtones influencée et modifiée à la fois par le malinké et le sosso, ou inversement comme un dialecte malinké modifié et influencé par une langue d'anciens autochtones et par le sosso.

Le cadre de cet ouvrage ne me permet pas de m'étendre plus longuement sur ce sujet. Je me bornerai à indiquer en passant quelques-unes des analogies qui se rencontrent entre le soninké et le sosso.

1. Le vocabulaire soninké publié par Faidherbe renferme un certain nombre de mots et de formes empruntés au foulan, mais ce vocabulaire est souvent inexact : il semble qu'il ait été recueilli auprès d'un indigène de langue foulane. Ainsi presque tous les verbes sont donnés avec la finale *de*, qui est propre au foulan et ne se rencontre jamais en sarakolé, au moins comme suffixe verbal de l'infinitif.

I. — NUMÉRATION

	Soninké	Malinké		Soninké	Malinké
	—	—		—	—
1	*bani*	*kile*	12	*tamũ no fillo* [3]	*tã ni fila*, etc.
2	*fillo* [1]	*fula*	20	*tã pille*	*muhã*
3	*sikko* [2]	*saba*	30	*tã ñgyikke* [4]	*tã saba*
4	*narhato*	*nani*	40	*tã narhate*	*tã nani*
5	*kargo*	*lulu*	50	*tã karge*	*tã lulu*
6	*tumũ*	*woro*	60	*tã ndume*	*tã woro*
7	*ñyeru*	*woro-vla*	70	*tã ñyere*	*tã woro-vla*
8	*segu*	*segi*	80	*tã sege*	*tã segi*
9	*kabu*	*kononto*	90	*tã kabe*	*tã kononto*
10	*tamũ*	*tã*	100	*kame* [5]	*kyeme*
11	*tamũ no bani*	*tã ni kile*	1.000	*wugyune* [6]	*ba*

Remarques. — 1° Ce qui caractérise la numération des Soninké, c'est que, quelles que soient les voyelles finales des dix premiers nombres, ces finales se changent en *e* lorsque ces mêmes nombres multiplient 10 ou 100 et en *i* lorsqu'ils multiplient 1.000. Ainsi 200 se dit *kame fille*, 2.000 *wugyune filli*; 300 *kame sikke*, 3.000 *wugyune sikki*; 400 *kame narhate*, 4.000 *wugyune narhati*; 500 *kame karge*, 5.000 *wugyune kargi*; 6.000 *wugyune tuni*, 7.000 *wugyune ñyeri*, 8.000 *wugyune segi*, 9.000 *wugyune kabi*, 10.000 *wugyune tãmi*.

2° « Dix » se dit *tamũ*, mais on retrouve la forme *tã* des autres dialectes dans les formes *tã pille* « vingt », *tã ñgyikke* « trente », etc.

3° Les Soninké comptent par 10 comme les Malinké; ils ont un mot spécial pour « sept », alors que les autres Mandé du groupe de « tan » expriment « sept » par un mot qui semble vouloir dire « deuxième six » (*woro-vla*, *woró-mvila*).

1. En dyalonké *fiddi*.
2. En dyalonké *sakka*, en sosso *sakhã*.
3. En dyalonké *nafu nũ fiddi*.
4. En sosso *tõgo sakhã*.
5. En sosso *kémè*.
6. En sosso *wulu*, en khassonké *wulo*, en dyoula *wuru*.

4° Les Soninké expriment les nombres « un, cinq, six, neuf » au moyen de mots (*bani*, *kargo*, *tumũ* ou *tunu*, *kabu*) dont on ne retrouve pas le radical dans les autres dialectes. Les autres nombres ont les mêmes radicaux qu'en malinké, plus ou moins modifiés.

5° Les formes *tã pille* (pour *tã fille*), *tã ñgyikke* (pour *tã sikke*), *tã ndume* (pour *tã tume*), nous mettent sur la voie d'une règle euphonique dont nous verrons d'autres exemples et selon laquelle, après une voyelle nasale, un *n* ou un *m*, *f* se change généralement en *p* ou *mp*, *s* en *ky* ou *ñgy*, *t* en *d* ou *nd*.

6° Les formes *fillo*, *sikko*, et d'autres que nous verrons plus loin nous montrent qu'on a en soninké des consonnes redoublées, ce qui est tout à fait exceptionnel dans les autres dialectes ou y est le résultat d'une élision de voyelle (comme *turra* en dyoula pour *tura ra*).

7° La permutation de l'*u*, de l'*i* et de l'*e*, que j'ai signalée à propos du système de numération, est très fréquente en soninké; c'est en général le son *e* qui domine.

II. — PARTIES DU CORPS.

	Soninké	Malinké		Soninké	Malinké
	—	—		—	—
tête	*yi-me*	*kũ*	main gauche	*kite-noge*	*numã-bulo*
cheveux	*yi-nte*	*ku-nsi*	pied	*ta*	*si*
œil	*ñyã-khe*	*ñya-do*	poitrine	*gidi-me*	*siso*
nez	*norhone*	*nu*	ventre	*norho*	*konõ*
bouche	*la-khe*	*da*	dos	*falle*[2]	*ko*
dent	*kambe*[1]	*ñi*	membre viril	*khonto*	*foro, foto*
langue	*nene*	*ne*	testicule	*yellu*	*foro-kili*
oreille	*toro*	*tulo*	vagin	*kunto*	*byè*
main	*kite*	*bulo*			
— droite	*kite-tee*	*kini-bulo*			

Remarques. — On voit que quelques radicaux soninké sont complètements différents des radicaux malinké correspondants.

1. En mouin *sòmbe*.
2. En sosso *fèri*.

D'autres fois le radical est le même, mais il se trouve modifié par une permutation de consonne (changement de *s* en *t* ou *ty*, comme *ta* pour *si* ou *sẽ* « pied » ; de *d* en *l*, etc.) — ou par l'addition d'un suffixe (*la-khe* ou *la-ke* « bouche », pour *da*).

On voit par les mots *norho*, *norhone*, que le soninké possède, outre le *kh*, l'articulation *rh* : il semble qu'on les emploie parfois l'une pour l'autre.

III. — NOMS D'HOMMES.

	Soninké	Malinké		Soninké	Malinké
père	*faba* [1]	*fa*	frère cadet	*gida*	*doho-ñkè*
mère	*ma*	*na*	homme (homo)	*soro, sere* ou *hadama* [4]	*moko* ou *mbari*
fils	*lemne, lemna, lemme, remme* [2]	*do, di*	homme (vir)	*yugo* [5]	*kè*
			femme	*yarhare* ou *yakhare* [6]	*muso*
frère	*ma-remme* [3]	*na-do*			
— ainé	*korho-ne*	*koro-ñkè*			

IV. — NOMS D'ANIMAUX.

	Soninké	Malinké		Soninké	Malinké
animal	*tye*	*subo*	chien	*wule*	*wulo*
viande	id.	id.	cheval	*si*	*suo, su*
bœuf	*nã*	*niso*	poulet	*se-liñe*	*susè*
taureau	*gumbo*	*tula*	coq	*seli-ñgamã*	*duntũ*
mouton	*gyerhè* [7]	*sa*	éléphant	*ture*	*samo*
chèvre	*sugo* [8]	*ba*	antilope	*khira* [9]	*mina*

1. En sosso *fafa*.

2. Comparez en khassonké *rimõ* (petit d'un animal) et en sosso *lemna* (petit). Comparez aussi la forme *lem-ne* et le mot dyoula *de-ni* « petit enfant ».

3. C'est-à-dire « fils de la mère ».

4. C'est-à-dire « Adam » ou « fils d'Adam » ; comparez en sosso *adama*.

5. En mouin *gulĩ* ou *gwã*.

6. En sosso et en dyalonké *nyarhale*.

7. On a vu déjà que l's peut se changer en *gy* : on retrouve ainsi dans *gyerhè* la forme dyoula *sarha* ; comparez en sosso *yakhè*.

8. En sosso *si*.

9. En sosso *keli*.

	Soninké	Malinké		Soninké	Malinké
	—	—		—	—
lion	*gyeri-nte*[1]	*dyara*	serpent	*katyi-nte*[3]	*sa*
panthère	*dyagabe*	*wara* ou *dyokolo*	poisson	*nyekhe*	*ñ'jèke*
			oiseau	*ye-liñe*	*kono*
hippopotame	*iñgame*	*mane*	chameau	*ñyogome*[4]	*nyogoma*
caïman	*kine*[2]	*bama*	mâle	*yugo, ñgamã*[5]	*kè*
lamantin	*soni* ou *meila si*	*ma*	femelle	*ni*[6]	*muso*

V. — NOMS DIVERS.

	Soninké	Malinké		Soninké	Malinké
	—	—		—	—
pays	*dyamane*	*dugu* ou *dyamani*	lune	*khaso*	*kalo*
			ciel	*kãrho-te*	*sã*
terre (sol)	*ñiñye*	*dugu*	vent	*fañke*	*foñyo*
— (matière)	*botokhã*[7]	*bãku*	pluie	*kame*	*sã-gi*
village	*debe*	*sate, su*	feu	*yimbe*	*ta*
maison	*kõpe*	*bõ*	arbre	*yi-te*	*yiro*
chemin	*kille*[8]	*sila*	bois (morceau de bois)	*sole*	*bele, kole, sala*
forêt	*khoro, kkoroba*	*tu*			
brousse	*ñgene*	*kone*	bois à brûler	*swa*	*loko, dua*
herbes	*be*	*bi̱*	feuille	*dere*	*fita, fila*
savane	*be-ra*	*bi̱-ro, bi-nto*	liane	*katye*[9]	*dyulu*
champ	*te, teni*	*furu, sene*	or	*kañi*[10]	*sani, sanu*
eau	*gyi*	*gi*	argent	*khalisi*[11]	*wari*
fleuve	*fa-ñe, bo*	*ba*	fer	*mekhe*	*nege*
rivière	*khwo-le*	*ko, kwo*	rocher	*gide*[12]	*fala*
soleil	*kie*	*tile*	pierre	*kotye*	*kaba, bele*

1. En sosso *ya-tè*.
2. En sosso *sõñe*.
3. Vient du mot *katye* ou *katyi* « liane ».
4. Du mot zénaga *œgim*, pl. *igmen*.
5. En sosso *khamè*.
6. En sosso *ginè*, en mouin *nã*
7. Comparez le mot sosso *bokhi* « terre, sol ».
8. En sosso et en vaï *kira*.
9. Comparez en malinké *siti* « attacher, lier».
10. En mouin *kyã*.
11. Du mot arabe *khâlis* (*dir-hem khâlis*, une bonne pièce d'argent).
12. En sosso *gèmè*.

	Soninké	Malinké
	—	—
chaise	*tarha-de*[1]	*sigi-lã*
couteau	*labu*	*muro*
épée	*kafa*	*fã*[2]
houe	*toñge*	*daba*
tissu	*yirhame*	*fanu*
boubou	*doloke*	*doroke*
culotte	*wunõ*	*kursi*
bonnet	*kufene*[3]	*fugula*
igname	*ku*	*ku*
mil (gros-)	*gedyaba*	*gediba*, *ñyõ*
— (petit-)	*ile*[4]	*bimbiri*
— (très petit)	*suma*	*suma*
— (id.)	*so-ge*	*sa-ñyõ*
— (moyen)	*se-uli*	*kinti*
maïs	*maka*	*kaba*, *ma-ñyõ*
riz	*maro*	*malo*
arachides	*tiga*	*tiga*
cola	*guro*	*wuro*

	Soninké	Malinké
	—	—
palmier à huile	*tiri* (*te-iri*)	*te-iri*
amande de palme	*te*	*te*, *tĩ*
huile	*te*	*tulu*
arbre à beurre	*khari*[5]	*se*
beurre de karité	*khari-te*	*se-tulu*
ronier	*kee*	*sibi*
œuf	*kha-bani*[6]	*kili*
chose	*fo*	*fẽ*
nom	*torho*	*toko*
blanc	*khulle*, *khuyi*[7]	*ge*, *gwe*
rouge	*dumbe*	*ule*
noir	*binne*	*fi-ni*
grand	*ba* ; *rhore*, *khore* ; *wokhe*	*ba*

Remarques. — 1° On a pu remarquer que l'*s* du malinké et du dyoula se change souvent en *k* dans les mots soninké ; on a ainsi : *sila* et *kille* « chemin » ; *sã* « ciel » et *kãrho-te* « ciel », *kame* « pluie » ; *sani* et *kañi* « or ». La réciproque a lieu aussi : *kole* et *sole* « morceau de bois ». — On trouve également *t* changé en *k* : *tile* et *kie* « soleil », et *s* changé en *t* : *sene* et *teni* « champ ».

2° On a pu remarquer le suffixe *te* ou *nte* à la fin de beaucoup de

1. En dyoula *wurha-nde*.

2. En dyoula *tokowi* ; le mot *tokowi* vient, par l'intermédiaire du haoussa *takobi*, du mot touareg *takuba*, pl. *tikubawin*, qui désigne l'épée large à poignée en croix qui a été introduite au Soudan par les Touareg. Peut-être *kafa* a-t-il la même origine, car dans *takuba* la 1re syllabe indique le féminin et ne fait pas partie du radical.

3. En zénaga *khufara*.

4. En zénaga *illa*.

5. En dyoula *koro*.

6. En sosso *khèlè*.

7. En khassonké *khoi*.

mots : *yi-nte* « cheveux », *ki-te* « main », *yyeri-nte* « lion », *katyi-nte* « serpent », *kãrho-te* « ciel », *yi-te* « arbre », etc. On trouve aussi les suffixes *ke*, *khe*, *me*, *ne*, qui ne semblent pas ajouter grand'chose au sens du radical. Sans doute, ces différents suffixes correspondent aux terminaisons *ni*, *ri*, *li*, *ru*, *lu* qu'on rencontre fréquemment dans les autres dialectes mandé (*bu-lu*, *wara-ni*, *yi-ri*, etc.).

VI. — SUFFIXES SERVANT A LA COMPOSITION DES SUBSTANTIFS.

Le soninké forme ses substantifs composés de la même façon que les autres dialectes mandé, c'est-à-dire par juxtaposition de radicaux, en mettant le premier le mot qui modifie l'autre (comme *ma-remme* « frère, enfant de la mère »), ou par addition de suffixes. Mais les suffixes employés en soninké diffèrent parfois notablement de ceux employés dans les autres dialectes.

On retrouve le suffixe *ra* : *be-ra* « savane » (dans l'herbe). Mais il paraît être moins fréquent qu'en dyoula et en bamana, et est remplacé en général par *ne*, *nte* ou *ni* (*na* en dyoula, *no*, *to*, *nda* en malinké).

Le suffixe *tigi* est remplacé en général par *gume*, qu'il faut rapprocher de *yugo* « homme, mâle » (en sosso *khamè*) ; ainsi on a : *si-gume* « cavalier » (en dyoula *só-tigi*), *naburu-gume* « homme riche » (en dyoula *naforo-tigi*).

Le suffixe *barha*, *ba* ou *la* est remplacé en général par *na*, qui s'ajoute à la forme passive des verbes. On a ainsi : *khobo* « acheter » (passif *khoba*) et *khoba-na* « commerçant » ; — *fayi* « regarder » (passif *faya*) et *faya-na* « surveillant » ; — *kari* « tuer » (passif *kara*) et *kara-na* « meurtrier », etc.

Le suffixe de nationalité est *ke* ou *ñke* comme en bamana : *Soni-ñke* (Soninké), *Bãbara-ñke* (Bamana), etc.

Le pluriel des noms se forme en général en changeant la voyelle finale en *u* : *kõpe* « maison », pl. *kõpu* ; *yugo* « homme », pl. *yugu*. Quelquefois aussi on ajoute *nu* ou *ni* au nom.

VII. — PRONOMS.

		Soninké	Malinké
		—	—
Sing. 1re pers.		*n* (*m*, *ñ*), *ni*, *ñe*	*n* (*m*, *ñ*), *ni*
2e	—	*an* (*am*, *añ*)	*i*
3e	—	*a*, *ao*	*a*
Plur. 1re	—	*o*	*an*, *anu-lu*
2e	—	*akha*	*alu*, *al*; *ilu*, *il*
3e	—	*i ifa* (en sosso *i*)	*alu*, *al*

On voit que seuls les pronoms de la 1re et de la 3e personnes du singulier ont la même forme en soninké que dans les autres dialectes.

Le pronom de la 1re personne, dans sa forme *n*, se change en *m* devant une labiale et en *ñ* devant une gutturale, comme dans les autres dialectes; les changements que j'ai signalés plus haut (*f* en *p*, *s* en *ky* ou *gy*, *t* en *d*) ont lieu après ce pronom et après le pronom *an* (*am* ou *añ*) de la 2e personne. Ainsi on a : *faba* « père », *m paba* « mon père, *am paba* « ton père », *a faba* « son père », *o faba* « notre père », etc.; — *m palle* « mon dos », *am palle* « ton dos », *a falle* « son dos »; — *m ma* « ma mère », *am ma*, *a ma*; — *ñ gida* « mon frère », *añ gida*, *a gida*; — *n lemne* ou *m lemne* « mon fils »; — *n da* « mon pied », *an da*, *a ta*; — *ñ kyi* ou *ñ gyi* « mon cheval », *añ kyi*, *a si*, etc.

Les pronoms possessifs se forment en ajoutant *kha* au lieu de *ta* aux pronoms simples (en sosso on ajoute également *kha*) : *ñ-kha*, *añ-kha*, *a-kha*, etc.

Le démonstratif est *bā* ou *mbā*, qui se place après le nom, ou *ke*, qui se place avant le nom et fait parfois *ku* au pluriel[1] : *yugu bā* « ces hommes », *yarhare mbā* « cette femme »; *ke fo* « cette chose », *ku fu* ou *ke fo-nu* « ces choses », *ke sere* « cet individu », etc.

Suivis de la particule *yi* (correspondant au *ye* des Dyoula et des Malinké, « à »), les pronoms prennent les formes suivantes : « à

1. Comparez en mouin *nābe* et *nage*, en sosso *nakha*.

moi », *ña* ou *ñe* (*ñi* en dyoula); « à toi », *aña* ou *añe*; « à lui », *a ya* ou *a yi*. La même particule *yi* s'emploie comme *ye* en dyoula (*ye* ou *ti* en malinké), pour rendre le comparatif de supériorité : je l'ai acheté à Samba, *n d'a khobo Sãba yi*; Samba est plus noir que Mamadou, *Sãba a binne Mamadu yi*.

« Qui? » se dit *kõ?* (*gyõ-ne* en dyoula).

« Quel? » — *kã ?* (*gyo mane* —).

« Quoi? » — *mã ?* ou *ma ne?* (*mune* en dyoula). — Employé comme régime, *ma-ne* se place ordinairement après le verbe : *an ti ma-ne?* qu'est-ce que tu dis? (tu dis dans quoi?).

« Un, un certain » se dit *de* (*do* en malinké, *dò* en dyoula) : *fo de*, quelque chose (*fõndò* en dyoula).

VIII. — VERBES.

	Soninké	Malinké		Soninké	Malinké
	—	—		—	—
aller (partir)	*daga, dege*	*ta, taka*	emporter	*ta-daga*	*ta-ta* [4]
— (quelque part)	*tele, telle*	*ta, do*	entrer	*lo*	*du, do*
venir	*ri, li* [1]	*na*	sortir	*bogu*	*bo-ta*
rester	*sigi*	*sihi, sigi*	se lever	*giri*	*uli*
s'asseoir	*takho* [2]	*sihi*	se coucher	*sò, sòrho* [5]	*la*
dire	*ti, ko*	*ko, fo*	dormir	*khe-ñkè* [6]	*sinõ*
parler	*di-gamõ*	*koma, fo*	acheter	*khobo*	*sã*
palabrer	*ko-kuma*	*ko-ma-kê*	vendre	*gaga*	*file*
apporter	*ri-ti, li-ti*	*na-ti* [3]	manger	*yige*	*domõ*
aller chercher	id.	*ñini*	boire	*mini* [7]	*mi*
prendre	*ta, nda*	*ta*	tuer	*kari* [8]	*faka*
attraper	*tinda*	*mina, mita*	mourir	*kara*	*faka-ta*

1. En sosso *li*.
2. En sosso *dokho*.
3. Ces deux expressions veulent dire « venir-donner » : « apporte de l'eau » se dit en soninké *gyi ri-ti* (en malinké *gi na-ti*); « va chercher de l'eau », *dege gyi ri-ti*; « apporte-le », *a ri-ti*.
4. C'est-à dire « prendre-aller ».
5. En sosso *sa*.
6. En sosso *khi*, en vaï *ki-kè*.
7. En mouin *mine*.
8. En dyoula *kari* veut dire « casser ».

	Soninké	Malinké		Soninké	Malinké
	—	—		—	—
mourir (terme respectueux)	*fati*	*sa-ta*[1]	entendre	*mugu*	*me*
			voir	*wori*[3]	*ye*
couper	*kutu*	*tege*	regarder	*fayi*	*fele*
frapper	*katu*	*bugo*	être fini	*ñyeme*[4]	*ba-nta*
ouvrir	*muñi*	*yele*	tomber	*khènu*, *khèni*	*be-ra*, *be*
fermer	*terhe*	*tugu*			
casser	*khosõ*	*kari*, *kati*	travailler	*golle*[5]	*tye-kè*
faire	*ña*, *kè*	*la*, *kè*	être bon	*siri*[6] ou *süro*	*di*
comprendre	*mugu*[2]	*me*			

Le verbe « être » attributif se rend quelquefois par *yani,* mais en général il ne s'exprime pas : il est grand, *a rhore*; tu es un homme, *an yani yugo*. « Ne pas être » se dit *tè* comme dans les autres dialectes.

« Être » signifiant « se trouver » se dit *wè* ou *bè*, et, à la voix négative *tè* ou *ntè* : il est ici, *a wè ire* ; où est ton père? *am paba bè minna?* il est au village, *a bè debe na*; il n'est pas ici, *a tè ire* ou *a ntè ire*.

« Être » signifiant « appartenir » s'exprime par *le*, comme en malinké, et, à la voix négative, par *tè* ou *ntè* : c'est à moi, *ñ-kha le* (on prononce aussi *ñ-khalle*) ; c'est à ton père, *am paba-kha le* ; ce n'est pas à lui, *a-kha ntè*. — On peut aussi introduire *ma* entre le nom du possesseur et la particule *kha* : *ni ma kha le* (dans moi possession est) ; ce cheval est à mon père, *ke si m paba ma kha le*.

1. Les Noirs en général n'aiment pas dire de quelqu'un qu'il est mort, surtout si c'est un de leurs parents ; on emploie alors une autre expression. En dyoula on dit : *a tya-na* « il est abîmé ».
2. La syllabe *gu* est ici un suffixe.
3. En sosso *tokhi*
4. En sosso *ñõ*.
5. En sosso *wali*.
6. En mouin *dere*.

IX. — CONJUGAISON.

Verbe *YIGE* « manger ».

	Voix positive	Voix négative
Temps indéfini	*ñe yige, ñ ige*	*n te yige*
	an yige	*an te yige*
	a yige, etc.	*a te yige*, etc.
Présent absolu	*ñe yige ne* ou *ñe yige ni*	*n te yige ne* ou *n te yige ni*
Prétérit	*n da yige*	*m ma yige* ou *m ma yige ne*
Impératif	*yige*	*marha yige*

Pour les verbes neutres, la conjugaison est la même, mais au prétérit *affirmatif* on emploie de préférence la forme du temps indéfini : il est parti, *a daga*; il est venu, *a li*; c'est fini, *a ñyeme*; ce n'est pas fini, *a ma ñyeme*; il n'est pas venu, *a ma ri*; il est allé au village, *a tele debe na.*

Le passif se forme en général en changeant en *a* la voyelle finale du verbe transitif : *kuri* « tuer », *kara* « mourir ». Quelquefois on ajoute *nta* au verbe : *khume* « faire maigrir », *khume-nta* ou *khuma-nta* ou *khuma* « être maigre ».

Le régime direct se place avant le verbe comme dans les autres dialectes; l'*a* de la particule *da* du prétérit s'élide devant les pronoms : je l'ai vu, *n d'a wori*; je t'ai vu, *n d'an wori*; tu m'as vu, *an da ñ wori* ou *an d'iñ wori*; il nous a vus, *a d'o wori*; il vous a vus, *a d'akha wori*; il les a vus, *a d'i wori* ou *a d'ifa wori*; — tu ne le vois pas? *an t'a wori ni?* ou *an te wori ni?* viens le regarder, *li a fayi* ou *l'a fayi*; ouvre cette caisse, *ke kèsi muñi*; il vient m'apporter de l'eau, *a ri ni gyi li-ti ña*; comprends-tu? *an a mugu?* je n'ai pas compris, *m ma a mugu.*

X. — PRONONCIATION.

Je résume ici les principales particularités de la prononciation soninké :

1° La permutation fréquente des voyelles *i, u, e*; le changement fréquent d'une voyelle quelconque en *e*, et, d'une façon générale, la fréquence marquée du son *e*;

2° Le redoublement fréquent des consonnes;

3° L'influence des sons nasaux sur certaines consonnes qui les suivent (changement de *f* en *p*, de *s* en *k*, *ky*, *gy*, de *t* en *d*, après une voyelle nasale, un *n*, un *ñ* ou un *m*). — A rapprocher du phénomène analogue qu'on observe en dyoula;

4° La présence des articulations *kh* et *rh*;

5° La permutation fréquente des sons *d* et *l*, *s*, *t* et *ty*, *s* et *k*, *n* et *t*, *kh* et *rh*, etc.

CHAPITRE IX

Le groupe de « fou ».

J'appelle groupe de « fou » l'ensemble des dialectes mandé dans lesquels le nombre « dix » se dit *fu* ou *pu*. Comme je l'ai fait remarquer plus haut, les dialectes de ce groupe diffèrent plus les uns des autres que les dialectes du groupe de « tan » : il est facile de voir que les uns et les autres appartiennent à la même famille linguistique, mais un indigène parlant un dialecte de « tan » et un autre parlant un dialecte de « fou » ne pourraient pas se comprendre, et un Sosso, un Loma et un Kouéni, parlant chacun son dialecte, ne se comprendraient pas non plus.

Je crois que les peuples qui parlent les dialectes de « fou » ne sont pas des Mandé de race pure : ce sont probablement, soit des Mandé venus du nord qui se sont assimilé des peuplades autochtones, comme il semble que ce soit le cas pour les Sosso et les Dyalonké, soit des peuplades autochtones fortement mélangées d'éléments mandé, comme il semble que ce soit le cas pour les Loma ou Toma et les Kouéni ou Gouro.

Peut-être aussi les Mandé du groupe de « fou », restés en dehors du courant de civilisation qui s'est étendu sur le Soudan central et occidental et en particulier dans le bassin du Niger, sont-ils restés à peu près, au double point de vue social et linguistique, dans l'état où se trouvaient primitivement tous les Mandé, comme tendraient à le faire croire leur système de numération quinaire et la grande simplicité de leurs mots usuels.

Quoi qu'il en soit, il reste acquis que ces peuples appartiennent au même rameau linguistique que les grandes tribus mandé du groupe de « tan » et que, de même que ces dernières s'assimilent peu à peu les tribus étrangères qui les entourent, ils tendent à englober dans leur sein toutes les petites populations non mandé qui habitent encore entre eux et la mer : certains de ces peuples, les Sosso, les Loko, les Mendé, ont déjà atteint depuis longtemps le rivage de l'Océan.

D'une façon générale, les Mandé du groupe de « fou » sont répandus sur une bande de territoire plus ou moins large qui s'étend le long de la côte de Guinée depuis le Rio-Nuñez jusqu'au Bandama, et qui est limitée au nord par les pays des tribus du groupe de « tan » (Sidianka, Malinké, Manianka, Dyoula). Au sud, ils s'avancent jusqu'à la mer dans la Guinée Française et le Sierra-Leone, englobant des populations non mandé telles que les Landouman et les Nalou (Rio-Nuñez), les Baga (Rio-Pongo), les Boullom ou Mampoua (de Benty à Sherbro), les Timéné (rivière de Sierra-Leone), les Limba (nord-est du Sierra-Leone), les Kissi (sources du Niger).

Le long de la frontière anglo-libérienne, le groupe de « tan » (Vaï et Manianka) a poussé un coin jusqu'à la mer au milieu du groupe de « fou » et des autochtones non mandé (Gola).

Ensuite le groupe de « fou » recommence, mais il ne va plus jusqu'à la mer, dont il est séparé par les tribus dites Krou (Dé, Guivi, Bassa, Nagna, Grébo, Tépo, Néyo, etc.).

Voici, avec l'habitat de chacune d'elles, la liste des tribus du groupe de « fou », au moins de celles que l'on connaît aujourd'hui, car il est probable qu'il en existe d'autres : mais les données ethnologiques et linguistiques que nous possédons sur cette partie de l'Afrique sont encore trop incomplètes pour qu'on puisse se prononcer de façon définitive.

1° **Les Sosso.** — Les *Soso* ou Soussou habitent actuellement la majeure partie de la région côtière dans la Guinée Française : on les trouve depuis le Rio-Nuñez jusqu'à la Grande-Scarcie, où ils débordent sur le territoire anglais ; au nord ils s'étendent jusqu'au Fouta-Dyalon. Leur dialecte est parlé en outre par presque tous les Landouman, les Nalou et les Baga qui vivent au milieu d'eux.

On croit qu'au XIIIe siècle, ils auraient été les maîtres d'une partie de la vallée du haut Niger : ils auraient été refoulés dans le sud à la fin du XVIIe siècle par les Bamana, les Soninké et les Malinké. J'ai dit au chapitre précédent qu'il semble que des liens assez étroits les rattachent aux Soninké, au moins au point de vue linguistique.

2° **Les Dyalonké.** — Les Dyalonké ou Diallonké semblent être les autochtones du Fouta-Dyalon. Ils sont très voisins des Sosso et ont dû faire partie du même mouvement de migration qui a amené ces derniers sur le bord de la mer.

Ils sont mêlés de Foulans plus ou moins métissés et de Sidianka (Mandé du groupe de « tan »), et placés en général sous la domination de ces derniers. Le nom de Dyalonké (*Dyalo-ñka*) leur est donné par les Malinké. Ils se divisent en deux sous-tribus qui se donnent à elles-mêmes les noms de Langan (*Lãñgã*) et de *Sako*.

3° **Les Loko.** — Les Loko ou Landorho habitent entre la Grande-Scarcie et la rive droite de la Roquelle ou rivière de Sierra-Leone, où ils se rencontrent avec les Timéné. Ils ont donné leur nom à la ville de Port-Lokko, située non loin de Freetown. Au nord, ils sont limités par les Limba.

4° **Les Mendé.** — Les Mendé ou Mendi (*Mende*), appelés Kosso par les Timéné, habitent le long de la mer entre la rivière de Sherbro et la rivière Soulima, et s'étendent à l'intérieur presque jusqu'aux sources du Niger. Ils sont limités à l'ouest par les Boullom de Sherbro ou Mampoua, au nord-ouest par les Timéné et les Limba, au nord-est par les Kissi, à l'est par les Manianka et les Vaï.

5° **Les Loma.** — Les Loma, appelés Toma par les Manianka et les Konianka, Ton-alè (*Tõalè*) par les Kpêlé ou Gbéressé, sont souvent désignés par les Européens et les Libériens sous le nom de Bouzi ou Bouzié (Domar-Bousie sur les cartes libériennes). Ils habitent au sud des Kissi et à l'ouest du Konian une région assez étendue, dont les centres principaux sont Zolou et Bokessa. Les Manianka sont nombreux en pays loma, et beaucoup de Loma comprennent le dialecte manianka.

6° **Les Oueïma**. — Les Oueïma (*Wèima*), désignés sur les cartes libériennes sous le nom de Wymar-Bousie, habitent au sud du Konian, entre Beyla et Nzô. Leurs centres principaux sont Zigaporassou et Koïma, ce qui leur a valu des Konianka l'appellation de Koïma-ka (gens de Koïma). Je ne crois pas qu'il existe aucun document sur leur dialecte ; je n'ai pu moi-même en recueillir, mais les Manianka que j'ai interrogés à leur sujet m'ont affirmé que ce dialecte était très voisin du Loma.

7° **Les Kpêlé**. — Les Kpêlé (*Kpèle*) sont appelés Gbéressé par les Manianka, Gbèïzé par les Loma, Kpessé par les Vaï, Kpessi ou Pessy par les Libériens; ils sont désignés sur la carte Blondiaux sous le nom de Gouersé.

Ils habitent sur les deux rives du Saint-Paul, au sud des Loma, et dans la région de Bakoma (ou Barkoma); à l'est ils s'étendent jusque vers les affluents du haut Cavally.

8° **Les Manon**. — Les Manon (*Manõ*), appelés aussi Mano, Mana et Man, habitent la région de Nzô, sur le haut Cavally, à l'est des Kpêlé et au nord des Gbêlé ou Nguéré (ou Gon) qu'on dit anthropophages. Il est possible qu'il ne constituent qu'une seule tribu avec ces derniers, bien que le fait ait besoin d'être vérifié.

9° **Les Guio**. — Les Guio (*Gyo*) ou Guiola ou Mahou sont désignés sur les cartes sous les noms de Ouobé ou Wobey et de « Dioula anthropophages »; on les dit en effet cannibales, mais ils n'ont rien de commun avec les Dyoula de la région de Kong. Ces derniers les appellent *Koro* ou *Guro-Dyula* (une de leurs sous-tribus porte en effet le nom de Gouro).

Ces Guio ou Mahou étaient, d'après le capitaine Blondiaux, les autochtones de la région de Touba; conquis par les Guiomandé, famille konianka, ils se seraient en partie mêlés à eux, en partie retirés au sud du Gouan ou Bafing, affluent occidental du Bagoé ou Sassandra. Les Guio demeurés dans le Mahou proprement dit ou région de Touba parlent presque tous, outre leur dialecte, celui des Guiomandé (le manianka). Les autres ne parlent que leur dialecte propre; ils sont répandus entre le haut Cavally et le haut Sassandra.

10° **Les Mouin.** — Les Mouin (*Mwĩ* ou *Mwã*), appelés Mona par les Dyoula, Moni par les Agni du Baoulé, habitent au sud du Kourodougou et à l'est de Mankono, entre le Bandama Rouge et le Bandama Blanc. Ils ont pour voisins au sud les Baoulé (sous-tribu des Kodé) et à l'ouest les Kouéni. Ils appellent leur pays le Mouan-ta.

11° **Les Kouéni.** — Les Kouéni (*Kweni*), appelés Gouro par les Agni et Lo par les Dyoula, occupent un vaste territoire compris entre le Sassandra et le Bandama Rouge, ce dernier continué au sud par le Bandama; ils ont même quelques villages sur la rive gauche du Bandama Rouge (Elengué, Gouropan). Ils comprennent un certain nombre de sous-tribus, dont celle des Souamni ou Souamlé sur le bas Bandama et celle des Memni ou Memné près de Tiassalé.

De tous ces dialectes, je n'en ai pu étudier personnellement que quatre auprès des indigènes : le loma, le kpêlé, le mouin et le kouéni. Il ne me reste que mes notes concernant le mouin, toutes les autres ayant été détruites. Comme d'autre part, excepté le sosso et le mendé, ces divers dialectes ne nous sont connus que par les vocabulaires de Koelle, parfois incorrects et toujours sujets à caution, il ne m'est pas possible de tenter ici en détail une étude comparée des dialectes du groupe de « fou ». Ces dialectes n'ont d'ailleurs, sauf le sosso, le guio et le kouéni, qu'une importance pratique tout à fait secondaire, tant à cause du peu d'étendue des territoires où ils se parlent qu'à cause du grand nombre de gens parlant les dialectes du groupe de « tan » qui se trouvent sur ces territoires.

Je me contenterai donc de donner un court vocabulaire comparatif de ces dialectes. J'ai emprunté les mots sosso au Père Raimbault et à Koelle, les mots dyalonké à Mage et à Koelle, les mots loko, mendé, loma, kpêlé, manon et guio à Koelle. J'ai fait figurer les quelques mots kouéni qui ont survécu à la perte de mes notes; quant au vocabulaire mouin, il est absolument inédit, rien n'ayant encore été publié concernant cette tribu ni son dialecte. J'ai mis dans la première colonne les mots malinké correspondants, pour permettre la comparaison avec les dialectes de « tan ».

			—	—	—	—	—	—	—	—	—	—
1	*kile*	*kerẽ*	*kede*	*hida*	*heta*	*hila*	*tani*	*do*	*do*	*du*	*du*	*kele, dǒ*
2	*fula*	*firi̥*	*fiddi*	*fele*	*fele*	*firi*	*vere*	*pere*	*pere*	*ple*	*fie*	*fila*
3	*saba*	*sakhã*	*sakka*	*dzawa*	*dzawa*	*sawa*	*gyaba*	*yaka*	*yaga*	*yaka*	*ya*	*saũa*
4	*nani*	*nani*	*nani*	*nani*	*nani*	*nago*	*nã*	*ise*	*isia*	*izye*	*zyĩ*	*nani*
5	*lulu*	*suli*	*sulu*	*ndolu*	*lolu*	*dolu*	*lulu*	*soli*	*solu*	*suo*	*sulu*	*luri*
6	*woro*	*senni*	*syeni*	*ñgo-hita*	*wo-ita*	*do-si-ta*	*mai-ta*	*sura-do*	*sora-do*	*sura-du*	*süenu*	*woró*
7	*woro-vla*	*solo-fere*	*sulu-fide*	*ñgo-fela*	*wo-fela*	*do-fira*	*mai-vere*	*sura-pere*	*sora-pere*	*sura-pere*	*tra-fye*	*woró-mv la*
8	*segi*	*solo-ma-sakhã*	*sulu-me-sekhe*	*ñgo-sagba*	*wo-yagba*	*do-sawa*	*mai-gyaba*	*sura-yaka*	*sora-ga*	*sura-ha*	*tra-ya*	*syegi*
9	*kononto*	*solo-ma-nani*	*sulu-me-neni*	*kerabu*	*taru*	*tavu*	*mai-nã*	*sura-ise*	*sora-isie*	*sura-izye*	*tra-zyĩ*	*konondo*
10	*tã*	*fu*	*nafu*	*kepu*	*pu*	*pu*	*pu*	*pfũ*	*go (?)*	*fu*	*fũ*	*tã*
20	*muhã*	*morhonyẽ*	*morhanye*	*puwu-fele*	*pu-fele*	*pu-furu-go*	*pu-fire*	*pfũ-pere*	*go-sẽwe*	*miã-du*[1]	»	*mughã*
30	*tã-saba*	*tõgo-sakhã*	»	»	»	*pu-saba*	*pu-gyaba*	»	»	*ta-yaka*	»	*mughã-ni-tã*
40	*tã-nani*	*tõgo-nani*	»	»	»	*pu-nani*	*pu-nani*	»	»	*miã-ple*	»	*morhò-fila*
50	*tã-lulu*	*tõgo-suli*	»	»	»	*pu-dolu*	*pu-lulu*	»	»	*ta-suo*	»	*kyeme-tara*

1. On retrouve dans l'expression mouin *miã-du* (pour *mè-du* « un homme ») et dans le sosso *morhonyẽ* le terme dyoula *mughã*, au pluriel *morhò* « vingt ». — De même le *tõgo* de la numération sosso est un reste du radical *tã* « dix »

	Malinké.	Sosso.	Dyalonké.	Loko.	Mendé.	Loma.	Kpèlé.	Manon.	Guio.	Mouin.
	—	—	—	—	—	—	—	—	—	—
100	*kyeme*	*kèmè*	»	»	»	*mugire*	»	»	»	*miã-su*
1.000	*ba, wulo*	*wulu*	»	»	»	*wuru*	*wuru*	»	»	*wuru*
homme	*moko*	*morho*	*murhu*	*muñgare*	*mõ*	*nu*	*nu*	*mi*	*mè*	*mè*
— (vir)	*kè*	*khamè*	*khèmè*	*hiñga*	*hi̠*	*zu-nu*	*kyirõ*	*gõ*	*gõ*	*gulĩ*
femme	*muso*	*ginè*	*nyarhale*	*nyahã*	*nyaha*	*so-nu*	*nè-nu*	*de, gbe*	*dõ*	*le*
enfant	*do, di̠*	*di*	*di*	*do, lo*	*lo*	*du, le*	*duo*	*nè*	*nè*	*ne*
père	*fa*	*fafa*	*fafe*	*gèrhè*	*kè*	*kèa*	*nã*	*na*	*dè*	*te*
mère	*na*	*ñga*	*ñga*	*niñge*	*ñge*	*de*	*ne*	*ne*	*deò*	*ni*
esclave	*gyõ*	*konyi*	*gyõ*	*duò*	*duò*	*dua*	*duò*	*dũã*	*dõã*	*du*
tête	*kũ*	*khunyi*	*kũ*	*ñgu*	*ñgu*	*ñu*	*ñu*	*ñu*	*gò*	*ñu, bolo*
œil	*ñya, ñya-do*	*nya*	*ye, nya*	*wèkè*	*ñgahũ*	*gaso*	*ñai*	*nye*	*nya*	*ñyire*
oreille	*tulo*	*tuli*	*tula*	*wolu*	*ñgoli*	*gui*	*woli*	*to*	*to*	*tonõ*
bouche	*da*	*dè*	*dè*	*la*	*da*	*da*	*dale*	*de*	*de*	*dè*
dent	*ñi*	*ñinyi*	*nyi̠*	*ñgoñgo*	*ñgoñgo*	*niga*	*nyi̠*	*sõ*	*sõ*	*sõmbe*
langue	*ne*	*nènyi*	*lènna*	*nè*	*nè*	*nè*	*nẽ*	*na*	*na*	*na*
main	*bulo*	*bèlarhè*	*balarhè*	*toko*	*toko*	*ze*	*ye*	*ko*	*ko*	*gbè*
pied	*si̠*	*sanyi*	*sana*	*gbara*	*kòrhò*	*korhò*	*korhò*	*gã*	*gè*	*gã*
ventre	*konõ*	*furi*	*fudi*	*ko*	*ko*	*ko*	*kuĩ*	*ge*	*ñgulo*	*kpe*
peau	*gbulo*	*kiri*	*kidi*	*ko, rho*	*nduwu*	*kòrò*	*korò*	*gburo*	*ku*	*fle, klo*
os	[illegible]	[illegible]	[illegible]	[illegible]	[illegible]	[illegible]	[illegible]	[illegible]	[illegible]	[illegible]

feu	*ta*	*tè*	*tè*	*ñgombu*	*ñgombu*[1]	*ñabu*	*ñõ*	*tia*	*sie*	*tè*[2]
eau	*gi*	*gye, ye*	*dyigè*	*ñgya*	*ñgia*	*zia*	*ya*	*yi*	*gi*	*yi*[3]
viande	*subo*	*sube*	*subè*	*hũã*	*hũa*	*suò*	*sua*	*wuĩ*	*buè*	*wi*
soleil	*tile*	*soge*	*sorhè*	*folo*	*furo*	*furo*	*furo*	*ñirè*	*nyira*	*iritè*[4]
jour	*la, du*	*yanyi, khi*	*yanyi*	*folo*	*furo*	*furo*	*furo*	*dè*	*dè*	*iritè*
lune	*kalo*	*kigè*	*kikè*	*ñgau*	*ñgaru*	*galu*	*rhalõ*	*mèrè*	*su*	*mene*
nuit	*su*	*kuè*	*kuè*	*gbendi*	*gbindi*	*kuò*	*gbine*	*gbẽ*	*biami*	»
liane	*dyulu*	*luti*	*loti*	*ñgèha*	*ñgeya*	*golu*	*rhèri*	*gbèlè*	*bilè*	*ble*
arbre	*yiro*	*wuri*	*wudi, dyege*	*ñguru*	*ñguru*	*guru*	*uru*	*yiri*	*giri*	*iri*[5]
singe	*sula*	*kule*	*kule*	*torha*	*koara*	*koè*	*koara*	*wai*	*wòu*	*wo*
grand	*ba, bõ*	*gbo*	*gbè*	*ba*	*ñgo*	*bòrò*	*ganè*	*gbòu*	*va*	*gbãni*
petit	*suru, fitini*	*khurũ*	*khuri*	*kuro*	*pòtè*	*pèlè*	*guro*	*pèĩ*	*te*	*fini*
blanc	*ge, gwe*	*firhè*	*gbe*	*kulè*[6]	*kuli*	*kulè*	*gulè*	*puru*	*pu*	*pu*[7]
noir	*fi*	*forò*	*fòrè*	*teĩ*	*teli*	*tei*	*dei*	*tĩ*	*ti*	*ti*[8]
rouge	*ule*	*gbeli*	»	»	»	»	»	»	»	*kua*
aller	*ta*	*siga*	*sirha*	*ya*	*ya*	*li*	*li*	*lo*	*do*	*gi*
venir	*na*	*fa*	*fa*	*wa*	*wa*	*wa*	*pau*	*nu*	*nu*	*nu*
courir	*bori*	*gi*	*ge*	*birimẽ*	*wimè*	*bise*	*pu*	*berasi*	*robila*	*blasã*
s'arrêter	*lo, do*	*ti*	*ti*	*ruñga*	*ro-a*	*gewage*	*tò*	*do-ta*	*dò*	*du-la*
s'asseoir	*sihi*	*dorho*	*dorho*	*heya*	*hei*	*zi*	*sie*	*ya*	*nya*	*ya-la*

1. Comparez *yimbe* en soninké. — 2. En kouéni *kyè* ou *tyè*. — 3. En kouéni *gyi* et *su*. — 4. En kouéni *tere*. — 5. En kouéni *iri*. — 6. En soninké *khulle*. — 7. En kouéni *nu-ni, nu*. — 8. En kouéni *ti*.

	Malinké.	Sosso.	Dyalonké.	Loko.	Mendé.	Loma.	Kpêlé.	Manon.	Guio.	Mouin.
	—	—	—	—	—	—	—	—	—	—
être couché	*la*	*sa*	*sa*	*la*	*la*	*la*	*la*	*dã*	*wo-ã*	*ñyia*
entendre	*me*	*mè*	*mè*	*meiñga*	*mènia*	*maniga*	*mali*	*mã*	*ma*	*ma*[1]
voir	*ye*	*to, tokhi*	*to*	*roa*	*toa*	*ka*	*ga*	*gè*	*die*	*gya*
prendre	*ta, mina*	*tõgo*	*tõgo*	*ñgerhea*	*ñgèwe*	*zerhè*	*gyerhe*	*sị*	*si*	*we, kuni*[2]
manger	*domõ*	*dõ*	*dõ*	*mè*	*mè*	*mokoli*	*mè*	*wele*	*bue*	*pèli*
boire	*mị*	*mị*	*mị*	*bòre*	*bòle*	*bali*	*gbere*	*mi*	*mu*	*mine*
tuer	*faka*	*farha*[3]	*farha*	*wa*	*wa*	*wa*	*pa*	*sè*	*sè*	*gye*
mon, je	*ni, n (m, ñ)*	*n (m, ñ)*	*n (m, ñ)*	*n, ñgo*	*n, ñge*	*na*	*ña*	*mã*	*n, ma*	*n(ñ,m), ma*
ton, tu	*i*	*i*	*i*	*bi*	*bi*	*e*	*i*	*i*	*i, u*	*i, u, bi*
son, il	*a*	*a*	*a*	»	»	»	»	*e*	*e*	*a, e*
nous	*an*	*mukhu*	*mu*	*mu*	»	»	»	»	»	*min*
vous	*ilu*	*wo*	»	»	»	»	»	»	»	*o*
eux	*alu*	*è, i*	*i*	»	»	»	»	»	»	*ka*
marque du plur.	*lu, u*	*e*	»	*u*	»	*ru, lu*	*ru, lu*	»	»	»

1. En kouéni *ma* : *i ma ma?* n'as-tu pas compris? *m'a ma*, j'ai compris. — 2. En kouéni *da*. — 3. Le P. Raimbault n'a pas distingué l'une de l'autre les deux articulations *rh* et *kh* et il écrit toujours *kh* : les deux articulations existent cependant en sosso (voir Koelle, Dr Steinthal).

CHAPITRE X

Bibliographie

Je donne ci-après, pour chacun des dialectes mandé et par ordre de dates, la liste des ouvrages ou publications parus jusqu'ici, à ma connaissance, où il est traité de ce dialecte. Pour les ouvrages qui reviennent plusieurs fois, je ne donnerai en général les références complètes que la première fois.

1° Malinké.

(Anonyme). — *African lessons, Mandingo and English.* — London, 1827 in-8. (Dialecte de la Gambie.)

M. Macbrair. — *A grammar of the Mandingo language*, with vocabularies. — London, 1837, in-8. (Dialecte de la Gambie.)

E. Norris. — *Outline of a vocabulary of a few of the principal languages of western and central Africa.* — London, 1841, in-8 obl. (Renferme un vocabulaire malinké sous le nom de *mandingo.*)

(Anonyme). — *Vocabulaires guiolof, mandingue, foule, saracole, séraire, bagnon et floupe*, recueillis à la Côte d'Afrique pour le service de l'ancienne Cie Royale du Sénégal, et publiés pour la première fois d'après un manuscrit de la Bibliothèque Royale. — Paris, 1845, in-8. (*Mémoires de la Société Ethnologique*, tome II.)

J.-L. Wilson. — *Comparison between the Mandingo, Grebo and Mpongwe dialects.* — New-York, 1847, in-8 (vol. IV, n° XVI of the *Bibliotheca sacra and Theological Review.*)

Le même. — *Comparative vocabularies of some of the principal Negro dialects of Africa.* — New-Haven, 1849, in-8 (in *Journal of the American Oriental Society.*)

Jomard. — *Remarques et recherches géographiques sur le voyage de Caillié dans l'Afrique Centrale*, suivies des vocabulaires recueillis par René Caillié. — Paris, s. d., in-8 (renferme un vocabulaire malinké).

J. Clarke. — *Specimens of dialects : short vocabularies of languages and notes of countries and customs in Africa.* — London, 1849, in-8. (Renferme quelques mots en malinké sous les noms de *mandingo*, *matiga* et *maninga.*)

S. W. Koelle. — *Polyglotta Africana.* — London, 1854, gr. in-folio. (Vocabulaires des sous-dialectes occidental, sous le nom de *kabunga*, et méridional, sous le nom de *mandenga.*)

P. du Chaillu. — *Voyages et aventures dans l'Afrique Équatoriale.* — Paris, 1863, gr. in-8. (Numération en malinké du Saloun et du Baol.)

Dr H. Steinthal. — *Die Mande-Neger-Sprachen.* — Berlin, 1867, in-8. — (Étude comparée du malinké, du vaï et du sosso.)

Dr Tautain. — *Notes sur les trois langues soninké, banmana, et mallinké ou mandingké.* (*Revue de linguistique et de philologie comparées*, Paris, 1887.)

R. Basset. — *Essai sur l'histoire et la langue de Tombouctou et des royaumes de Songhaï et Melli.* — Louvain, 1888, in-8.

Cap. J.-B. Rambaud. — *La langue mandé.* — Paris, 1896, in-8. (Les notes grammaticales et le vocabulaire se rapportent surtout aux sous-dialectes malinké septentrional et méridional.)

Un Père de la congrégation du Saint-Esprit. — *Essai de dictionnaire pratique français-malinké.* — Saint-Michel en Priziac, 1896, in-12. (Le meilleur ouvrage qui ait été publié sur le dialecte malinké.)

Le même. — *Essai de grammaire malinkée.* — Saint-Michel en Priziac 1897, in-8.

Cap. J.- B. Rambaud. — *Des rapports de la langue yoruba avec les langues de la famille mandé.* (*Bulletin de la Société de linguistique de Paris*, n° **44** ; 1897.)

2° Ouassoulounké.

Koelle. — *Polyglotta* (voir 1°). — (Vocabulaires du dialecte ouassoulounké sous les noms de *toronka* et *kankanka.*)

Cap. E. Péroz. — *Dictionnaire français-mandingue.* — Paris, 1891, in-16 carré (traite surtout du dialecte de Bissandougou.)

Cap. J.-B. Rambaud. — *La langue mandé* (voir 1°). — (Quelques mots et expressions spéciales du dialecte ouassoulounké.)

3° Bamana.

J. Dard. — *Dictionnaire français-wolof et français-bambara.* — Paris, 1825, in-8. (Même ouvrage, 2e édition, Dakar, 1855, in-8.)

E. Norris. — *Outline*, etc. (voir 1°). — (Renferme un vocabulaire bamana sous le nom de *bambarra.*)

J. CLARKE. — *Specimens*, etc. (voir 1°). — (Quelques mots en bamana.)

KOELLE. — *Polyglotta* (voir 1°). — (Vocabulaire bamana.)

STEINTHAL. — *Die Mande-Neger-Sprachen* (voir 1°). — (Quelques mots sur le dialecte bamana et des exemples.)

Cap. PIETRI. — *Les Français au Niger.* — Paris, 1885, in-8. (Renferme des notes grammaticales sur le bamana.)

G. BINGER. — *Essai sur la langue bambara parlée dans le Kaarta et le Bélédougou*, suivi d'un vocabulaire. — Paris, 1886, in-18.

Père E. MONTEL. — *Dictionnaire bambara-français.* — Saint-Joseph de Ngazobil, 1886, in-18.

Le même. — *Éléments de la grammaire bambara.* — Saint-Joseph de Ngazobil, 1887, in-18.

Dr TAUTAIN. — *Notes sur les trois langues soninké, banmana et mallinké*, etc. (voir 1°).

Missionnaires de Ségou (Pères Blancs). — *Catéchisme bambara suivi d'un vocabulaire.* — Paris, 1897, in-18.

Un Missionnaire (Mgr. A. Toulotte). — *Essai de grammaire bambara* (idiome de Ségou). — Paris, 1897, in-18.

G. BASTARD. — *Essai de lexique pour les idiomes soudanais* (dans la *Revue Coloniale*, n° 17, mai 1900). — (Renferme un vocabulaire bamana.)

4° Khassonké.

Je ne connais aucun ouvrage traitant du dialecte khassonké, mais le dictionnaire qui termine l'ouvrage du Cap. RAMBAUD (voir 1°) renferme un certain nombre d'expressions spéciales à ce dialecte ; elles y sont indiquées par la lettre (K).

Voir aussi : G. BASTARD. — *Essai de lexique*, etc. (voir 3°). — (Renferme un vocabulaire khassonké.)

5° Vaï.

J. CLARKE. — *Specimens*, etc. (voir 1°). — (Court vocabulaire vaï sous les noms de *vy* et *vey*.)

F. E. FORBES and Ed. NORRIS. — *Despatch communicating the discovery of a native written character at Bohmar, accompanied by a vocabulary of the Vahie or Vei language and alphabet.* — London, 1849, in-8.

F. E. FORBES. — Fac-similé d'un manuscrit en langue vaï. — London, 1851, in-18.

S. W. KOELLE. — *Narrative of an expedition into the Vy country of West-Africa*, and the discovery of a system of syllabic writing. — London, 1849, in-8.

Le même. — *Outlines of a grammar of the Vei language.* — London, 1853, in-8.

Le même. — *Outlines of a grammar of the Vei language, together with a Vei-English vocabulary* and an account of the discovery and nature of the Vei mode of syllabic writing. — London, 1854, in-8.

Le même. — *Polyglotta Africana* (voir 1°). — (Renferme un vocabulaire vaï sous le nom de *vei.*)

P. du Chaillu. — *Voyages et aventures dans l'Afrique Équatoriale.* — Paris, 1863, gr. in-8 (numération en vaï sous le nom de *Vesey*).

Dr H. Steinthal. — *Die Mande-Neger-Sprachen* (voir 1°) (étude comparée du malinké, du vaï et du sosso).

J. B. Rambaud. — *La langue mandé.* — Paris, 1896, in-8 (numération et pronoms en vaï, quelques notes dans la partie grammaticale et quelques mots dans le dictionnaire).

M. Delafosse. — *Les Vaï, leur langue et leur système d'écriture.* — Paris, 1899, in-8 (*L'Anthropologie*, tome X). — (Renferme quelques notes grammaticales et l'alphabet tel qu'il est employé aujourd'hui et tel qu'il l'était vers 1850.)

Momolu Massaquoi. — *Phonetic chart of the Vei characters.* — Ghendimah (Gallinas), 1 feuille, 1900.

6° Sidianka.

J. Clarke. — *Specimens*, etc. (voir 1°). — (Quelques mots en sidianka sous les noms de *timbu* et *jallunkan.*)

S. W. Koelle. — *Polyglotta* (voir 1°). — (Vocabulaire sidianka sous le nom de *dsalunka.*)

7° Manianka.

S. W. Koelle. — *Polyglotta* (voir 1°). — (Vocabulaire manianka sous le nom de *kono*; ce vocabulaire est très impur et fortement mélangé de vaï.)

8° Soninké.

Th. Dwight. — *Remarks on the Sereculehs.* (*American Annals of education*, oct. 1835). — (Renferme un vocabulaire.)

(Anonyme). — *Vocabulaires guiolof, mandingue, foule, saracole*, etc. (voir 1°). — 1845.

J. Clarke. — *Specimens*, etc. (voir 1°). — (Quelques mots en soninké sous le nom de *serawuli.*)

S. W. Koelle. — *Polyglotta* (voir 1°). — (Vocabulaire soninké sous le nom de *gadsaga* ou gadiaga.)

Dr H. BARTH. — *Der verlorene Sohn in der Sprache von Shetun ku Sefe oder der Azarareye Sprache.* (*Zeitschrift der Deutschen Morgenländischen Gesellschaft*, tome IX, 1855). — (Texte traduit dans le dialecte soninké de Tichit, avec des notes.)

Général FAIDHERBE. — *Vocabulaire d'environ* 1.500 *mots français avec leurs correspondants en ouolof de Saint-Louis, en poular* (*toucouleur*) *du Fouta et en soninké* (*sarakhollé*) *de Bakel.* — Saint-Louis, 1860, in-8 obl. (et dans *Annuaire du Sénégal pour 1860*, Saint-Louis, 1860, in-18).

Le même. — *Vocabulaire sarakolé ou sonninké.* (*Annuaire du Sénégal*, 1864.)

Le même. — *Notes grammaticales sur la langue sarakolé ou sonninké.* (*Annuaire du Sénégal*, 1881.)

Le même. — *Langues sénégalaises.* — Paris 1887, in-18. — (Contient des notes et un vocabulaire du dialecte soninké.)

Capitaine PIETRI. — *Les Français au Niger.* — Paris, 1885, in-8. — (Renferme quelques notes sur le dialecte soninké.)

Dr TAUTAIN. — *Notes sur les trois langues soninké*, etc. (voir 1°).

G. BASTARD. — *Essai de lexique pour les idiomes soudanais* (voir 3°). — (Renferme un vocabulaire soninké.)

9° Sosso.

Rev. E. BRUNTON. — *A grammar and vocabulary of the Susoo language.* — Edinburg, 1802, in-8.

Mrs. Hannah KILHAM. — *Elementary sounds or general spelling lessons.* — London, 1827, in-12. — (Renferme quelques mots en sosso.)

La même. — *Specimens of dialects of African languages spoken in the colony of Sierra-Leone.* — London, 1828, in-12 (nouvelle édition du livre précédent, un peu augmentée).

J. CLARKE. — *Specimens*, etc. (voir 1°). — (Quelques mots en sosso sous les noms de *susu*, *rio-nunes* et *bangullan.*)

KOELLE. — *Polyglotta* (voir 1°). — (Vocabulaire sosso sous le nom de *soso-kisekise.*)

STEINTHAL. — *Die Mande-Neger-Sprachen* (voir 1°). — (Étude comparée des dialectes malinké, vaï et sosso.)

K. ENDEMANN. — *Versuch einer Grammatik des Sotho.* 1876, in-8.

J. H. DUPORT. — *Outlines of a grammar of the Susu language.* — London, 1882, in-12.

Père J. B. RAIMBAULT. — *Alla féé Kitabu Frens nun Soso.* Catéchisme français-soso avec les prières ordinaires. — Paris, 1885, in-18.

Le même. — *Dictionnaire français-soso et soso-français.* — Rio-Pongo, 1885, in-18.

P. H. DOUGLIN. — *A reading book in the Soso language*. — London, 1887, in-8. (Tout en sosso.)

Cap. RAMBAUD. — *La langue mandé* (voir 1°). — (Renferme la numération et quelques mots en sosso.)

A consulter aussi la *Notice sur la Guinée Française* rédigée pour l'Exposition Universelle de 1900 par M. FAMECHON, et qui contient une courte mais excellente note sur la langue sosso.

10° Dyalonké.

J. CLARKE. — *Specimens*, etc. (voir 1°). — (Quelques mots en dyalonké sous les noms de *manna*, *manua* et *tshamba*.)

S. W. KOELLE. — *Polyglotta* (voir 1°). — (Vocabulaires dyalonké sous les noms de *soso-solima* et *tene*.)

E. MAGE. — *Voyage dans le Soudan Occidental*. — Paris, 1868, in-8. (Renferme 24 mots et les 10 premiers nombres en dyalonké et les 10 premiers nombres en sosso.)

11° Loko.

S. W. KOELLE. — *Polyglotta* (voir 1°). — (Renferme un vocabulaire loko sous le nom de *landor'o*.)

12° Mende.

Mrs. Hannah KILHAM. — *Elementary sounds* (voir 9°). — (Renferme un vocabulaire mendé sous le nom de *kossa*.)

La même. — *Specimens*, etc. (voir 9°). — (Même vocabulaire.)

J. CLARKE. — *Specimens*, etc. (voir 1°). — (Quelques mots en mendé sous les noms de *mendi*, *dwama*, *kossa* et *kangga*.)

S. W. KOELLE. — *Polyglotta* (voir 1°). — (Vocabulaires mendé sous les noms de *mende* et *gbandi*.)

P. DU CHAILLU. — *Voyages*, etc. (voir 1°). — (Numération en mendé sous le nom de *kos*.)

Rev. J. F. SCHOEN. — *Grammar of the Mende language*. — London, 1882, in-18.

13° Loma.

S. W. KOELLE. — *Polyglotta* (voir 1°). — (Vocabulaire *loma* sous le nom de *toma*.)

J.-B. RAMBAUD. — *La langue mandé* (voir 1°). — (Numération et quelques mots en loma sous le nom de *toma*.)

14° Oucïma.

Je ne connais aucune publication concernant ce dialecte.

15° Kpèlé.

Mrs. Hannah Kilham. — *Elementary sounds*, etc. (voir 9°). — (Vocabulaire kpêlé sous le nom de *pessa.*)

La même. — *Specimens*, etc. (voir 9°). — (Même vocabulaire.)

J. Clarke. — *Specimens*, etc. (voir 1°). — (Quelques mots en kpêlé sous le nom de *pessa.*)

Koelle. — *Polyglotta* (voir 1°). — (Vocabulaire kpêlé sous le nom de *gbese.*)

P. du Chaillu. — *Voyages*, etc. (voir 1°). — (Numération en kpêlé sous le nom de *bouzé.*)

J.-B. Rambaud. — *La langue mandé* (voir 1°). — (Numération en kpêlé sous le nom de *bérésé.*)

16° Manon.

S. W. Koelle. — *Polyglotta* (voir 1°). — (Vocabulaire manon sous le nom de *mano.*)

17° Guio.

S. W. Koelle. — *Polyglotta* (voir 1°). — (Vocabulaire guio sous le nom de *gio.*)

18° Mouin.

Je ne connais aucune publication concernant ce dialecte.

19° Kouéni.

Je ne connais aucune publication concernant ce dialecte, mais on trouvera 25 mots (dont plusieurs douteux) dans :

J. Eysséric. — *Rapport sur une mission scientifique à la Côte d'Ivoire.* (*Nouvelles Archives des missions scientifiques*, tome IX.) Paris, 1899, in-8.

Je ne saurais clore cette bibliographie des dialectes mandé sans citer l'ouvrage suivant de M. Binger, qui renferme, notamment dans l'appendice V (2e volume, pages 366 et suivantes), les renseignements les plus complets et les mieux étudiés qui aient été publiés jusqu'ici sur l'histoire générale du peuple mandé et sur celle des tribus des Soninké, des Bamana, des Sosso et des Dyoula :

L. G. Binger. — *Du Niger au golfe de Guinée par le pays de Kong et le Mossi.* — Paris, 1892, 2 vol. in-4.

ERRATA

Page :	Ligne :	Au lieu de :	Lisez :
4	31	Déian-n	Dian-né
115	18	Ahmar	'Ammar
145	6	du Kong	de Kong
167	23	ar-ka a fò	ar ka a fò
171	11	ar-bè	ar bè
171	13	a siri-ra	a sigi-ra
173	3	dyugukè	dyugu-kè
191	note 1	la colonne du commandant	la colonne du lieutenant-colonel Audéoud et du commandant
220	ligne 29	Rio-Nunez :	Rio-Nunez;
221	— 12	supprimer le mot « kissi ».	

TABLE DES MATIÈRES

ANGERS. — IMP. A. BURDIN ET Cie, 4, RUE GARNIER.

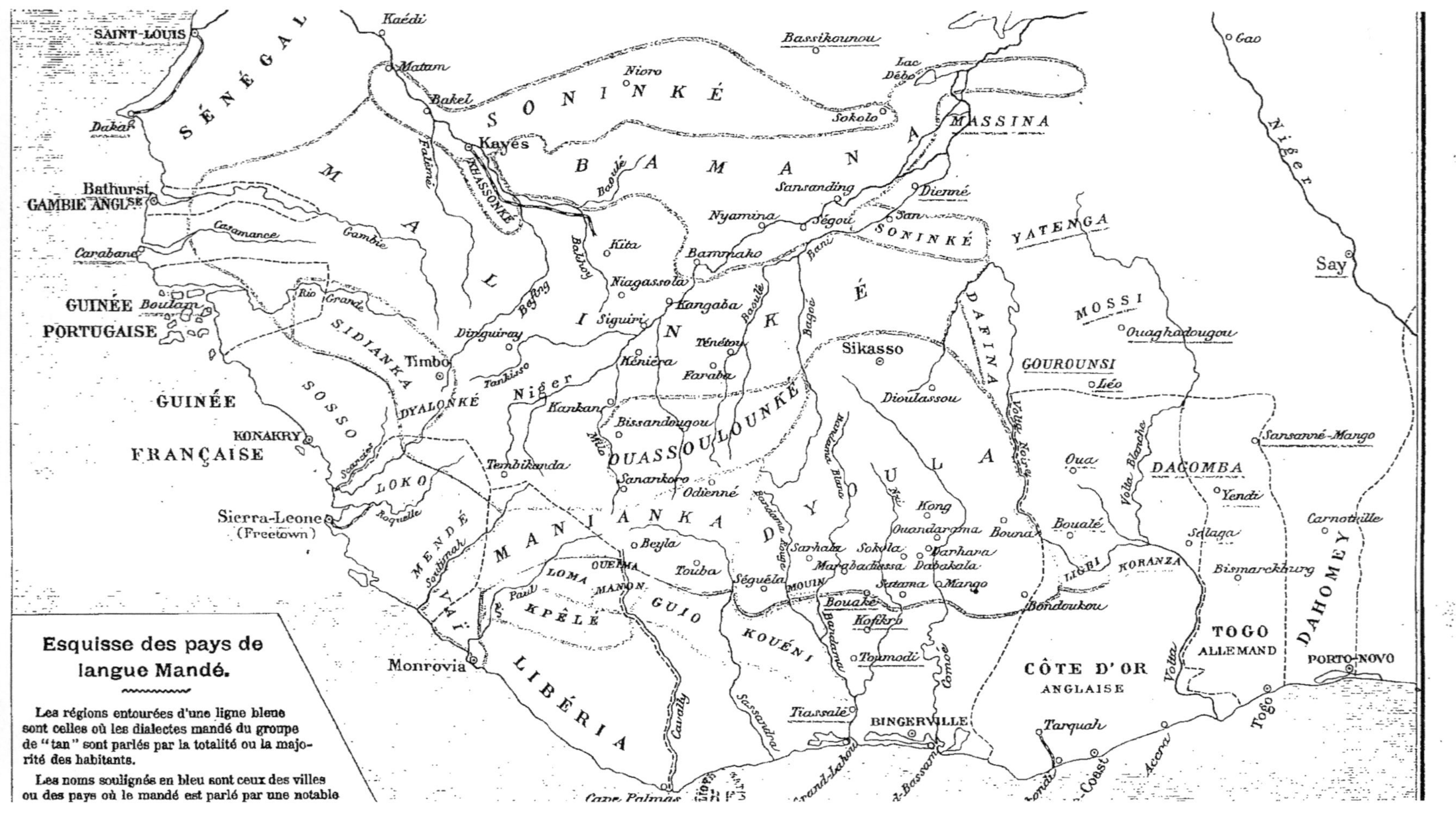

Esquisse des pays de langue Mandé.

Les régions entourées d'une ligne bleue sont celles où les dialectes mandé du groupe de "tan" sont parlés par la totalité ou la majorité des habitants.

Les noms soulignés en bleu sont ceux des villes ou des pays où le mandé est parlé par une notable

www.ingramcontent.com/pod-product-compliance
Ingram Content Group UK Ltd.
Pitfield, Milton Keynes, MK11 3LW, UK
UKHW012013240726
13965UKWH00002B/350

9 782012 873834